Silvia Hartmann entwirft ein Set von 23 Symbolen, mit denen eine bewusste Kommunikation mit dem Unbewussten gewährleistet wird. So entsteht die Möglichkeit zu wahrer Kreativität und kreativen Lösungen, die in der Regel weniger durch intensives Nachdenken und Logik zustande kommen, sondern eher intuitiven, aus dem Unbewussten gespeisten «Aha»-Erlebnissen zu verdanken sind. Im Vergleich mit anderen bildlichen «Sprachen» wie Tarot, Astrologie oder Traumdeutung, deren Zeichen sehr kompliziert sind und langes Lernen erfordern, sind die «Genius-Symbole» sofort einsichtig – so einfach, dass sogar Kinder sie anwenden können.

Dr. Silvia Hartmann ist eine erfahrene Therapeutin und Ausbilderin für energetisch ausgerichtete Therapieformen. Sie hält international Seminare und Vorträge über Hypnose, Hypnosetherapie, energetische Therapien und NLP. Sie ist Mitglied im Beirat «Association For Meridian Therapies». Sie hat in England zahlreiche Bücher zu esoterischen Themen publiziert.

Silvia Hartmann

Die Genius-Symbole

Der Schlüssel zur grenzenlosen Kreativität

Aus dem Englischen von Barbara Imgrund

Rowohlt Taschenbuch Verlag

Die Originalausgabe erschien 2011 unter dem Titel «The Genius Symbols: Your Portal To Creativity, Imagination & Innovation» bei DragonRising Publishing, Eastbourne, United Kingdom.

Deutsche Erstausgabe
Veröffentlicht im Rowohlt Taschenbuch Verlag,
Reinbek bei Hamburg, August 2012
Copyright © der deutschen Ausgabe
2012 by Rowohlt Verlag GmbH, Reinbek bei Hamburg
«The Genius Symbols» Copyright © 2011 by Dr. Silvia Hartmann
Umschlaggestaltung ZERO Werbeagentur, München
(Abbildung: FinePic, München)
Satz Minion (Adobe InDesign) bei pagina GmbH, Tübingen
Druck und Bindung CPI – Clausen & Bosse, Leck
Printed in Germany
ISBN 978 3 499 62769 9

Dieses Buch ist mit großer Dankbarkeit und Bewunderung all meinen guten Freunden gewidmet, ohne die ich das, was ich tue, nicht tun könnte; meinen geliebten Jungs, die die Welt für mich sind; und meinen lieben Lesern, ohne die alles einsam und sinnlos wäre. Ihnen allen nur das Beste und ganze Sternschnuppenschauer an Freude,

Silvia

Inhalt

Viel wurde schon darüber gesprochen und geschrieben, wie wir das uns innewohnende Genie «wachküssen» und erreichen können, dass es in unserem Leben **wirklich** eine wesentliche Rolle spielt.

Ich arbeite nun seit über fünf Jahrzehnten an dieser Aufgabe und glaube – basierend auf meinen persönlichen Erfahrungen und denen der Menschen, die meine Strategien anwandten und mir meine Ideen und Techniken zu erproben halfen –, eine solide Theorie mit einer ganzen Reihe von Strategien entwickelt zu haben, die genau das zu leisten vermögen: einen Menschen zu befähigen – und zwar jeden, der den aufrichtigen Wunsch dazu verspürt –, mit dem in ihm angelegten Genie in Kontakt zu treten und seine eigenen Genie-Lösungen für seine Probleme und Herausforderungen zu entwickeln.

Ich hatte das große Glück, dass während meiner Forschungen die Computer aufkamen und ein für alle Mal bewiesen, dass es *nichts mit Genie* zu tun hat, wenn man in der Lage ist, schnell und blindwütig Ziffernfolgen zu verarbeiten oder Unmengen an Daten abzuspeichern, die auf Knopfdruck wieder ausgespuckt werden können.

Genie ist eine höhere Form der Problemlösung; etwas, das so stimmig und in vielerlei Hinsicht «außergewöhnlich» ist, dass ein Computer nie darauf kommen würde.

Ein klassisches Beispiel für Genie ist Einstein, der die Einfälle zu seinen zahlreichen Formeln hatte, indem er sich vorstellte, auf einem Lichtstrahl zu reiten.

Eine ähnliche Anekdote erzählt man sich von jenem Wissenschaftler, der eine Vision von einer Wendeltreppe hatte und so entdeckte, wie die DNA aufgebaut ist.

In der Vergangenheit wurde eine «mechanische» Meisterschaft – sei es in Mathematik, in der Aneinanderreihung von Wörtern, dem Aufbringen von Farbe auf eine Leinwand, im Klavierspiel oder im Schweißen von Metall – oft mit Genie verwechselt.

Es gibt jedoch einen ziemlich einfachen Unterschied, den uns unsere Computer überzeugend nahegebracht haben.

Hunderte, ja Tausende Menschen können die entsprechenden Techniken lernen, wie man eine Mona Lisa malt.

Hunderttausende können lernen, das Adagio in g-Moll von Albinoni fehlerlos zu spielen.

Man kann Leuten beibringen – auch wenn es vielleicht lange dauert –, Einsteins mathematische und physikalische Formeln neu aufzuschreiben.

Aber die ursprüngliche *Idee*, die dahinter steht, ist das, was das Genie ausmacht.

Das Genie steckt in der ursprünglichen Vision, nicht in der schlussendlichen Ausführung.

Um ein Genie zu sein, muss man Visionen haben.

Ich habe eine Methode entwickelt, um dieses Genie zugänglich zu machen, und sie ist überraschend einfach – wenn man weiß, wie es geht.

Es gibt einen Ort in uns, an dem dieses Genie zu finden ist.

Wir müssen uns nur dorthin begeben und mit ihm zu kommunizieren lernen.

Erstaunlicher- und wunderbarerweise braucht man dazu nicht schlau oder clever zu sein.

Es funktioniert nur, indem man ehrlich ist.

Diese schlichte Tatsache erheitert mich in vielerlei Hinsicht immer wieder, und ich könnte viel über die Schönheit und Gerechtigkeit sagen, die ich darin sehe. Aber wir wollen ja die Genius-Symbole entdecken, eine ganz einfache Art Alphabet, die es Ihnen gestattet, mit der Quelle jenes menschlichen Genies zu kommunizieren, das wir alle von Geburt an in uns tragen, zu lernen, wie dieses Genie denkt und sich selbst ausdrückt, und dieses «geniale» System dafür einzusetzen, für Ihre Probleme Lösungen zu finden, die Sie umhauen werden – selbst wenn Sie ein blutiger Anfänger sind.

Project Sanctuary

Es gibt einen Ort in unserem Geist, an den das menschliche Bewusstsein regelmäßig reisen kann (und dies auch tut) – einen Ort in Zeit und Raum, der ganz real und ein struktureller Teil des menschlichen Systems ist.

Ich nenne diesen Ort «Project Sanctuary», also Projekt heilige Stätte oder Projekt Zufluchtsraum.

Dies ist die Wirkungsstätte dessen, was ich als «Energy Mind» bezeichne. In der Vergangenheit haben andere «Unbewusstes» oder «Unterbewusstsein» dazu gesagt, doch keiner dieser beiden Begriffe erwies sich als zutreffend oder hilfreich im Hinblick auf diese Form des menschlichen Bewusstseins.

Der Energy Mind ist Teil des Energiekörpers, genauso wie das Gehirn Teil des physischen Körpers ist – ein System, das wirklich existiert und «sein Ding macht».

Das, was es tut, kommt dem bewussten Geist wie Zauberei vor und macht ihm auch zuweilen Angst, da er selbst nicht auf diese Art und Weise denken kann.

Deshalb habe ich einen sicheren «Treffpunkt» erfunden, einen Ort in Zeit und Raum, der am Schnittpunkt, an der Grenze angesiedelt ist, wo sich bewusster Geist und Energy Mind berühren. Dorthin können wir uns bewusst begeben, um mehr über jenes geheimnisvolle System im Menschen herauszufinden, das der Energy Mind darstellt.

Wir nennen diesen Ort an jenem Schnittpunkt *Project* Sanctuary, weil das Projekt seiner Erforschung noch immer nicht abgeschlossen ist.

Die Symbole, die Sie in diesem Handbuch finden, entspringen dem vereinten Schaffensprozess von bewusstem Geist und Energy Mind und sollen dessen Erforschung vorantreiben. Sie sollen Ihnen als einfache Zugänge dienen und es Ihnen leichtmachen, auf Ihr Ziel ausgerichtet zu bleiben, Ihre Aufmerksamkeit zu lenken und zu ermöglichen, den Fluss der Informationen aus dem Energy Mind strömen zu lassen.

Es wird Sie überraschen, wie einfach all das ist, sobald Sie den Dreh heraushaben. Und dennoch nutzen wir nur – so erkläre ich es jedenfalls immer –, was der Schöpfer uns mitgegeben hat und was wir auch nutzen *sollen*. Also muss es natürlich auch einfach sein.

Wenn jemand vom Augenblick seiner Geburt an auf einem Stuhl festgebunden wird, jeden Tag, und zwar den ganzen Tag, und nur nachts die Beine bewegen darf, wird es selbstverständlich nicht ohne Schwierigkeiten abgehen, wenn er endlich von seinen Fesseln befreit ist.

Vielleicht ist er mittlerweile überzeugt davon, dass er überhaupt keine Beine besitzt oder dass seine Beine nicht mehr funktionieren; vielleicht weiß er gar nicht mehr, wie er sie zum Gehen oder Stehen oder auch nur zum Aufstehen benutzen soll.

Aber mit ein wenig Übung werden Gefühl und Bewegung zurückkehren, besonders wenn der Betreffende eine positive Einstellung hat und wirklich motiviert ist, aufzustehen, zu gehen, ja sogar zu springen und zu tanzen!

Dieses Bild veranschaulicht gut den Prozess, in dessen Verlauf wir unseren Energy Mind wieder auf Kurs bringen und in den Alltag zurückholen, aus dem er vor langer Zeit verbannt wurde. Es ist nur eine Sache der Übung; ferner geht es darum herauszufinden, wie die Systeme, mit denen wir alle geboren werden, eigentlich funktionieren, wie sie sich anfühlen und was sie für uns tun können.

Project Sanctuary macht diese Entdeckungsfahrt leicht und aufregend; noch leichter wird es durch das Project Sanctuary der «Genius-Symbole» – nämlich so leicht, dass sogar ein Kind problemlos damit arbeiten kann.

Wir werden zusammenhängende «Welten» besuchen, erschaffen und erkunden: Habitate, wie wir sie nennen, die miteinander verzahnt sind und eine unglaubliche Informationsdichte besitzen – wie die reale Welt.

Wir werden lernen, uns von dieser Informationsdichte – die uns Hinweise darauf gibt, wie der Energy Mind Information abspeichert und verarbeitet – nicht überwältigen zu lassen, sondern uns zu entspannen und in diesen Informationsfluss einzusteigen, mit ihm zu schwimmen und zu interagieren.

Dieser Informationsfluss besteht aus unseren Visionen.

Wir werden uns durch Versuch und Irrtum vorantasten, uns von direktem und unmittelbarem Feedback führen lassen und erfahren, was funktioniert und was nicht.

Wir werden anfangen, die Funktionsweise des Energy Mind zu verstehen, und dabei wird sich unsere Intelligenz wie auch unsere Fähigkeit, dynamische Systeme auf vielen Ebenen einzuschätzen, sprunghaft verbessern. Im Einklang damit wird sich auch unsere Vorstellung davon verändern, was und wer wir sind und was wir in diesem Leben erreichen können.

Ein wahres Genie ist kein tollpatschiger Idiot, der einmal im Leben eine einzige gute Idee hatte.

Ein wahres Genie ist jemand, der nach Belieben seinen eigenen Energy Mind anzapfen und ihn dazu *benutzen* kann, etwas Neues, etwas von Wert zu erschaffen – etwas, das zur Entwicklung des Menschen beiträgt.

Sie können dieses wahre Genie werden, wenn Sie es wollen, und es ist nicht einmal schwierig.

Alles, was Sie tun müssen, ist, tief Luft zu holen, den ganzen Wust an Ideen und bewussten Gedanken loszulassen, die niemanden irgendwohin bringen, und sich auch von der Vorstellung zu befreien, dass Intelligenz oder Genie harte Arbeit seien, schwer oder nur auf lange Sicht zu erreichen oder in mancherlei Hinsicht mit Leiden verbunden. Stattdessen müssen Sie anfangen, sich an einen Ort zu denken, an dem Genie genau das ist, worum es beim Menschsein in erster Linie geht; an einen Ort, wo echtes Lernen und Informationsgewinnung ganz leicht sind und Spaß machen, und in eine Zeit, zu der all dies für uns alle Realität geworden ist.

Fangen wir also mit dem Anfang an …

Das Spiel in Zeit und Raum

Spielen wir ein Spiel!
Ein Spiel in Zeit und Raum,
ein Spiel mit Geist und Gedanken,
mit Energie, Aufmerksamkeit –
doch bevor wir anfangen,
uns einen Schritt aus unserem Alltag zu entfernen,
muss ich das Wesen dieses Spiels erklären.
Denn es geht nicht um
Wettstreit oder Kriegsspiele,
es ist vielmehr eine Entdeckungsfahrt
durch die Welten in uns,
Welten ohne Einschränkung,
ohne Bedenken, ohne Grenzen –

Es ist ein Spiel, das ein Kind spielen könnte,
bei dem wir mehr herausfinden
über das wunderbare Universum
und darüber, wie es auf
die kleinste Berührung reagiert,
den neuesten, intelligentesten Einfall,
und wie es aussieht, schmeckt und klingt und sich anfühlt.
So gut und richtig, wenn wir es entdecken …

Sternensamt,
erfüllt von lebendem Licht,
den Reichen der Schöpfung –
unendliche Möglichkeiten
jederzeit auf Abruf bereit –

und jetzt auch für Sie.
Ihr universeller Sandkasten
wartet auf Sie ...

Willkommen beim größten menschlichen Spiel auf Erden – dem einen wahren Spiel in Zeit und Raum.

Wir nennen es Project Sanctuary, denn es braucht einen Namen – wie alle Dinge.

Lassen Sie uns einen Augenblick lang darüber nachdenken, wofür *Sanctuary* («Zufluchtsort») hier steht.

Es steht für einen ungefährlichen Ort, einen geschützten Ort, einen Ort, an dem Sie wieder Atem schöpfen und sich sicher fühlen können – und mehr als das.

Diese Zufluchtsstätte ist schön.

Sie ist voller Leben.

Sie ist erfüllt von Magie, Heiligkeit und Tanz – dies ist kein trauriger Ort.

Einsamkeit gibt es hier nicht.

Kummer schmilzt wie Eis in der Sonne dahin.

Wut und Zorn überdauern die Freude und Schönheit nicht, die in allem wohnen, die von allem ausstrahlen und alles durchstrahlen und ein Teil von Ihnen werden.

Hier gibt es kein Chaos, keine Verwirrung, keine Hässlichkeit – nur vollkommene Schönheit, Klarheit und eine so tiefe Logik, dass sie die Grenze zur Heiligkeit überschreitet, ohne das auch nur zu wollen.

Sanctuary ist von Gesang erfüllt und endlos – es dehnt sich aus, reicht bis in jede Existenzebene, ist hier und jetzt und vor langer Zeit, und es wird bis zum Ende der Zeit bestehen und darüber hinaus und wiederum darüber hinaus.

Sanctuary ist den Menschen von Geburt aus zugänglich. Wir können uns dorthin begeben, und es wird uns immer erwarten, hat uns schon immer erwartet, und diejenigen von uns, die bereits dort waren, haben uns die Kunst, die Musik und die wunderbaren Ideen mitgebracht, die noch heute von der Menschheit dafür gefeiert werden, dass sie so beseelt sind, so anders als das Gewöhnliche, eben magisch, eine Gabe der Götter.

Und so ist es in der Tat.

Sanctuary ist ein Geschenk der kreativen Ordnung. Es ermöglicht uns, zu reisen, wohin wir wollen, zu leben, wie wir wollen, zu erleben, was wir allein mit unserem physischen Körper nicht erleben können, und doch können wir damit Erfahrungen sammeln und lernen.

Es ist eine grandiose Gabe.

Es macht das Menschsein so lohnenswert.

Sanctuary ist das Gegenmittel gegen die Angst vor dem Tod, denn Sie haben sie erkannt, haben darüber nachgedacht, ganz anders, als unsere Freunde und Gefährten in dieser Inkarnation, die Tiere, es können.

Sie wissen nichts von Zukunft und Vergangenheit, sie leben einfach. Wir hingegen können nicht nur im Jetzt leben, sondern müssen auch Vergangenheit und Zukunft einbeziehen, und oft leben wir in wechselnden Realitäten, die wir fälschlicherweise für die Wirklichkeit halten!

Manche Menschen nennen Sanctuary den Wirkungsbereich des Bewusstseins in der Energie; und das ist in Ordnung, meinetwegen, aber in Wahrheit ist noch nie jemand dadurch weise geworden, dass er *darüber* nachgedacht hat. Über das, was wir nicht wissen, können wir natürlich bis in alle Ewigkeit reden und werden doch nie eine Antwort auf unsere Probleme bekommen oder etwas anderes außer einer Kehlkopfentzündung.

Man kann Sanctuary nicht verstehen, indem man es analysiert.

Es ist zu komplex dafür.

Nicht zu *kompliziert*, bitte machen Sie sich das klar – Komplikationen sind das, was der bewusste Geist dazu beisteuert.

Die natürliche Welt ist einfach unendlich komplex, und doch verstehen wir sie von Geburt an, wir sind für sie gemacht und sie für uns, und wir gehören zusammen.

Um zu erfahren, wie eine reife Orange schmeckt, hat es keinen Sinn, Bücher darüber zu lesen oder mit anderen zu sprechen, die es ebenso wenig wissen und auf Spekulationen angewiesen sind. Ebenso wenig wird Ihnen die Betrachtung von Bildern, Liedern oder Skulpturen, die alle zu Ehren dieser wunderbaren Erfahrung geschaffen wurden, sagen, wie eine Orange wirklich schmeckt. Wie sie sich in Ihrer Hand anfühlt, wie sie riecht, was in Ihrem Mund passiert und wie es Ihren ganzen Körper erfasst, wenn Sie ein Stück abbeißen …

Nun wissen Sie es, denn Sie haben es erlebt.

Nun können Sie ein Lied komponieren oder eine Geschichte erzählen, ein Bild malen, ja sogar ein Diagramm zeichnen, ein Symbol, das in Ihren Augen die Erfahrung zusammenfasst, wie es war, als Sie Ihre erste Orange aßen.

Sie könnten ein Lied schreiben.

Sie könnten diese Erfahrung auch tanzen, in Erinnerung daran ein Outfit entwerfen oder ein magisches Amulett, das bewahren hilft, wie dieses Erlebnis war.

Es gibt keine andere Möglichkeit zu lernen als zu spielen.

Und es gibt auch nichts Aufregenderes, als im Sanctuary zu spielen.

Es gibt Geschichten, die Ihre Art zu denken verändern werden, und einige davon werden Ihr Innerstes verändern und Ihr ganzes Leben.

Es gibt Erfahrungen, die Ihnen vieles beibringen werden, was Sie sonst *niemals* erfahren hätten oder womit Sie niemals in Berührung gekommen wären.

Es gibt so erstaunliche Farben und Geräusche, Gerüche und Geschmackserlebnisse, Gefühle und Empfindungen, Visionen, Träume, die alle für sich genommen schon erstaunlich sind. All das wird in seiner ganzen Fülle erspürt und festgehalten, und es ist ebenso wahr wie magisch.

Im Sanctuary zu spielen ist wahr und wahrhaftig das großartigste menschliche Spiel auf Erden.

Alle anderen Spiele, die wir spielen, kommen aus dem Sanctuary.

Alle Geschichten, Filme, Romane, Gedichte, Bücher und selbst das, was Sie sich im Fernsehen anschauen, kommt aus dem Sanctuary.

Jede Sprache, jedes Symbol, jede Maßeinheit, jedes Artefakt und jede Wissenschaft kommt aus dem Sanctuary.

Jede Errungenschaft und jede Erfindung, alle neuen Ideen, alle *richtigen* Ideen kommen aus dem und durch das Sanctuary und durch nichts anderes.

Und schließlich und endlich kommen alle religiösen Erkenntnisse, alle Erleuchtungen, alle Visionen und Träume, die Basis all dessen, was die Menschen auf der Erde von einem Jahrtausend zum nächsten verehren, ebenfalls vom und durch das Sanctuary.

Sind Sie jetzt beeindruckt?

Vielleicht sogar ein bisschen überfordert?

Vollkommen unnötig.

Wir wurden dafür gemacht!

Und nun ist die Zeit gekommen, mit dem Spiel zu beginnen …

Lernen Sie zunächst unseren Tanzpartner kennen.

Früher wurden Botschaften des Energy Mind erst in den bewussten Geist heruntergeladen, um dann anschließend analysiert zu werden. Wir tun etwas grundlegend anderes, wenn wir Sanctuary spielen – *wir begeben uns an den Ort, an dem die Visionen stattfinden.*

Der bewusste Geist überbrückt für gewöhnlich die Kluft, wie man es in einem Klartraum tun würde – aber *wir treten direkt in die Vision ein* und handeln darin wie in Echtzeit.

Der bewusste Geist kann Visionen ebenso wenig analysieren, wie er sie hervorbringen kann.

Das Reich vom Sanctuary ist grenzenlos, hat viele Ebenen, Schichten und Dimensionen, ist ganz und gar interaktiv und von Natur aus *ohne jede feste Gestalt.* Dort kennt man keine Schwerkraft – es sei denn, wir brächten sie mit –, und Zeit und Raum sind *fließend.*

Wenn wir uns dorthin begeben und dort handeln, erfahren wir wunderbare Dinge, erstaunliche Dinge. Vieles davon entspricht genau dem, was uns der Arzt verschrieben hat: unser Leben wieder auf Kurs zu bringen, uns neue Perspektiven zu schaffen, sodass alles wieder glatt und *richtig* läuft.

Doch der wahre Zweck von Sanctuary besteht im Spielen an und für sich. Sicher, das Spiel nützt uns, wir haben neue Ideen und alle möglichen kreativen Anstöße, Einsichten, Lernerfahrungen und Erlebnisse, aber das ist nur noch das Tüpfelchen auf dem i.

Das ist nicht der Grund, warum wir Sanctuary spielen.

Wir spielen Sanctuary, weil wir Gelegenheit dazu haben und weil ich glaube, dass wir es spielen *müssen.* Denn wenn wir es nicht tun, begreifen wir den Sinn des Menschseins nicht!

Es stimmt, dass dem Uneingeweihten Sanctuary sehr fremdartig erscheinen mag. Aber das ist in Ordnung, denn ein sehr, sehr naher Verwandter von uns lebt dort schon immer. Er weiß einfach alles über alle Existenzebenen, die ein Mensch nur kennenlernen kann. Es ist unser Energy Mind.

Unser Energy Mind sendet uns Datenströme aus Energie.

Wenn sie blitzartig in unseren bewussten Geist eintreten, handelt es sich um Visionen; wenn wir aber in den Datenstrom eintreten, befinden wir uns in der Vision selbst und haben die Kommunikation mit dem Energy Mind aufgenommen.

Wenn das geschieht, übernimmt Magie das Zepter.

Der Kontakt mit dem Energy Mind und das Erleben dieser Datenströme bereichern uns auf einer sehr persönlichen Basis, sozusagen als Ich, als Mensch, Individuum, aber auch unser Leben. Dies ist ganz und gar *außergewöhnlich*.

Während wir Sanctuary spielen, lernen wir mehr und mehr über sein Reich, darüber, wie man dort Veränderungen herbeiführt, wie man um Hilfe und Rat bittet, und außerdem noch so viele andere Dinge, dass man sie gar nicht alle auflisten kann.

Sanctuary zu spielen wird Ihr Leben verändern. Um es noch einmal zu wiederholen: Es ist das großartigste menschliche Spiel auf Erden.

Project Sanctuary leicht gemacht

Ich spiele seit vielen Jahren im Sanctuary, und ich habe niemals darüber nachgedacht, wie ich anderen den Zugang dazu erleichtern könnte. Es erschien mir schon so einfach – man braucht eine Tageszeit, einen Ort, eine Vegetation, eine Landschaft, einen oder zwei Freunde, ein Dach über dem Kopf, und dann liefert der Energy Mind schon alle Antworten und lenkt die Aufmerksamkeit unseres bewussten Geistes auf den richtigen Ort im Datenstrom. Und los geht's!

Es ist an sich schon ganz einfach – und darin liegt auch ein Teil des Problems.

Es ist so einfach, und die unzähligen verfügbarer Datenströme sind so endlos, dass dies den bewussten Geist erschreckt, weil er nicht weiß, was er damit anstellen soll.

Es ist, als würden wir vor einem Büfett stehen, auf dem alle Früchte nicht nur dieser Galaxis angerichtet sind, nicht nur aller Galaxien und auch nicht nur aller alternativen Galaxien in allen alternativen, möglichen Dimensionen, sondern alle Früchte, die es jemals gab, und alle, die es noch geben wird – und sie alle liegen vor Ihnen, damit Sie sich etwas daraus aussuchen.

Wie nur sollen Sie sich daraus etwas aussuchen?

Der bewusste Geist muss diese Wahl treffen und *die ersten Schritte in Richtung Sanctuary machen.* Sonst wird gar nichts passieren.

Ich suchte also nach einer Möglichkeit, genau dies den Leuten zu erleichtern, nach einer Möglichkeit, an der sie sich festhalten können – nach etwas also, das ebenso simpel wie zugänglich ist und den Menschen helfen kann, konzentriert zu bleiben.

Zwei Monate lang prüften mein bewusster Geist und mein Energy Mind viele Symbole, bis sie sich auf die 23 Genius-Symbole einigen konnten, die Sie in diesem Buch finden.

Das wirklich Revolutionäre an diesen Genie-Symbolen erklärt sich aus genau diesem Kommunikationsprozess – denn es sind keine bewussten Symbole, und sie wurden auch nicht «gechannelt».

Die Genius-Symbole wurden durch einen *Austausch* zwischen dem Energy Mind und dem bewussten Geist hervorgebracht und stellen eine Übereinkunft dar, einen gemeinschaftlich geteilten Satz an Symbolen, mit dessen Hilfe wir endlich anfangen können, Informationen in beiden Richtungen zwischen Energy Mind und bewusstem Geist hin und her zu übertragen.

Diese Kommunikation hat eine Reihe Symbole hervorgebracht, die auf *beiden* Seiten des menschlichen Denkprozesses funktionieren. Dies ist der Hauptgrund, warum sie so leicht anzuwenden, so ungemein simpel und zugleich doch so ungemein tiefgründig und ergiebig sind.

Als ich mit den Symbolen zu arbeiten anfing, um diese Kommunikation zu vertiefen, begann ich zu verstehen, dass sich hier zum ersten Mal eine direkte Möglichkeit eröffnete, den gesamten Prozess der Kommunikation und Befragung mit dem Energy Mind zu steuern.

Der bewusste Geist beginnt das Spiel, indem er das gewünschte Ergebnis festlegt und sich dabei ganz genau an die festgelegte Formel für den Auftrag hält. Der Energy Mind reagiert, indem er seinen eigenen Lösungsvorschlag *in Bilder übersetzt, die wir Geschichten nennen.*

An dieser Stelle endete es in alter Zeit mit einem Orakelspruch; aber wenn Sie mit dem Project Sanctuary und den Genius-Symbolen arbeiten, ist dies keineswegs das Ende.

Anstatt uns nun darin zu verbeißen, irgendeine kryptische metaphorische Botschaft zu entschlüsseln, fangen wir an, bewusst Fragen zu stellen, weitere Erklärungen zu finden und die Vision selbst zu verändern – wir setzen also das Spiel, diese Befragung fort, bis ein Durchbruch erreicht ist. Dieser Durchbruch ist ein Aha-Erlebnis, ein «Heureka!», das im Körper wie ein Blitz einschlägt. Wir nennen es eine *Schwellenverschiebung.*

Als Konzept oder Technik sucht dies seinesgleichen, und die Ergebnisse sind einfach umwerfend, wie Sie selbst noch sehen werden.

Der bewusste Geist fungiert hier als gleichberechtigter Mitspieler, als eigener Tanzpartner und nicht als Sklave oder Meister des Energy Mind. Vielmehr stellt er ein gleichrangiges, intelligentes System dar, das dringend gebraucht wird, damit die Erkenntnisse

Das Spiel in Zeit und Raum

und Eingebungen des Energy Mind auch tatsächlich funktionieren. Damit haben wir ein grundlegend anderes, brandneues Paradigma menschlicher Visionskraft vor uns.

Angesichts all dieser unendlichen Wahlmöglichkeiten sind wir also nun an dem Punkt, die eine Frucht aus diesem reich bestückten Büfett auszuwählen, die uns am besten bei jenem Problem helfen wird, welches uns gerade Kopfzerbrechen bereitet.

Jetzt wissen wir Bescheid, wir halten Ausschau – und sehen sie! Da ist eine Frucht, die zu leuchten scheint, es zieht uns regelrecht zu ihr hin, fühlt sich stimmig an – das muss die richtige Frucht sein!

Es verhält sich natürlich so, weil unser Energy Mind verstanden hat, worum es geht, und seinerseits reagiert, um uns ganz deutlich zu zeigen, welche dieser zahllosen Wahlmöglichkeiten in dieser ganz bestimmten Sache von Nutzen ist.

Indem wir aber beschließen, diese Frucht aus dem Büfett zu nehmen und zu essen, tritt der bewusste Geist in den Vordergrund – und erst jetzt ist das Spiel komplett und eine Schwellenverschiebung erreicht. Es offenbart sich das vollständige Potenzial der beiden menschlichen Systeme von Geist und Denken, die harmonisch ineinandergreifen.

Und das ist das *visionäre Genie in Aktion*.

Visionen verstehen

Wenn uns blitzartig eine Vision überfällt – bleiben wir ruhig bei meinem Beispiel des Büfetts mit Früchten aus allen Zeiten, allen Orten und vielfältigen Dimensionen –, ist das *eine* Sache.

Es ist mehr als genug, um ein Bild zu malen oder um sich darauf einzustimmen und ein Lied zu schreiben, eine Skulptur zu schaffen und so weiter.

Es ist jedoch eine ganz andere Geschichte, ganz bewusst *in* die Vision einzutreten. Hier haben wir die Project-Sanctuary-Geschichte – der Flow von Ereignissen, der unsere Interaktion mit dem Bereich von Sanctuary festlegt.

Wir interagieren mit dem Datenstrom durch Geschichten.

Sie sollten wissen, dass nichts in einem Vakuum existieren kann.

Alle Dinge sind miteinander verbunden, alle stehen in einer Wechselbeziehung zueinander.

Auf den Energy Mind bezogen heißt das, dass es kein derartiges Obstbüfett geben kann, das einfach irgendwo im Raum herumschwebt.

Das funktioniert nicht.

Es muss einen Kontext geben, einen Tisch, die Schwerkraft, um zu verhindern, dass das Obst einfach davonfliegt.

Der Tisch muss auf einer Oberfläche stehen, und es muss einen Planeten geben. All das *muss irgendwo und irgendwann existieren.*

Der gesamte Zusammenhang ist von wesentlicher Bedeutung für die ganze Geschichte.

Sie könnten sie so erzählen: «Es war einmal vor langer Zeit in einer weit, weit entfernten Galaxis ein Planet, und auf diesem Planeten gab es einen Palast, und im größten Raum dieses Palastes standen viele Tische, und auf diesen Tischen fand man Früchte von allen Orten und aus allen Zeiten ...»

Alles im Project Sanctuary hat eine Geschichte, und alles *ist* eine Geschichte – Daten, energetische Information, Energie, die von einem Ding zum nächsten fließt, von einem Augenblick zum nächsten.

Die wahre Wirklichkeit ist immer in Bewegung, immer in Entwicklung.

Wenn wir in die Geschichte oder Vision eintreten, treten wir in einen sich entfaltenden Fluss von Ereignissen ein. Wir sind inmitten dieses Flusses von Ereignissen, und indem wir dort sind,

Das Spiel in Zeit und Raum

tragen wir zu diesen Ereignissen bei – und verändern sie vielleicht auch.

Geschichten und Visionen aus unserem Energy Mind sind «Übersetzungen» des Datenstroms in Gestalten und Formen und Begebenheiten, die wir mit dem Bewusstsein verstehen können.

Ein violetter, doppelter, stufenförmiger, halb umgekehrter Blob sagt uns gar nichts, und wir können auch nichts damit anfangen – jedenfalls nicht von vornherein oder bis wir gelernt haben, noch viel abstraktere Visionen und Mitteilungen zu verstehen. Aber wenn wir uns stattdessen einen Brunnen ansehen, der verstopft ist, können wir die Situation einordnen – es gibt Schwierigkeiten mit dem Abfluss, irgendwo sitzt ein Pfropfen, und wir können das Problem lösen.

Im Project Sanctuary sind Geschichten und Visionen Energieströme.

Es ist wichtig, daran zu denken, bevor wir loslegen, und außerdem ist es wichtig, es wieder zu vergessen, wenn wir ein Teil der Geschichte, der Vision, der energetischen Ereignisse werden und entweder lernen und zuhören oder beginnen, aktiv in die Geschichten einzugreifen.

Das ist ganz einfach – es fällt den Leuten leicht, und selbst sehr kleine und noch unfertige Menschen, genannt Kinder, haben überhaupt keine Probleme damit, in eine Geschichte einzutreten, mit der Geschichte zu interagieren und sie zu verändern, wenn es notwendig ist.

Die Genius-Symbole von Project Sanctuary kümmern sich darum, welche Geschichte wir uns für den Anfang aussuchen sollten, um mit den erstaunlichen reichen des Sanctuary zu interagieren.

Wir wählen einfach ein Thema für das Spiel, und dann spielen wir.

Bevor wir mit Hilfe der Genius-Symbole eine Vision und Geschichte zu entwickeln beginnen, erteilen wir – unser bewusstes Ich – dem Energy Mind einen Auftrag, wie er uns dabei helfen kann.

Wir sagen dem Energy Mind in den klarsten und direktesten Worten, was wir uns wünschen.

Der Auftrag enthält die Information, die der Energy Mind braucht, um mit der richtigen Vision oder Geschichte antworten zu können. Im Gegenzug erklären wir uns bereit, zuzuhören und zu lernen und – falls nötig – in unser aller Interesse zu handeln, um positive Veränderungen herbeizuführen.

Dies ist die Vereinbarung, die wir mit unserem Tanzpartner, dem Energy Mind, eingehen. Sie erleichtert es uns, das großartigste Spiel auf Erden in Angriff zu nehmen – *denn es hat stets einen sehr engen Bezug zu uns.*

Wenn wir für jemand anderen oder eine ganze Gruppe spielen, können wir zunächst über den Auftrag diskutieren, bevor wir ihn dem Energy Mind vortragen, um sicherzugehen, dass er so präzise und offen wie möglich ist.

Wir können den Energy Mind um *alles* bitten.

Wir können ihn bitten, uns *in allem* zu helfen.

Der Energy Mind wird uns zuverlässig jedes Mal antworten, weil er eben so arbeitet, weil es das ist, was er tut und tun soll.

Sobald der Energy Mind geantwortet hat, können wir bewusst in eine Zweiwegekommunikation mit der Geschichte oder Vision treten. An diesem Punkt beginnt sich die Magie und Spannung wirklich zu entfalten.

Wie genau der Auftrag formuliert wird, bleibt jedem Einzelnen überlassen. Hier sind einige Beispiele:

- **«Lieber Energy Mind, schenk mir heute etwas, das meine Probleme mit meinem Exmann ein für alle Mal löst.»**

- «Lieber Energy Mind, schenk mir die perfekte Vision für diesen Menschen, sodass sie das Beste ist, was ich ihm heute geben kann.»
- «Lieber Energy Mind, ich brauche etwas, das dafür sorgt, dass mein neues Projekt funktioniert.»
- «Lieber Energy Mind, schenk mir die perfekte Vision für den neuen Anzeigenkunden.»
- «Lieber Energy Mind, schenk mir etwas, das meine Probleme mit der Zeit löst.»
- «Lieber Energy Mind, schenk mir eine Geschichte für meinen sechsjährigen Sohn, damit er in der Schule nicht mehr schikaniert wird.»
- «Lieber Energy Mind, zeig mir den Fehler in den Hypothesen dieser Theorie, damit sie stimmig wird.»
- «Lieber Energy Mind, schenk mir etwas, damit es mir bessergeht und ich gesund werde und damit ich günstigere Prognosen habe und Hoffnung und ein Leben.»

Beim letzten Beispiel sollten Sie darauf achten, wie oft das «und» auftaucht.

Der Energy Mind ist ein erstaunliches System, das auch die erstaunlichsten Lösungen hervorbringt – selbst wenn zahlreiche Komponenten zusammenkommen und die Berechnungen so komplex werden, dass der bewusste Geist das Handtuch werfen würde bei dem Versuch, eine Lösung zu entwickeln, die alldem gerecht wird.

Der Energy Mind hat außergewöhnliche Fähigkeiten, um superkomplexe Gegebenheiten zu berechnen, was allein schon erstaunt. Außerdem hat er die Möglichkeit, sich dort, wo er nicht weiter weiß, Hilfe von anderen oder höheren Quellen zu suchen.

Sie können so oft «und» in Ihrem Auftrag verwenden, wie Sie wollen.

«Lieber Energy Mind, gib mir heute etwas, das mich glücklich macht *und* mir hilft, verheiratet zu bleiben, *und* mir mehr Freiheit schenkt *und* Freude *und* Geld *und* Respekt *und* einen Sinn im Leben.»

Selbst offene Konflikte können so angesprochen werden, oder Probleme und Themen, die Sie haben und die scheinbar nicht für alle Parteien gleichermaßen zufriedenstellend zu lösen sind.

Wenn Sie in einer Gruppe spielen, könnte Ihr Auftrag in etwa so lauten:

«Lieber Energy Mind, schenk mir heute die perfekte Geschichte, die allen hilft, *und* bring die Mitglieder dieser Gruppe einander näher *und* lass sie eine wunderbare Zeit dabei haben *und* lass auch mich etwas Wichtiges lernen!»

Doch das ist nur die Spitze des Eisbergs.

Mit ein wenig Erfahrung können Sie Ihren Auftrag so spezifisch und so allgemein gestalten, wie Sie möchten, so grundlegend und alltäglich ebenso wie so spirituell und esoterisch, wie Sie es gerade brauchen.

Es stimmt, dass für den Energy Mind keine Aufgabe zu banal ist – und es gibt definitiv keine Aufgaben, die zu groß für ihn sind oder deren er nicht Herr wird.

Im Abschnitt über die Spiele werden Sie viele Beispiele finden, die Ihnen zeigen, wie das Spielen überhaupt funktioniert und wie Sie mit Ihrem eigenen Energy Mind einen *Pas de deux* tanzen.

Erinnerungen, Datenströme und Visionen

Wir haben bereits festgehalten, dass Visionen Datenströme aus dem Energy Mind sind. Aber was ist mit Erinnerungen?

Erinnerungen werden ebenfalls als energetische Daten in unserem System abgelegt – sie sind der einzige Ort, an dem sämtliche

«Ereignisse» aus der Vergangenheit weiter existieren, und die einzige Form, in der sie weiter existieren.

Sobald etwas passiert ist und erlebt wurde, verwandelt es sich von einem «realen Ereignis» in eine Erinnerung oder in, wie wir es ausdrücken, Daten.

Und sobald das der Fall ist, haben wir es nicht länger mit einer externen Realität zu tun, sondern nur noch mit den Daten, die in der betreffenden Person existieren – oder anders ausgedrückt: mit einer intrapersonellen Realität.

Strukturell gibt es keinen Unterschied zwischen einer lebhaften Erinnerung, einem Traum oder einer Vision – all diese Manifestationen sind nur Datenströme aus dem Energy Mind.

Erinnerungen, die nun Daten und nur noch Daten sind – wir sagen dazu: «alles nur Energie!» –, können wir ganz genau so anwenden und behandeln wie jede andere Datenmenge.

Was heißt, dass Sie Ihre Daten nur lesen können – oder aber Sie treten in den Datenstrom ein, um ihn zu verändern.

Das geschah in der Vergangenheit zuweilen zufällig, ohne dass die Betreffenden wussten, was sie da taten. Durch diesen Eintritt in den Datenstrom, durch den er selbst verändert wurde, entstand das, was *False Memories* (Pseudoerinnerungen) genannt wird. Diese *False Memories* bringen Therapeuten, Psychologen und diejenigen, die sie entwickelten, regelmäßig zur Verzweiflung.

Das ist etwas ganz anderes, als willentlich und bewusst mit den Datensätzen der Erinnerung zu arbeiten, um daraus zu lernen oder – in manchen Fällen – mit ihnen zu interagieren und sie zu verändern. In diesem Zusammenhang sprechen wir nicht von *False Memories*, sondern von veränderten Erinnerungen; und wir wissen, was wir tun und warum. Und natürlich behalten wir eine Erinnerung daran zurück, dass wir eine Erinnerung verändert haben.

Erinnerungsdaten spielen eine wichtige Rolle in der Kommunikation mit dem Energy Mind.

Der Energy Mind benutzt Erinnerungsdaten, um mit uns in Verbindung zu treten; er schickt uns «Erinnerungsvisionen», um uns zu warnen oder uns zum Beispiel wissen zu lassen, dass es ein Problem mit einem System gibt, das unsere Aufmerksamkeit erfordert.

Jeder hat schon einmal die Erfahrung gemacht, dass ihm «plötzlich» etwas eingefallen ist. Dabei erhalten wir einen Datenstrom vom Energy Mind. Doch meist werden solche Kommunikationsversuche vom bewussten Geist falsch verstanden, nicht gern gesehen und nicht entsprechend in die Tat umgesetzt, sodass die Kluft zwischen dem bewussten und dem Energy Mind im Laufe der Zeit immer größer wird.

Erinnerungen sind sehr wichtige Datenströme.

Wir wissen viel mehr und haben viel mehr selbst erfahren, als wir uns eingestehen. Wir haben eine gewaltige Menge an «Weisheitswissen» angehäuft, indem wir durch Erfahrung lernten. Dieses Wissen wurde ein struktureller Teil von uns viel mehr als etwas, das wir vielleicht in Büchern gelesen, aber nicht mit unserem eigenen Körper und als Resultat unserer eigenen Gedanken und Handlungen erlebt haben.

All diese Weisheit wird in der Matrix eines Menschen abgespeichert: alle Erfahrungen eines Lebens, alle Gedanken, Taten, Gefühle, Empfindungen, Bilder, Geräusche, Geschmackserlebnisse und Gerüche.

Auf diese gewaltige Menge an kostbaren Daten kann der Energy Mind zurückgreifen, um in eine sehr persönliche Kommunikation mit uns zu treten. Erinnerungen genau wie alle anderen Daten aus dem Energy Mind zu behandeln – so, als ob jede Erinnerung ein Raum wäre, den wir willentlich betreten können, von dem wir lernen, mit dem wir interagieren, den wir verändern und von dem wir uns verändern lassen können –, ist eine unglaublich machtvolle und befreiende Methode, mit unserem eigenen Geist zu arbeiten.

Wir können ebenso Aufträge an den Energy Mind formulieren, damit er uns bedeutungsvolle Erinnerungsdaten zeigt, wie auch, damit neue Daten entstehen.

Das bewirkt etwas sehr Bemerkenswertes.

Anstatt sich immer nur auf die unendlichen «neuen» Ideen zu konzentrieren, sind wir nicht nur auf diese neuen Ideen beschränkt, sondern uns stehen mental auch alle nur möglichen Ideen zur Verfügung.

Wir können um die «richtige» Idee bitten – und das muss gar keine revolutionäre neue Erkenntnis sein, die es vorher so noch nie gegeben hat, sondern kann auch eine Anwendungsmöglichkeit von etwas bereits Bekanntem sein, die bisher nur immer übersehen wurde.

Wir werden noch viele Beispiele kennenlernen, wie sich die Genius-Symbole anwenden lassen: bei der Arbeit mit Erinnerungen als Visionen und Räume, in die wir eintreten können. Für den Augenblick sollten Sie einfach festhalten, wie viel Macht es Ihnen verleiht, Zugang nicht nur zu endlosen Kreativitätsströmen zu erhalten, die neu und wie maßgeschneidert für Sie sind, sondern auch zu allem, was Sie jemals darüber gelernt haben, wie die Welt «funktioniert», und noch vieles darüber hinaus.

Das lässt sich erreichen, indem alle vom Energy Mind generierten Daten betrachtet und auch unsere Erinnerungen in diese Betrachtung einbezogen werden als etwas, das wir selbst in die Hand nehmen können. Wir können es verstehen, und wir können in den Datenstrom eintreten und damit nach Belieben interagieren.

Das Ziel von Project Sanctuary ist es, eine beständige Welt oder einen Raum aufzusuchen, wo Ereignisse stattfinden, die Sie nicht selbst steuern, indem Sie bewusst darüber nachdenken, sondern die Ihnen stattdessen von Ihrem Energy Mind (früher das Unbewusste oder Unterbewusstsein genannt) vorgeführt werden.

Wenn wir eine solche Welt oder einen solchen Raum gefunden haben, können wir uns hineinbegeben, indem wir in die Vision eintreten.

Wir interagieren über das Bewusstsein mit dem, was dort geschieht – wir können Dinge erforschen, sehen, hören, fühlen. Wir können Gegenstände berühren und bewegen, umherfliegen, viele unterschiedliche Blickwinkel einnehmen, mit allen möglichen Kreaturen reden, Sex haben, Schätze entdecken, Probleme lösen, Fragen stellen, Abenteuer erleben und Heilung, Geheimnisse, Spaß auf unendlich verschiedene und überraschende Arten finden.

Anders als Tagträume oder allgemeine Phantasien, die sehr flüchtig sind – im einen Moment da und im nächsten schon wieder verschwunden –, entpuppen sich Sanctuary-Räume als sehr beständig, und Sie können sie wieder und wieder aufsuchen. Das Beste daran ist allerdings, dass die Sanctuary-Welten, auch wenn sie sehr beständig sind, sich dabei ganz aus sich selbst heraus entwickeln – sie sind in der Tat sehr real.

Deshalb ist Project Sanctuary so grenzenlos spannend. Sie erleben Dinge und Geschichten dabei, und anstatt nur von außen zuzusehen, nehmen Sie an dem sich entfaltenden Spiel teil, auch wenn Sie nicht wissen, wie es ausgeht – jedenfalls nicht, bevor Sie es beendet haben.

Project Sanctuary steckt voller Überraschungen. Am meisten überrascht sind die Leute aber davon, wie leicht und natürlich es ist, in das Spiel einzutreten, und dass ihr Energy Mind umgehend mit Visionen und Gefühlen, Lösungen und Ereignissen reagiert, mit denen man «nicht in einer Million Jahre» gerechnet hätte.

Es ist nur so – Sie *haben* damit gerechnet, das waren wirklich *Sie*. Es war nur nicht das Ich, das Sie normalerweise meinen, wenn Sie an sich denken – was Ihnen die Visionen, Lösungen und aufregenden Abenteuer schenkte, war ein Teil von Ihnen, dem die meisten Menschen nur in ihren Träumen begegnen oder in sehr seltenen kreativen Momenten.

Jeder von uns hat einen Energy Mind, und jeder von uns kann lernen, ihn zu nutzen.

Die Genius-Symbole werden Ihnen wie eine Art Alphabet helfen, erfolgreich mit Ihrem eigenen Energy Mind zu kommunizieren, wann immer Sie wollen. So werden seine Unterstützung, sein Rat, seine Visionen und Weisheit ganz praktisch verfügbar und können positive Veränderungen in Ihrem Leben herbeiführen.

Wozu können wir Project Sanctuary gebrauchen?

Wofür genau Sie Project Sanctuary einsetzen wollen, ist ganz allein Ihre Sache.

Viele Menschen nutzen es als eine Art Therapie – um Kindheitsanteile zu erlösen, die zum Beispiel falsch behandelt wurden, ungeliebt oder unbeachtet oder von Traurigkeit und Einsamkeit geprägt sind; um die Beziehung zu Mutter, Vater, Misshandlern zu bearbeiten; um schmerzliche Verluste zu überwinden; um an den Erinnerungen an Ereignisse in ihrem Leben zu arbeiten und sie zu verändern oder weiterzuentwickeln und echte persönliche Heilung auf vielen Ebenen zu finden.

Viele Menschen nutzen Project Sanctuary für eine solche Heilung. Sie entdecken Ruhe und Erholung in unglaublich schönen

Welten, die von Ihnen für Sie maßgeschneidert wurden – mit Heilbrunnen, phantastischen Schlaf- und Traumräumen, wunderbaren Naturenergien, Zaubertränken, Engeln und weisen Heilern, um nur einige der mannigfaltigen Möglichkeiten zu nennen, auf die wir uns selbst im Sanctuary zu helfen, fördern und heilen lernen.

Viele Leute nutzen das Sanctuary Project für spirituelle und persönliche Entwicklung.

Project Sanctuary ist dem Wesen nach ein experimenteller Sandkasten für uns Kinder des Universums, in dem wir gefahrlos spielen können. Wir können uns auch auf einer geschützten Plattform mit höheren Mächten, Engeln und Propheten treffen und unterhalten, um zu lernen und vor allem mit unserer eigenen höheren Seite in Kontakt treten. Project Sanctuary steht zu keiner Religion in Widerspruch; es liegt bei jedem selbst, ob er in seinem eigenen schönen Garten oder einem Tempel oder in einer Landschaft seiner Wahl Jesus, Mohammed, Krishna, Buddha oder Gaia begegnen will. Eine Verbindung zu seinen Heiligen und Göttern herzustellen ist eine wunderschöne Erfahrung.

Viele Menschen wenden sich dem Project Sanctuary auch zu, weil es die Intelligenz fördert. Die Arbeit mit dem Energy Mind erlaubt uns, mit dem Bewusstsein viele Dinge besser zu verstehen, flexibler im Gebrauch unseres Intellekts zu werden und mit viel, viel mehr systemischer Komplexität fertigzuwerden, ohne unser Bewusstsein davon erdrücken zu lassen oder die Realität auf einen Punkt zusammenschrumpfen lassen zu müssen, an dem zu vereinfachte Modelle strukturell verarmen und praktisch unbrauchbar werden.

Linguisten und Logiker wissen am Project Sanctuary zu schätzen, dass es lehrt, wie sich Energiedaten in Sprache übersetzen lassen, und uns die Welten hinter den Symbolen der Menschheit auf persönliche und vollkommene Art erschließt.

Viele Menschen kreieren im Project Sanctuary Räume speziell zu dem Zweck, alle Arten von Systemen und Techniken auf Geschwindigkeit und Sicherheit zu testen, um die Ergebnisse ins wahre Leben zu übertragen, sobald sie wissen, dass sie dort funktionieren werden.

Einige Leute reizen die autogenen Aspekte an den Sanctuary-Erfahrungen am meisten. Schon mit ein wenig Übung und Motivation können physische Erfahrungen im Sanctuary zur physischen Realität in dieser Welt werden; das erweist sich als nützlich für Sport und Fitness, Gewichtsreduktion, Sex, die Gesundheit und alle Arten körperlicher Aktivität.

Andere Menschen wiederum schätzen am Project Sanctuary vor allem seine unglaubliche Fähigkeit, Kreativität in jeglicher Form aufblühen zu lassen. Es bringt nach Belieben buchstäblich unbegrenzt Material für Bilder, Geschichten, Gedichte, Lieder und alle möglichen anderen Kunstwerke hervor. Project Sanctuary sorgt nicht nur dafür, dass Kreativität allen zugänglich, sondern auch erstaunlich zuverlässig wird.

Natürlich ist Project Sanctuary auch die erste Wahl für all diejenigen, die ihre übersinnlichen Begabungen verbessern oder erst entdecken, verlorene Talente der Hellsichtigkeit und Hellhörigkeit wiederbeleben, Kontakt mit der spirituellen Welt aufnehmen, ein luzides Bewusstsein erleben, außerkörperliche Erfahrungen machen möchten und vieles mehr.

Und schließlich und endlich gibt es auch viele Menschen, die an Project Sanctuary genießen, dass es wunderbare Gelegenheiten schafft zu entspannen, zu spielen und einfach seinen Spaß zu haben, und das in einer sagenhaften Umgebung, mit interessanten Erlebnissen und natürlich in Gesellschaft aller möglichen Leute und anderer Lebewesen in einem ganz realen Sinn.

Project Sanctuary zu spielen lässt selbst die fortgeschrittensten Bewegungen des menschlichen Geistes ganz natürlich und leicht erscheinen. Zum Beispiel ergeben sich autogene Erfahrungen, luzide Bewusstseinszustände und wirklich intensive körperliche Empfindungen natürlich und einfach bei den Spielen, die Sie am meisten reizen. Von Ihrer eigenen Faszination und Ihren Vorlieben geleitet, entsteht zwischen Ihnen und Ihrem Energy Mind dieses außergewöhnliche und individuell abgestimmte «Übungs- und Lernprogramm», das Sie auf jeder Etappe zu fesseln weiß.

Es ist eine Tatsache, dass das Spielen von Project Sanctuary dem Leben eines Menschen eine neue Dimension eröffnet.

Project Sanctuary vermittelt wie kein anderes Spiel dem Spielenden Fähigkeiten und Ressourcen, die ihm erhalten bleiben, wo auch immer er sein mag und wie auch immer die äußeren oder inneren Gegebenheiten sein mögen.

Liebe, Schönheit, Abenteuer, Spannung, Sex, Heilung, Kreativität, Magie und Spiritualität sind dann nur noch ein Gedanke entfernt, immer bereit, immer da als Quelle der erstaunlichsten Ressourcen – und diese Quelle kommt nicht von einem Guru oder von oben, sondern ist jedem Menschen angeboren, *sie entspringt ihm selbst.*

Niemand kann Ihnen das nehmen. Sobald Sie Project Sanctuary spielen können, werden Sie nie mehr *nicht* wissen, was als Nächstes zu tun ist. Die Welt wird sich Ihnen öffnen und wieder unendlich spannend werden, und Sie werden lernen, so viel mehr zu sehen, wissen, hören und fühlen, so viel mehr zu verstehen. Das ist ein wahrhaft wunderbares Geschenk.

Es ist ein Geschenk, das Ihnen weiterhin geschenkt wird, auch wenn Ihre Haut schon lange runzelig geworden ist, Ihre Augen nicht mehr gut sehen und Ihre Beine nicht mehr laufen wollen.

Am aufregendsten aber ist die Erfahrung, dass wir endlich unseren Geist dazu gebrauchen können, wozu er geschaffen wurde – **zu einer Zusammenarbeit zwischen bewusstem und Energy Mind, um Ihnen zu Diensten zu sein, um Sie zu beschützen, um**

Sie zu inspirieren und Sie zu den bestmöglichen Ergebnissen und der größtmöglichen Freude zu führen, genau hier, in diesem Leben.

Sobald Sie mit Sanctuary begonnen haben, wird die Welt nie wieder traurig oder grau sein.

Das ist die Wahrheit über Project Sanctuary.

Bitte halten Sie sich stets vor Augen, dass Ihnen all die vielen Vorteile vom Project Sanctuary nicht zugänglich sind, wenn Sie nur darüber *nachdenken*, was es ist und wie es funktionieren mag. Sie werden Ihnen nur zugänglich, wenn Sie das Spiel *spielen*.

Jedes einzelne Mal, wenn Sie das «Spiel in Zeit und Raum» spielen, das wir Project Sanctuary nennen, lernen Sie, wachsen Sie, heilen Sie und werden Sie wissender.

Je öfter Sie spielen, desto größer ist der Nutzen für Sie.

Ich hoffe aufrichtig, dass die Genius-Symbole und die Spiele, die Sie in diesem Buch finden, Sie dazu bringen, mehr zu spielen und viele verschiedene Spiele und Spielformen auszuprobieren.

Es ist wahrhaft das großartigste menschliche Spiel auf Erden.

Und das ist so, weil es *Ihr Spiel* ist.

Die Genius-Symbole

Beim Project Sanctuary erleben wir, wie wir in eine Vision eintreten und diese auch verändern können, wenn das nötig wird.

Anstatt zu beobachten, wie willkürliche Visionen oder Erinnerungen in unserem Kopf auftauchen, begeben wir uns mit dem Bewusstsein in die Zeit und an den Ort, wo die Ereignisse der Vision stattfinden – wir treten in den Energiestrom ein, in die Geschichte.

Jede Geschichte hat eine Bühne, einen Ort und eine Zeit, in denen sich diese Geschichte oder diese Ereignisse abspielen, und diese Bühne nennen wir *Habitat* (normalerweise bedeutet dieses Wort Wohngebiet einer Tierart oder einfach Standort).

Wenn wir uns zu einer Sanctuary-Erfahrung aufmachen, reist unser Bewusstsein zu diesem Habitat und betritt es – es ist wirklich so einfach.

Die einfachste und direkteste Art, unser Sanctuary-Habitat zu finden (oder auch die besondere Welt mit all ihren Ereignissen, Strukturen, Kreaturen, Pflanzen, Landschaften und Abenteuern, die genau jetzt die richtige für Sie ist), besteht darin, dem Energy Mind einige klar formulierte und bestimmte Fragen zu stellen.

Mit dem Bewusstsein können wir die Antworten darauf nicht wissen.

Es ist der Energy Mind, der die Antworten auf diese Fragen liefern und uns an den richtigen Ort und in die richtige Zeit im Datenstrom bringen muss. Er ist es auch, der die Visionen erzeugt, die Empfindungen, die Farben, die Geräusche, die Gerüche, die Geschmäcker, die Gefühle – und die Geschichte.

Wir entdecken ein Habitat in Zeit und Raum, indem wir seine spezifischen Raum- und Zeitkoordinaten herausfinden – das heißt, indem wir im Gegensatz zu einem sinnlosen Hirngespinst ein *reales Habitat* aufsuchen, einen realen Ort in den unendlichen Welten der Energieströme, in die wir mit unserem Bewusstsein eintreten können.

Wir beginnen mit dem Auftrag, damit der Energy Mind weiß, wonach wir suchen. Zum Bespiel sagen wir, dass wir jetzt ein Habitat brauchen, das das perfekte Habitat ist, um uns mit dem Project Sanctuary vertraut zu machen.

Ein Ort der Ruhe, des Friedens, der Heilung, der Unterstützung und lebendigen Spannung und Freude – *das perfekte Sanctuary für Sie* in diesem Augenblick.

Wir fragen:

Welche Tageszeit ist die richtige?

Morgendämmerung, Morgen, Mittag, Nachmittag, Abenddämmerung, Abend, Nacht?

Welche Jahreszeit ist die richtige?

Frühling, Sommer, Herbst oder Winter?

Wählen Sie jeweils eine Antwort aus. Sie können das zufällig entscheiden, wenn Sie wollen – denn es gibt keinen «Zufall». Irgendwie wissen Sie, was richtig für Sie ist, hier und jetzt, zu diesem Zeitpunkt, an diesem Ort.

Wenn Sie auf Ihr Körpergefühl achten oder mit EmoTrance vertraut sind, werden Sie eine Ja / Nein-Reaktion auf jede Antwortmöglichkeit spüren und ohne Zweifel wissen, welche die richtige ist. **Diese Körperempfindungen sind direkte Feedbackschleifen von Seiten des Energiekörpers – und damit auch des Energy Mind.**

Selbst wenn Sie also eine Antwort als solche weder sehen noch hören können, spüren Sie doch sehr wohl, welche die richtige ist, und das ist alles, was Sie im Moment kümmern sollte.

Nun, da wir die Tages- und Jahreszeit festgeklopft haben, finden wir noch mehr über den «perfekten Ort in Zeit und Raum» heraus.

Die nächste Frage lautet: Wie ist das Wetter?

Ist es an diesem Tag, zu dieser Tageszeit sonnig? Regnerisch? Windig? Warm? Kalt? Trocken? Feucht? Auch diese Antwort wird von irgendwoher kommen und Ihnen von Ihrem Energy Mind kommuniziert werden.

Nehmen Sie das, was da zu Ihnen kommt, vorurteilsfrei an und fügen Sie es den Informationen über Tages- und Jahreszeit hinzu, die Sie bereits haben.

Behalten Sie im Hinterkopf, dass Sie jetzt noch nichts «sehen» müssen, aber achten Sie weiter auf Ihr Körpergefühl. Ihr Körper weiß genau, wie sich ein windstiller Tag Ende November anfühlt oder der Moment vor einem Sommergewitter oder ein sonniger Tag zu Beginn des Frühlings und so weiter.

Der bewusste Geist kann sich vergeblich bemühen, indem er an all das *denkt*, aber es sind Ihre *Gefühle, die Sie in diese Energiewelten führen werden*, bis Sie den Unterschied merken zwischen einer bloßen Phantasie und einer echten Vision des Energy Mind, die Sie wirklich mit dem Datenstrom verbindet.

Nun kennen wir den Zeitpunkt, und wir kennen das Wetter.
Die nächste Frage, die wir uns stellen, lautet:
Wie sieht die Landschaft aus?

Die meisten Menschen «sehen» etwas – vielleicht am Anfang Farben, etwa das nebelhafte Grüngrau eines Regenwaldes, die Gelbtöne einer Wüste oder das Grau eines Gebirgszugs.

Andere wiederum fühlen es zuerst – sie bemerken vielleicht, dass sie auf weichem Gras stehen oder auf nassem Sand oder auf verdorrter Erde, und dies liefert ihnen die gewünschte Information.

Manchmal hören die Leute als Erstes das Singen der Vögel oder das Kreischen der Seemöwen, das ihnen sagt, dass sie sich an den Gestaden eines Meeres befinden.

Denken Sie immer daran, dass die Informationen des Energy Mind in Form eines *Stroms aus Energiedaten* zu Ihnen gelangen, welche in Filmsequenzen, Bilder, Gefühle, Geräusche und Visionen übersetzt werden müssen.

Erst jetzt begreift der bewusste Geist den Inhalt des Datenstroms, sodass wir den Datenstrom bewusst erkennen und sagen können: «Ach ja, es ist ein Waldweg …»[1]

[1] Früher dachte man, dass man nur «Visionen» haben könnte, wenn das eigene innere, «visuelle» Darstellungssystem außerordentlich entwickelt war. Dies ist natürlich eine irrige Annahme, da der Datenstrom Ihnen auf körperlicher Ebene alle vollständigen visuellen, hypervisuellen, auditiven, gustatorischen, olfaktorischen und vor allem kinästhetischen (gefühlten) Informationen liefert, und zwar gleichzeitig, genau so, wie es wäre, wenn Sie eine Straße entlanggingen. Bei Sanctuary-Geschichten treten alle Sinneseindrücke gemeinsam auf; jeder Einzelne entscheidet jedoch individuell, in welchem Darstellungssystem in die Geschichte *einzutreten* er es vorzieht.

Nun können wir das Habitat genauer ausarbeiten und danach fragen,

 welche Pflanzen und Vegetation es dort gibt,

 ob irgendwelche Tiere zu bemerken sind

und, im Falle eines ersten Sanctuary, welches Domizil wir entdecken. Dies ist ein Haus, ein Objekt von Menschenhand, das erste auf dieser Ebene, auf der bisher alles natürlichen Ursprungs war.

Wir nennen es lieber Behausung statt Haus, weil wir keine allzu voreiligen Rückschlüsse auf seine Beschaffenheit ziehen wollen – manche Menschen wünschen sich vielleicht ein Zelt oder ein Blockhaus oder eine Hütte oder ein prächtiges Schloss, oder aber auch eine Wohnhöhle.

Nun, nachdem die Behausung an Ort und Stelle steht, ist Ihr erstes Habitat bereit für Sie mit allem Drum und Dran.

Wir betreten es nun und inspizieren es, um dieses Habitat kennenzulernen.

Anfangs geschieht dies in einem gelegentlichen Aufblitzen; der Datenstrom wird noch nicht gleichmäßig übersetzt, und wir klinken uns immer wieder ein und aus.

Hören Sie einfach nicht auf, laut Ihre Fragen zu formulieren und sich oder jemand anderem, der zuhört, Ihr Habitat zu beschreiben, während Sie sich darin bewegen und Erfahrungen damit sammeln, wie es ist, hier zu sein.

Achten Sie auf Ihre Eindrücke, die Geräusche, wie es riecht, wie es schmeckt, wie es sich anfühlt, hier zu sein.

Bleiben Sie stehen und fassen Sie etwas an. Seien Sie aufmerksam.

Wir steuern die Bewegungen unseres Bewusstseins, indem wir aufmerksam sind.

Stellen Sie sich einfach vor, Sie hätten eine Grubenlampe an der Stirn und um Sie wäre es dunkel. Dorthin, worauf Sie Ihre Aufmerksamkeit richten, scheint die Lampe, und Sie können sehen, was dort ist. Sie können darauf zoomen, um mehr Details zu erkennen, oder Ihren Blickwinkel erweitern, um mehr von der Umgebung zu sehen.

Aufmerksamkeit zu lernen ist wahrscheinlich zunächst sehr schwer, da wir daran gewöhnt sind, unsere Gedanken von hier nach dort springen zu lassen. Weil aber Sanctuary so faszinierend ist und natürlich nur für Sie von Ihrem eigenen Energy Mind, der Sie sehr gut kennt, erschaffen wurde, wird es immer Dinge geben, die Ihre Aufmerksamkeit mit Macht auf sich ziehen werden – und das macht es im Sanctuary so leicht, auf die richtigen Dinge zur richtigen Zeit zu achten.

Je aufmerksamer Sie sind, desto realer und autogener wird das Habitat, desto tiefer tauchen Sie in diese Welt ein, und desto leichter wird es, auch dort zu bleiben.

Anfangs werden Sie Augenblicke erleben, in denen es Ihnen sehr real erscheint, wie ein Klartraum. Zunächst werden Sie wahrscheinlich hierhin und dorthin flitzen, aber mit etwas Erfahrung und vor allem mit Übung wird der Datenstrom gleichmäßiger werden und viel reichhaltiger und tiefer, und Sie werden in diesem erstaunlichen Zustand luziden Bewusstseins länger und länger verweilen.

Hier einige Tipps, die es Ihnen erleichtern, sich auf das Programm einzustimmen und Ihre angeborenen Fähigkeiten zu entfalten, eine autogene Umgebung als luzide und schlüssig zu erfahren.

- **Beschreiben Sie *laut*, was Sie sehen / hören / fühlen / erleben.** Das erzeugt automatisch eine Feedbackschleife in Ihrem Gehirn, die Ihnen hilft, aufmerksam zu bleiben, und verhindert, dass Ihr bewusster Geist abschweift. Wenn Sie sich dabei dumm vorkommen, dann denken Sie daran, dass es die beste Gegenmaßnahme ist, laut zu beschreiben, was Sie sehen / hören / fühlen / erleben.

- **Nehmen Sie es zur Kenntnis, wenn Sie sich festbeißen, gestresst oder frustriert sind**, und holen Sie tief Luft. Kehren Sie dorthin zurück, wo Sie den Faden verloren haben, und sammeln Sie sich wieder, indem Sie sich fragen: «Wo war ich doch gleich? Das Letzte, woran ich mich erinnere, ist, dass es geregnet hat, und mir war kalt, und …»

- **Stellen Sie sich viele präzisierende Fragen, etwa:** «Was kann ich noch sehen / fühlen / hören / schmecken? Welche Gerüche nehme ich wahr? Wie geht es mir damit, dass ich hier bin?» Antworten Sie ebenfalls laut.

- **Schließen Sie die Augen und machen Sie ganz konkret die entsprechenden Bewegungen, als würden Sie nach etwas greifen oder etwas berühren.** Achten Sie genau auf das Gefühl in Ihren Fingerspitzen, in Ihren Händen. Sagen Sie zu sich: «Ich will das fühlen, lass mich das mal fühlen.»

- **Seien Sie am Anfang nicht zu streng mit sich.** Das Ganze ist zwar leicht, aber es gibt auch verschiedene Tricks und Fertigkeiten, und viele Menschen sind in Sachen luzides Bewusstsein und autogenen Körpererfahrungen total eingerostet.

Das bringt mich zu meinem letzten und gerade für Anfänger extrem wichtigen Tipp.

Die Genius-Symbole

Wenn Sie sich nicht im Sanctuary aufhalten, das heißt, wenn Sie Ihren Alltagsbeschäftigungen nachgehen, sollten Sie im Laufe des Tages häufiger innehalten und sich fragen: «Was sehe / höre / schmecke / rieche / fühle / erlebe ich gerade jetzt?»

- **Achten Sie, solchermaßen konzentriert, auf Ihre Umgebung. Machen Sie sich bewusst, was in Ihnen, mit Ihnen und um Sie herum passiert – nennen Sie es «luzides Leben» oder «luzides Bewusstsein».**

Dies sind genau die Fertigkeiten, die Sie auch brauchen, um Sanctuary zu spielen.

Und schließlich und endlich:

- **Lassen Sie sich von diesem Prozess in den Bann schlagen.**

Ihr eigener Energy Mind hat all dies für Sie hervorgebracht: die Jahreszeit, das Wetter, jeden Baum, Busch, Felsen, jedes Blatt und jedes Sandkorn, jede Wolke am Himmel und jeden Tropfen Regen, der fällt. Er hat einen organischen, energetischen Bilderteppich ersonnen, eine Matrix, die Sie lesen und in der Sie sich frei bewegen können.

Er schuf eine Behausung für Sie.

Lassen Sie sich Zeit, während Sie Ihre Behausung betrachten. Gehen Sie darauf zu. Berühren Sie sie, sehen Sie sich die Details ihrer Konstruktion an, benutzen Sie all Ihre Sinne, um sie laut zu beschreiben, sodass sie immer realer wird.

Nun begeben Sie sich zur Tür oder zum Eingang.

Warten Sie wieder einen Augenblick, um die Realität des Eingangs auf sich wirken zu lassen und herauszufinden, wie er zu öffnen ist. Machen Sie die entsprechenden Bewegungen, um Ihrem Körper zu helfen, sich darauf einzulassen, und ermutigen Sie

Ihren Geist, die Schwelle wirklich zu überschreiten und diese Sanctuary-Welt zu betreten.

Treten Sie in Ihre Behausung ein und sehen Sie sich darin um.

Was für Räume gibt es dort, und was befindet sich darin?

Gibt es dort Gegenstände, die Ihre Aufmerksamkeit auf sich ziehen?

Wir nennen Gegenstände, die von Ihrem Energy Mind in einem Habitat angesiedelt wurden und die Ihnen als interessant oder auch sonderbar auffallen, *Artefakte*.

Diese Artefakte stellen oft sehr wichtige Botschaften dar, Pforten zu weiteren Informationen, die die gleiche Form haben. Sie sollen Ihre Aufmerksamkeit auf sich ziehen, Sie dazu bringen, etwas mit diesen Gegenständen zu tun, und *Sie dazu einladen, damit zu spielen.*

Zum Beispiel könnten in einem Raum Ihrer Behausung ein Tisch und ein Stuhl stehen.

Nicht gerade ungewöhnlich, denken Sie vielleicht. Aber dann bemerken Sie, dass auf dem Tisch ein seltsamer Frosch aus grünem Stein sitzt.

Das ist ganz offensichtlich ein Artefakt, und jetzt können Sie Verbindung damit aufnehmen. Wozu ist der Frosch gedacht? Nehmen Sie ihn in die Hand. Halten Sie ihn fest. Welches Gefühl stellt sich dabei ein? Was ist sein Verwendungszweck? Woher kommt er?

Was soll ich damit anfangen?

Dies nennen wir ein *Sanctuary-Rätsel*.

Der Energy Mind hat uns eine Botschaft gesandt, und wir müssen nun mit dem Bewusstsein herausfinden, was sie bedeutet.

Manchmal ist das sehr leicht, und wir haben sofort einen Einfall oder wissen intuitiv, was als Nächstes zu tun ist. Manchmal wiederum ist es extrem verwirrend und sehr frustrierend, weil wir die Botschaft scheinbar nicht entschlüsseln können.

Sie sollten dennoch nicht verzweifeln.

Das Wichtigste, woran Sie beim Spielen von Sanctuary denken sollten, ist dies:

Project Sanctuary ist manifestierte Magie.

Es ist rein energetischer Natur; alles darin besteht aus nichts als energetischen Daten, und das heißt, dass alles fließend ist und sich durch einen einzigen Gedanken ändern lässt.

Ihnen stehen alle Magie, alles Wissen, alle Ressourcen von Zeit und Raum zur Verfügung.

Für Anfänger ist es sehr schwierig, das stets im Hinterkopf zu behalten, denn wir nehmen die Grenzen unseres Bewusstseins, alles, woran wir glauben, wie auch all unsere irrigen Annahmen mit, wenn wir das Sanctuary betreten.

Im Sanctuary sind wir nicht nur «der alte Herr Schmidt» oder «die dumme Petra» oder der «Versager Rolf» oder was wir eben von uns selbst halten.

Wir sind Fleisch gewordene Magie.

Was uns bei dieser gewaltigen und zentralen Aufgabe hilft, sind unsere Freunde – unsere Führer, unsere Berater, unsere Boten und Brückenbauer, durch die wir direkt zu unserem Energy Mind sprechen können, wie wir mit einer anderen Person reden würden, die uns Antworten und Unterstützung liefert, die wir mit dem Bewusstsein verstehen können.

Bitten wir also um Hilfe und darum, dass sich ein Freund manifestiert, jemand, dem wir bedingungslos vertrauen können, der uns innig liebt und sich um uns kümmert, der das perfekte Wesen ist, durch dessen Hilfe wir dieses neue und wunderbare Reich mit seiner Sprache des Lichts, der Ereignisse, der Gegenstände, Landschaften und Artefakte verstehen können.

Wer ist dieser Freund für Sie?

Beantworten Sie sich die folgenden Fragen laut.

Denken Sie nicht lange darüber nach, nehmen Sie einfach die erste Antwort, die Ihnen in den Sinn kommt, akzeptieren Sie sie und benutzen Sie sie, um diesem Konstrukt mehr und mehr Information zu entringen, bis die Schwellenverschiebung eintritt und der Freund «real» wird.

Erarbeiten Sie zusammen mit Ihrem Energy Mind einen Freund

Beantworten Sie sich also diese Fragen laut:

- Ist er ein Mensch?
- Männlich oder weiblich?
- Wie sieht er / sie aus?
- Was trägt er / sie?
- Was ist besonders interessant oder auffallend an ihm / ihr?
- Wie hört es sich an, wenn er / sie spricht?
- Wie fühlen Sie sich in seiner / ihrer Gegenwart?

Nehmen Sie sich Zeit, Ihren Freund zu begrüßen und warm mit ihm zu werden. Gehen Sie mit ihm spazieren, unterhalten Sie sich mit ihm, erzählen Sie von sich, von Ihren Hoffnungen und Träumen, und fragen Sie ihn unbedingt auch nach seinen Hoffnungen und Träumen. Je mehr Sie voneinander wissen, desto besser können Sie zusammen arbeiten und spielen und desto besser werden Ihre Ergebnisse sein.

Lassen Sie sich viel Zeit.

Das Schöne an diesen beständigen Habitaten ist, dass der Raum mit dem Tisch und dem Stuhl und dem grünen Frosch aus Stein immer an Ort und Stelle bleibt. Sie können jederzeit dorthin zurückkehren. Dieses Rätsel wartet auf Sie, bis Sie so weit sind, es zu lösen.

Das Folgende über das Project Sanctuary und den Energy Mind zu wissen, ist ebenfalls sehr interessant und wichtig.

In der Vergangenheit hielt man das sogenannte Unterbewusstsein oder das Unbewusste für unbeständig und unzuverlässig, unzurechnungsfähig, verschroben, unkontrollierbar, unvorhersehbar.

Die Habitate zeigen uns, dass der Energy Mind nichts von alledem ist. Ganz im Gegenteil. Er ist total logisch, auch wenn die Logik, deren er sich bedient, eine andere als die ist, die wir in der Schule anzuwenden gelernt haben. Sie ist komplexer und schöner.

Der Energy Mind ist logisch und beständig.

Das Haus und der Frosch werden bleiben; sie sind dort, sie schmelzen nicht dahin oder verwandeln sich – sie warten auf Sie.

In meinem Beispiel sprach die betreffende Person mit einem Freund; dieser Freund machte eine Bemerkung, die wiederum die Erinnerung an ein Märchen triggerte. Darin küsste eine Prinzessin einen Frosch, um ihn in einen Prinzen zu verwandeln.

Mit dieser neuen Erkenntnis versehen, eilte die Frau zu dem Haus zurück, nahm das Artefakt vom Tisch und küsste es – und es verwandelte sich in einen jungen Mann, mit dem sie als Teenager sehr intensiv ihre erste Liebe erlebt hatte.

Sie war wirklich sehr erstaunt. Sie konnte sich keinen Reim darauf machen, warum ihr Energy Mind ihr dies als Allererstes ins Sanctuary gesandt hatte. Aber der junge Mann war eben da, und so sprachen sie über ihre Liebe und erreichten etwas Wichtiges damit, auch wenn es *schwierig oder gar unmöglich ist, in Worte zu fassen*, was das gewesen sein könnte.

Es ist eine sehr wichtige Regel beim Sanctuary Project, nicht zu analysieren – oder psychoanalysieren – zu wollen, was sich in den Geschichten und Ereignissen zuträgt.

Das würde uns nirgendwohin bringen, und was noch wichtiger ist: Es bringt uns vom Wesenskern und Geist vom Sanctuary ab: Denken Sie daran, wir entwickeln uns nicht, indem wir *über* dies und jenes nachdenken, sondern *nur, indem wir das Spiel spielen*.

Es war gut, mehr als gut, dass der junge Mann dort war, dass sie miteinander redeten und sich umarmten und dass er glücklich und zufrieden wieder ging, mit der Einladung, jederzeit wiederkommen zu dürfen. Und das Froschrätsel war erfolgreich gelöst.

Die Spielerin war voller Ehrfurcht vor ihrem Erlebnis und überaus dankbar und erfreut darüber. Sie konnte nicht wirklich sagen, worin es letztlich bestand, aber sie konnte *spüren*, dass es auf vielen verschiedenen Ebenen etwas verändert hatte.

Nun, da die Schwellenverschiebung stattgefunden hat, können wir weitergehen.

Wir können mehr entdecken, Fragen stellen, die nächste Herausforderung in diesem Habitat oder jedem anderen Habitat, das wir wählen, in Angriff nehmen.

Wir können Dinge verändern, einen Garten anlegen, das Haus erweitern, Vorrichtungen installieren, die wir uns wünschen, etwa eine Heilungsdusche oder ein Glücksbett, in dem wir schlafen

Die Genius-Symbole

können. Wir können Leute zu Besuch einladen, Tore zu anderen Welten schaffen, uns in einfachen Sanctuary-Fähigkeiten üben, etwa dem Fliegen, oder einen Gegenstand in einen anderen verwandeln.

Das erste Habitat ist buchstäblich ein Spielplatz für Sie.

Wenn Sie großen Wert auf Ihre Heilung, Ihre spirituelle, intellektuelle und psychische Entwicklung, Erfolg im Beruf und so weiter legen, können Sie sich selbst disziplinieren und sich einen straffen Zeitplan verschreiben, der mindestens 50 Prozent Ihrer Zeit in diesem Habitat für Vergnügen, Erholung, Entspannung und Erkundungstouren vorsieht. Dies ist der perfekte Ort, um jeden erdenklichen Druck, den Sie sich selbst machen, für eine Zeitlang loszulassen und die Freude am Leben wie auch die Liebe zum Leben, die uns allen angeboren ist, wiederzuentdecken.

Denken Sie daran, dass das Project Sanctuary pure Energie ist – und Energie ist von Natur aus *fließend, leicht und verspielt*.

Alles am Project Sanctuary – auch der Astralleib, den Sie benutzen, um sich dort zu bewegen und zu reden –, alle Dinge, Ereignisse, Gegenstände und Wesenheiten bestehen aus energetischen Daten; daher sind sie unbegrenzt gestaltbar.

Alles kann nach Belieben verändert und verwandelt werden.

- Sie können einen Felsen zum Schmelzen bringen, einen Frosch in einen Prinzen verwandeln oder eine Quelle zu einer diamantenen Skulptur erstarren lassen.
- Sie können von einem Ort zum anderen fliegen oder gehen, und zwar innerhalb eines Wimpernschlags oder Naserümpfens.
- Sie können sich vor und zurück und auch seitwärts in der Zeit bewegen.
- Sie können so klein wie ein Atom und so groß wie eine Galaxie sein, wenn Sie das wollen, um immer wieder eine Situation aus unterschiedlichen Perspektiven betrachten zu können.
- Sie können in unterschiedliche Dimensionen ausweichen; eine

der nützlichsten ist die Welt der Muster oder Strukturen, in der Sie Menschen, Bäume und Gebäude nicht in ihrer normalen Gestalt sehen, sondern wie ein Geflecht aus Licht und Farbe, wie einen multidimensionalen Bilderteppich. Es ist leichter, darauf zu entdecken, was schiefgelaufen ist oder was repariert werden muss.

- Sie können einen Zauberstab schwingen oder einen magischen Freund haben, der für Sie zaubert – das und noch viel mehr steht Ihnen zu Gebote.

Um die reale Magie des Energy Mind und die vom Sanctuary zu aktivieren, müssen Sie sich nur in Erinnerung rufen, dass die Dinge – auch wenn sie fest und real wirken – lediglich lebende Metaphern sind. Alles besteht aus Energie. Oder wie wir es ausdrücken: «Alles ist *nur* Energie!»

Alles nur Energie: Wie Sie magisches Versagen verhindern

Manchmal werden wir mit Macht in eine Geschichte hineingezogen und vergessen, dass es sich nur um ein Spiel handelt. Dann wird alles so «schwer», und wir finden uns vielleicht jammernd vor einem hohen Berg wieder, weil wir keine Ahnung haben, wie wir ihn überwinden sollen.

Diesen Zustand nenne ich «magisches Versagen» – derjenige, der ratlos vor dem «unmöglich zu bezwingenden» Berg steht, hat einfach im Augenblick vergessen, dass er sich im Nu auf die andere Seite oder auf den Gipfel *denken* könnte; er könnte *nach Belieben* fliegen, einen Drachen reiten, einen Helikopter holen, den Berg untertunneln oder den ganzen Berg verschwinden lassen!

Sollte Ihnen das passieren, machen Sie sich also keine Sorgen. Magisches Versagen ist etwas, das selbst den Besten widerfährt, und das nicht nur im Project Sanctuary.

Magisches Versagen ist nichts weiter als eine Art struktureller Kollaps des Energiesystems, der sich ereignet, wenn wir die falschen Gedanken haben, etwa «Ich kann das nicht», «Das ist zu schwer» oder «Ich bin nicht gut genug». Diese Aussagen werden dann Wirklichkeit, wenn wir vergessen, dass uns alle Zauberkunst der Welt zur Verfügung steht und dass *das, was wir denken und sagen, Realität erschafft.*

Magisches Versagen ist lediglich ein Zeichen von Stress, und wenn Sie sich regelmäßig daran erinnern, dass «alles nur Energie» ist, erkennen Sie mit einem tiefen Seufzer der Erleichterung, dass Vernunft und Logik zu Ihnen zurückkehren. Wenn das geschieht, gehen alle Systeme, die der Schöpfer uns mitgegeben hat – Verstand, Körper und Seele –, wieder online, und sobald das der Fall ist, fließen uns auch unsere Wahlmöglichkeiten, unsere Ressourcen, Intelligenz, Logik, Erfahrung und Fähigkeiten wieder zu.

Dazu gehört auch das Wissen, dass es *kein Sanctuary-Rätsel gibt, das Sie nicht lösen könnten*, und dass Ihr Energy Mind Ihnen diese bestimmte Herausforderung nicht geschickt hätte, wenn er nicht wüsste, dass Sie sie bewältigen können.

Hier nun noch der letzte wichtige Aspekt des wunderbaren Freiraums vom Sanctuary, den Sie kennen müssen, bevor wir anfangen.

Die Schwellenverschiebungen

Wenn Sie ein Rätsel gelöst, eine Geschichte bis zu ihrem natürlichen Ende durchgespielt, eine Suche oder Rettungsmission beendet haben, eine Vision hatten, die im Gefolge eines momentanen kreativen Geistesblitzes daherkam, erleben Sie eine bestimmte Bewegung in Geist, Körper und Energiesystem, die wir *Schwellenverschiebung* nennen.

Dies ist ein körperlich wahrnehmbares Aha- oder Heureka-Erlebnis, bei dem etwas Besonderes passiert und bei dem Sie wissen, dass Sie etwas Neues gelernt haben, etwas über sich selbst oder das Universum begriffen haben – oder um es genauer auszudrücken: *dass Sie sich in irgendeiner Art und Weise verändert haben.*

Die Geschichte ist nicht vollständig, solange es keine Schwellenverschiebung gegeben hat – tatsächlich ist die Schwellenverschiebung sogar der Zweck der Geschichte.

In der Beispielgeschichte vom grünen Frosch erfuhr die Frau ihre erste Schwellenverschiebung, als sie den Frosch küsste. Die intensivere Schwellenverschiebung ereignete sich später, als sie händchenhaltend mit dem jungen Mann zusammensaß, ihm in die Augen sah und beide sich eingestanden, wie kostbar und wunderbar ihre Liebe gewesen war.

Schwellenverschiebungen sind typischerweise sehr, sehr bewegend – ganz wörtlich wird dabei innerhalb eines Augenblicks eine Menge Energie durch die Systeme bewegt, die vielleicht schon seit Jahrzehnten blockiert ist. Derjenige, der das erlebt, gerät in einen Zustand der Klarheit und des inneren Friedens, oft auch der intensiven Beglückung und Freude.

Das Energiesystem selbst ist es, das mittels des Energy Mind Ihre Aufmerksamkeit auf bestimmte Themen oder Blockaden oder ungelöste Probleme lenkt. Es ist ein sehr sicheres System, in dem Sie immer nur Dinge bearbeiten, die Ihnen persönlich wichtig sind. Darin arbeiten Sie auf einen gleichmäßigen Fluss, eine Lösung, Heilung, Bewusstseinserweiterung und Entwicklung hin – *Ihre Schwellenverschiebungen gehen in die richtige Richtung und im Einklang mit Ihrem eigenen, höchstpersönlichen Weg.*

Das macht das Project Sanctuary so einzigartig und unterscheidet es von anderen Methoden der Therapie und Heilung sowie der mentalen, intellektuellen, psychischen, spirituellen und persönlichen Entwicklung – *es wird von Ihnen für Sie maß-*

geschneidert. *Sie arbeiten jedes Mal, wenn Sie in eine Geschichte eintreten, wenn Sie das Spiel spielen, mit Ihren persönlichen Schwellenverschiebungen.*

Wenn Sie das Gefühl haben, genug zu wissen, um für jemand anderen spielen zu können, sodass er selbst eine verblüffende, umwälzende Sanctuary-Erfahrung machen kann, werden Sie sie ihm auf den Leib schneidern – Ihr Energy Mind nimmt mit dem Energy Mind des anderen Verbindung auf, es entsteht eine Kommunikation, und Sie können Ihnen beiden die Ergebnisse dieser Kommunikation mitteilen, indem Sie die Geschichte erzählen, die Sie sehen, die Vision erklären und sie, wenn nötig, gemeinsam zum Guten aller Beteiligten wenden.

Nach diesem kurzen Überblick über die grundlegenden Bausteine von Project Sanctuary sollten Sie genug wissen, um die Reise zu Ihrem eigenen Sanctuary anzutreten und das ultimative Spiel in Raum und Zeit wirklich zu beginnen.

Einführung der Genius-Symbole

Die Genius-Symbole im Project Sanctuary sind sehr, sehr einfach gehaltene Symbole, die als Pforten fungieren, um strukturell das Stellen der Fragen zu ersetzen, über die ich bereits gesprochen habe.

Die Symbole erleichtern die Kontaktaufnahme mit dem Energy Mind, weil nicht noch zusätzlich eine verbale Übersetzung nötig ist, um eine *blitzartige Vision* als Reaktion auf das Symbol zu erhalten; mit Hilfe weiterer Symbole kann die Vision anschließend zu einem vollständigen Habitat mit all seinen Ereignissen, Abenteuern und daraus resultierenden Schwellenverschiebungen ausgebaut werden.

Ich habe im Laufe der Zeit in Zusammenarbeit mit meinem

Energy Mind und dem anderer Leute diese Symbole als eine Art Grundalphabet entwickelt, das die Tore der Kommunikation zwischen dem bewussten und dem Energy Mind aufstoßen soll.

Jedes Symbol ist für sich genommen ein solches Tor.

Zu den wirklich interessanten Besonderheiten der Genius-Symbole gehört, dass Sie sie auf allen möglichen Ebenen der Logik benutzen und verstehen können, auf denen Sie spielen möchten – von einer ganz alltäglich-konkreten Ebene bis hin zu einer superabstrakten Metaebene.

Zum Beispiel kann das Zeit-Symbol Sie daran erinnern, dass Sie einen Wecker kaufen müssen, wenn Sie nachher in die Stadt fahren; es kann aber auch für eine unglaublich komplexe Zeit-Skulptur stehen, etwa die zahlreichen Inkarnationen eines Menschen in diesem Zusammenhang und alles, was dazwischenliegt. Das hängt von Ihrem Auftrag ab und davon, wo Sie an einem bestimmten Tag spielen wollen.

Ihr Auftrag setzt die logische Ebene fest, auf der die Antwort zu Ihnen kommen wird.

Jedes Symbol existiert auf allen logischen Ebenen – vom ganz spezifischen Hier und Jetzt bis hin zu einer höchst abstrakten, metaphysischen, spirituellen und globalen Ebene. Dies ist ein Kennzeichen der Kommunikation mit Metaphern, dem bewussten Verstand und dem Energy Mind und verursachte in der Vergangenheit viel Verwirrung bei Menschen, die mit unbewusst generierten Visionen arbeiteten.

Zum Beispiel kann mit dem Zeit-Symbol der Herr der Zeit selbst gemeint sein, der Zeitgeist oder auch die Struktur der Zeit ganz allgemein im Universum. Es kann sich auch auf die Art beziehen, wie Menschen Zeit messen und interpretieren; auf die Jahreszeiten, die Tageszeiten bis hin zu dem Wecker, der neben Ihrem Bett steht und dessen Batterie vielleicht leer ist, sodass Sie morgen zu spät zur Arbeit kommen werden.

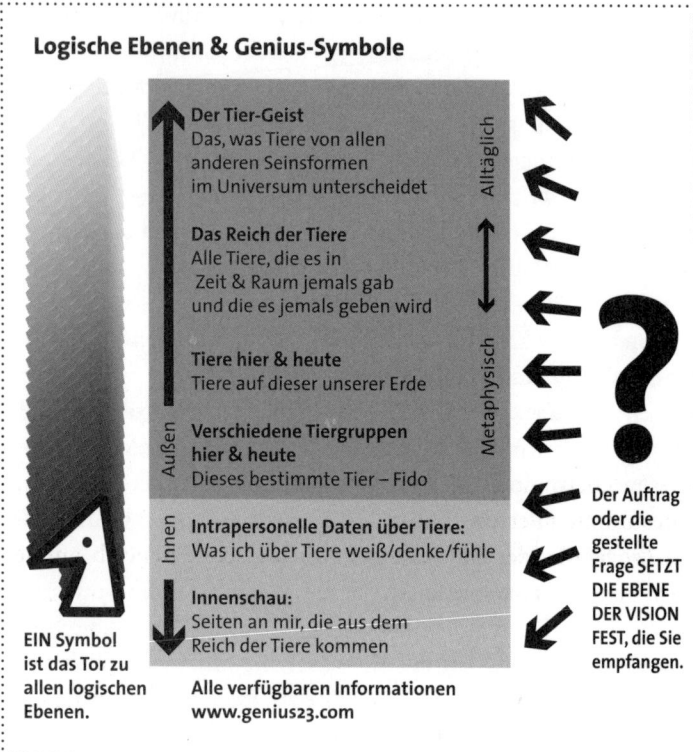

Logische Ebenen & Genius-Symbole

Der Tier-Geist
Das, was Tiere von allen anderen Seinsformen im Universum unterscheidet

Das Reich der Tiere
Alle Tiere, die es in Zeit & Raum jemals gab und die es jemals geben wird

Tiere hier & heute
Tiere auf dieser unserer Erde

Verschiedene Tiergruppen hier & heute
Dieses bestimmte Tier – Fido

Intrapersonelle Daten über Tiere:
Was ich über Tiere weiß/denke/fühle

Innenschau:
Seiten an mir, die aus dem Reich der Tiere kommen

Alltäglich

Metaphysisch

Außen

Innen

EIN Symbol ist das Tor zu allen logischen Ebenen.

Alle verfügbaren Informationen
www.genius23.com

Der Auftrag oder die gestellte Frage SETZT DIE EBENE DER VISION FEST, die Sie empfangen.

Verständlicherweise brachten die Leute, die mit Symbolen und Metaphern und – am wichtigsten – mit Botschaften ihres eigenen Energy Mind arbeiteten, die logischen Ebenen häufig völlig durcheinander, und so ergab die empfangene Information keinen Sinn, da nicht klar war, auf welche logische Ebene sie sich bezog.

In der Arbeit mit den Genius-Symbolen verfahren wir anders, um diese Verwirrung über die logischen Ebenen zu beenden: Zunächst entscheiden wir, auf welcher logischen Ebene wir überhaupt nach einer Antwort forschen, und definieren dann auf dieser logischen Ebene eine Frage, einen Auftrag oder überhaupt den äußeren Rahmen.

Mit dem Symbol für Menschen fragen wir also zum Beispiel nach etwas,

- das sich von seiner Beschaffenheit her auf alle Menschen der Erde auswirkt,
- das spezifischer auf alle heute lebenden Menschen abzielt,
- das in einem bestimmten Land zu suchen ist,
- in einer bestimmten Stadt,
- in einer bestimmten Branche,
- in einem einzelnen Zweig dieser Branche,
- in einer bestimmten Familie,
- bei einer bestimmten Person,
- oder, noch weiter heruntergebrochen, in einem Aspekt[2] einer bestimmten Person.

Die Frage oder der Auftrag steckt die logische Ebene ab, auf der die Antwort zu verstehen ist.

Das macht die Genius-Symbole so einzigartig. Indem Sie vorab festlegen, auf welche Ebene die Antwort gemünzt sein soll, um die Sie den Energy Mind bitten, werden Sie (meist zu Ihrem Erstaunen!) entdecken, dass Ihr Energy Mind all diese logischen Ebenen leicht und mit überraschender Spezifität auseinanderhalten kann – das war bisher in der Arbeit mit unbewusst generierten Stoffen, Erinnerungen und Visionen vollkommen unbekannt.

....

[2] Mit «Aspekt» einer Person ist ein «Schnappschuss» dieser Person zu einem bestimmten Zeitpunkt gemeint. Jeder von uns besitzt unendlich viele Aspekte, aber es ist relativ einfach, sie voneinander zu trennen und sich mit ihnen auseinanderzusetzen, wenn sie einer nach dem anderen betrachtet werden. Das Aspektemodell ersetzt das alte Teilemodell und ist brauchbarer, um differierende Glaubenssätze, Emotionen und Verhaltensweisen zu beschreiben, die ein und dieselbe Person sequenziell im Laufe der Zeit an den Tag legen kann. Siehe Silvia Hartmann: *Events Psychology. How to understand yourself and other people*, Eastbourne: DragonRising 2009.

Sich Gedanken über die logische Ebene zu machen, auf der Sie Ihre Fragen und Aufträge ansiedeln, *bevor* Sie die Fragen stellen oder die Aufträge formulieren, ist eine sehr gute Übung in der Kunst, korrekt mit den logischen Ebenen einer Situation oder eines Problems oder auch eines Problemkomplexes zu arbeiten.

Das funktioniert bei «echten Menschen im echten Leben», weil keine Unterscheidung zwischen Abstraktion und Spezifität gemacht wird, sondern stattdessen zwischen Metaebene und konkreter, «handfester» Ebene.

Jemand könnte beispielsweise seinen Energy Mind fragen: «Was wäre die perfekte Aurafarbe für diese wichtige Party heute Abend?» Dies ist eine esoterische oder metaphysische Frage, eine sehr komplexe Metapher, die auf einen größeren Zusammenhang abzielt – damit eine «Aura» eine bestimmte Farbe annehmen kann, müssen die Emotionen eines Menschen, seine körperliche Verfassung, seine Gedanken und sein Verhalten sich in einer ganz bestimmten Weise ausrichten.

Oder der Betreffende fragt: «Welche Farbe sollte meine Krawatte heute Abend haben?» Diese Frage ist überaus praktisch-konkret, und als Antwort wird der Energy Mind das Bild einer grünen Krawatte mit purpurnen Streifen aufblitzen lassen, die im Schrank des Fragers hängt.

Die Aufwärtsbewegung hin zu eher abstrakten und übergeordneten Themen, Metaphern und Seinszuständen ermöglicht, je höher Sie gehen, mehr Einfluss auf alle Systeme auf den darunter befindlichen logischen Ebenen.

Nebenbei bemerkt ist die Fähigkeit, sich gewandt auf den logischen Ebenen aller erdenklichen Systeme zu bewegen, eine unabdingbare Voraussetzung für wahre Intelligenz. Die menschliche Neigung, immer weiter ins Detail zu gehen, die die Aufwärtsbewegung und Kontrolle über das System als Ganzes hemmt, ist ein echter Stolperstein und verhindert intelligentes Verhalten und intelligente Lösungen von Problemen, die vor allem durch ein detailorientiertes, «engstirniges» Abwärtsdenken entstanden sind.

Die Graphik am Anfang dieses Kapitels illustriert, wie man sich innerhalb der logischen Ebenen eines einzelnen Genius-Symbols bewegen kann. Dieses Genius-Symbol ist eine «ebenenfreie» Metapher oder ein Tor zu all jenen Informationen, die wir gewinnen, indem wir den Input des Energy Mind jenen Daten hinzufügen, den der bewusste Geist gesammelt und geordnet hat. So erhöht sich oft exponentiell die Informationsmenge zu einem Thema; und genau das führt wiederum zu neuen Ideen und genialen Lösungen.

Wie Sie sehen können, erschließen wir uns im Wesentlichen alle Informationen, die auf sämtlichen logischen Ebenen dieses einen Symbols zu finden sind, indem wir diese logischen Ebenen durch den Auftrag kontrollieren.

Dies ist ein Beispiel, das sich auf ein einziges Symbol bezieht – natürlich wird es um einiges vielschichtiger und spaßiger, wenn Sie anfangen, mehrere Symbole miteinander zu kombinieren. Aber selbst wenn bei einer einzigen Frage oder einem einzigen Auftrag alle 23 Symbole im Spiel sind, verlieren wir nicht den Überblick, indem wir die Frage dazu benutzen, diese ausschweifende Informationsmenge zusammenzuhalten, danach zu ordnen, was wir wissen wollen, und genau das zu tun, was wir tun wollen.

Zu verstehen, wie logische Ebenen funktionieren, ist einer der wichtigsten Schlüssel zum Verständnis von Systemen innerhalb von Systemen, von Beziehungen, der Umwelt und dem «großen Ganzen».

Es ist vor allem auch deshalb so wichtig, damit wir uns nicht zwischen den logischen Ebenen verirren und praktisch-konkrete oder detailorientierte Strategien anwenden, während viel abstraktere, metaphysische oder übergeordnete Strategien notwendig sind, um ein Problem zu lösen – und umgekehrt.

Bei jedem, der mit den Genius-Symbolen arbeitet, kann man beobachten, welche Art von Fragen er regelmäßig stellt und worauf im übergeordneten System, das alle logischen Ebenen umfasst, diese Fragen abzielen.

Einige Menschen haben eine Neigung zu sehr abstrakten oder esoterischen Fragen, was nicht immer optimal ist, wenn man Ergebnisse erzielen will. Ganz Ähnliches werden Menschen, die eher «engstirnig» und unfähig sind, den größeren Zusammenhang zu sehen, nach einer Weile feststellen und ihr Denken dahingehend erweitern, dass sie wenigstens ab und zu übergeordnete Fragen stellen.

Dies gibt unserem Denken und unserer Informationsklassifizierung und -verarbeitung eine gewisse Flexibilität zurück und – das ist das Beste von allem – führt zu einer viel größeren «Passgenauigkeit» zwischen den Problemen, die wir haben, und den Lösungen, die wir für sie finden.

Sobald Sie sich diese Symbole aneignen, akzeptieren Sie sowohl bewusst als auch unbewusst, dass dies der Weg ist, auf dem Sie diese Kommunikationspforten öffnen werden.

Später werden wir darüber sprechen, wie Sie sich die Symbole aneignen, und auch, wie Sie sie anwenden können. Nun sehen wir uns erst einmal die 23 Genius-Symbole an, damit Sie sie erkennen, wenn sie Ihnen wiederbegegnen.

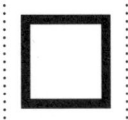

Ein einfaches Quadrat oder ein Kasten ist das Symbol für Raum.

Wenn wir Sanctuary klassisch spielen, ist dies das erste Symbol, das wir einsetzen. Wir benutzen es, um unser Ziel bei diesem Spiel zu erklären sowie die Kulisse abzustecken. Dieses Symbol bringt uns in den Sanctuary-Raum – jenen Ort, an dem all diese erstaunlichen Dinge stattfinden werden.

Unter «Raum» werden viele Dinge gefasst, etwa Entfernung und Größe, aber auch Standort und relative Position. Wenn dieses Symbol bei einer Auslegung oder in einem Muster auftaucht, will es Sie dazu ermuntern, mit den räumlichen Aspekten einer Geschichte zu spielen.

Es gibt viele wichtige Methoden, im Sanctuary mit Raum zu operieren. *Zoombewegungen* etwa lassen Sie so groß werden, wie nötig ist, um sich einen guten Überblick zu verschaffen, das große Ganze zu erkennen oder sich im Kampf gegen einen Feind sicherer zu fühlen. Oder Sie lassen sich selbst so weit schrumpfen, dass Sie in einem Kristall spazieren gehen oder auf einem Atom leben können, das nun zum ganzen Planeten wird. Solche Zoombewegungen sind überaus befreiend für den Geist und oft sehr wichtig für die Lösung eines Problems.

Das Raum-Symbol erinnert uns daran, dass wir die Macht haben, Dinge dorthin zu bewegen, wo wir sie haben wollen, ihnen die gewünschte Größe zu verleihen und innerhalb eines Wimpernschlags jede erdenkliche Entfernung zurückzulegen. Auf uns bezogen meint Raum die Fähigkeit, über uns selbst hinauszugehen, die Hände nach etwas auszustrecken, uns auf eine Reise zu begeben, Dinge auf allen Ebenen – der spirituellen, mentalen, emotionalen wie auch der physischen – zu beeinflussen und zu erreichen.

Zeit

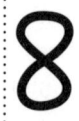

In der klassischen Spielvariante ist das erste aktive Symbol das für die Zeit – denken Sie daran, dass wir fragten, zu welcher Tageszeit, in welcher Jahreszeit das Spiel angesiedelt ist, um die Zeitkoordinaten unseres Habitats festzusetzen, sei es nun für eine Vision oder eine Erinnerung.

Als Eselsbrücke, um das Symbol nicht zu vergessen, können Sie es sich als stilisierte Sanduhr vorstellen oder als vertikales Unendlichkeitszeichen.

Dieses Symbol erinnert Sie daran, auf den Zeitaspekt der Geschichte oder des Rätsels zu achten. Es sagt Ihnen vielleicht auch, dass Sie besser verstehen werden, was vor sich geht, wenn Sie sich in der Zeit fortbewegen. Dieses Symbol kann also auf Zeitreisen hinweisen oder auf eine andere Verbindung mit der Zeit, etwa auf ein früheres oder ein künftiges Leben.

Als Menschen, die heute in dieser unserer Gesellschaft leben, haben wir sehr einschränkende Vorstellungen von der Zeit, und daran beißen wir uns sehr oft fest – indem wir versuchen, den Lauf der Zeit aufzuhalten, sie schneller oder langsamer vergehen zu lassen oder einfach zu glauben, dass wir in der Zeit stecken bleiben wie Fliegen im Honig und rein gar nichts dagegen tun können.

Das Vermögen, uns durch die Zeit und mit ihr frei zu bewegen, rückwärts, vorwärts und seitwärts, ebenso nach oben und unten, ist eine der befreiendsten Fähigkeiten des menschlichen Geistes, der in Wahrheit keinerlei temporären Beschränkungen unterworfen ist.

Wetter

Eine kleine Wolke ist das Symbol für Wetter. Wenn Sie sich erinnern wollen: In der klassischen Spielvariante fragen wir – nach der Tageszeit – als Nächstes nach dem Wetter.

Das Wetter ist eine Metapher für vieles, für Einflüsse aus der Umgebung, die wesentlich für den Fortgang einer Geschichte ist.

Sie werden ein Gefühl dafür bekommen, wie wichtig das Wetter ist, wenn Sie sich eine Wetterkarte oder ein Satellitenbild der Erde ansehen mit all ihren sich bewegenden Wolkensystemen, die Wind und Regen bringen oder Sonnenschein und Schnee, Kälte und Wärme, Nebel oder Trockenheit, und die Auswirkungen bedenken, die das Wetter auf jeden Lebensraum hat.

Zum Beispiel ist es für Heilungszwecke wesentlich, das richtige Wetter zu wählen. In vielen Geschichten kann ein Wetterumschwung die tiefgreifendsten Schwellenverschiebungen mit sich bringen.

Wenn dieses Symbol auftaucht, sind Sie aufgefordert, auf die Wetteraspekte in Ihrer Geschichte oder Ihrem Rätsel zu achten und / oder intensiver mit dem Wetter zu arbeiten.

Auf einer höheren metaphorischen Ebene bezieht sich das Wet-

Die Genius-Symbole

ter-Symbol auf die Systeme in uns, die Energie zum Leben, zur Veränderung und für alle Gefühle produzieren.

Und dann wären da noch die wirklich großen Entfaltungen wie etwa das Wetter im Weltraum wie Sonnenstürme und Gaswolken wie auch astrologische Konstellationen.

Landschaft

Das Symbol der beiden Berge (oder auch der Insel im Meer, wenn Sie wollen) steht für das Land – die Landschaft, in der Ihre Geschichte angesiedelt ist, die Umgebung, die Ihre Geschichte im Wesentlichen zusammenhält, die Welt, in der sie spielt, oder, wie wir es hier ausdrücken, die zugrunde liegende Struktur des Habitats, in dem Sie sich befinden.

Wenn Sie bei der Deutung das Symbol für Landschaft erhalten, lenkt es Ihre Aufmerksamkeit auf die physischen Strukturen, die Ihr Habitat zusammenhalten und in denen Sie nach Antworten Ausschau halten sollten.

Unter «Landschaft» fallen auch Wüsten, Flüsse und Ozeane, auch fremdartige Landschaften. Denken Sie daran, dass Landschaften – selbst hohe Berge – durch die Zeit fließen und sich verändern. Das ist ein wichtiger Aspekt ihres Wesens.

Auf einer übergeordneten Ebene schließt «Landschaft» auch die Galaxien, die Sterne am Himmel, den ganzen Planeten, das Sonnensystem, in dem Sie sich aufhalten, astrologische Einflüsse und vieles mehr ein.

«Landschaft» im weitesten metaphorischen Sinn ist die physische Manifestation des Universums.

Als persönliche Metapher bezieht sich die Landschaft auf die physischen Strukturen unserer körperlichen Erscheinung und Energiesysteme.

Pflanze

Der kleine Baum ist das Symbol für das Reich der Pflanzen. Wir nehmen es im Allgemeinen als selbstverständlich hin, aber das Reich der Pflanzen ist die Wurzel allen Lebens auf der Erde und die tragende Säule dessen, was wir meinen, wenn wir an «Natur» denken.

Das Reich der Pflanzen und der Vegetation in einem Habitat ist von immenser Bedeutung. Wie alles im Sanctuary sind die Pflanzenarten, die Sie hier finden – vom kleinsten Pilz zur schönsten Blume und zum höchsten und imposantesten Baum –, ganz spezifische Komponenten des Energiestroms.

In einer allgemeinen Auslegung lenkt das Symbol für Pflanze Ihre Aufmerksamkeit auf das Reich der Pflanzen, in dem Sie nach Lösungen und Impulse suchen sollen.

Wie bei allen Sanctuary-Symbolen schwingt auch in diesem der Satz «Wie oben, so unten» mit.

In jedem Menschen gibt es Systeme und Schaltkreise, die auf die Ebene der reinen, grünen Natur ansprechen, sich davon berühren und allein dadurch heilen lassen.

Tier

Die Tierform steht für alle Lebewesen im Tierreich, von der winzigsten Spinne und Schnecke bis hin zum eindrucksvollen Tiergeist des Killerwals und darüber hinaus zu jenem Geist, den wir den allumfassenden Herrn der Tiere nennen.

Tiere sind unbestreitbar sehr wichtig für die Ökologie, in der eine Geschichte spielt. Aber traditionell und metaphorisch dienen sie auch als Boten, Führer und Helfer aus bestimmten und mächtigen Schichten, die ebenfalls in uns existieren.

Das Tier-Symbol fordert Sie auf, darüber nachzudenken, inwiefern das Reich der Tiere hilfreich oder in Ihre Geschichte involviert oder relevant für Ihre Frage sein kann.

Auf einer übergeordneten metaphorischen Ebene bezeichnet das Symbol für Tier auch all jene Ebenen in uns, die zu diesem Reich gehören, unsere animalische Natur und unsere animalischen Instinkte und Triebe.

Kristall

In der Geologie werden Kristalle den Mineralien zugeordnet. In der Metaphysik bilden sie eine eigene Klasse, die einer anderen Seinsebene angehört als Muttergestein, Sandstein oder Granit.

Kristalle können überaus wichtige Katalysatoren sein, sie können als Boten, Portale, Kraftquellen und vieles andere fungieren.

Das Kristall-Symbol steht ebenfalls für die kristallinen Dimensionen der reinen Logik und absoluten Ordnung – zeitlos, vollkommen und unveränderlich.

Wenn der Kristall in Ihrer Deutung auftaucht, bittet er Sie darum, auf die Botschaften aus diesem Bereich, auf die Logik und die zugrunde liegende Struktur zu achten, emotionale Verwirrung außen vor zu lassen und sich «kristallklar» über Ursache und Folgen der Situation zu werden. Betrachten Sie diese kristallklare Logik jedoch nicht als lieblos – es gibt einen Ort, an dem Liebe und Logik ein und dasselbe werden. Ihn zu betreten, gehört zu den beeindruckendsten Erfahrungen, die ein Mensch machen kann.

Metaphorisch auf Sie bezogen ist der Kristall das Symbol für jene Schichten Ihrer Existenz, die dieselbe Schwingung besitzen.

Engel

Das Engel-Symbol steht für höhere Wesen und höhere Gewalten jeglicher Art, die ein Interesse an der Entwicklung der Geschichte haben oder sie auch direkt in die Hand nehmen.

Ich nenne diese höheren Gewalten auch «die höheren Mächte», um niemanden auszuschließen und auch Aspekte Ihres eigenen Geistes, Ihrer Seele und Ihres Ichs mit einzuschließen, die auf einer höheren Ebene existieren, welche normalerweise dem

Bewusstsein nicht zugänglich ist (und sich doch oft bemerkbar macht!).

Abgesehen davon bezeichnet das Engel-Symbol Ihren Gott oder Ihre Götter, die höchsten spirituellen Wesenheiten und alle, zu denen Sie beten.

Freund

Als «Freunde» bezeichnen wir Geistführer, hilfsbereite Wesenheiten, unsichtbare Freunde und alle weiteren potenziellen Helfer und Ratgeber, an die wir uns mit der Bitte um Unterstützung wenden können.

Gute Freunde und tiefe und sinnstiftende Beziehungen zu ihnen zu haben ist zentral für den Erfolg im Sanctuary. Denn Freunde fungieren als Brücke zwischen Ihrem bewussten Ich und den Energiebereichen im Allgemeinen.

Anders als Menschen oder Engel, die ihre eigenen Absichten haben, sind Freunde ausschließlich für Sie da und vollkommen auf Ihrer Seite – sie sind an Ihrer Seite und haben kein anderes Ziel, als *Ihnen* zu helfen, und zwar bedingungslos.

Wenn das Symbol für Freund, ein kleiner Mensch in einer Art Robe, in Ihrer Deutung auftaucht, lautet der Rat an Sie, Ihre bereits vorhandenen Freunde zu befragen oder einen neuen ins Spiel zu bringen, damit er Ihnen auf Ihrer Mission hilft.

Wenn sich dieses Symbol auf Sie oder einen anderen Menschen bezieht, kann es danach fragen, ob Sie als Freund auftreten – als Mitstreiter in Ihrem ureigenen Interesse.

Es kann auch bedeuten, dass Sie als bedingungsloser Freund oder Mitstreiter für einen Aspekt Ihrer selbst oder für sich selbst auftreten sollen.

Menschen

Das Symbol des kleinen Manns steht für Menschen – echte Menschen aus Ihrem Leben, Menschen, die vielleicht in einem Habitat leben, Menschen aus Märchen, Zwerge, Elfen und auch Außerirdische.

Wenn Sie das Zeichen für Menschen in einer Deutung finden, sind Sie aufgefordert, auf die intelligenten und aktiven Lebewesen in Ihrer Umgebung zu achten und darauf, wie Sie mit ihnen auf der «Menschen»-Ebene interagieren.

Wenn sich dieses Symbol auf Sie bezieht, bittet es Sie vielleicht darum, darüber nachzudenken, ob Sie im Augenblick als echtes menschliches Wesen auftreten und sich als solches selbst schätzen.

Geist

Das Geist-Zeichen steht für Geister, tote Menschen, Menschen von der anderen Seite, Vorfahren und so weiter.

Die Genius-Symbole

Geister können unsichtbar sein, wenn Sie nur auf die Oberfläche achten. Falls dieses Symbol in einer Deutung auftaucht, müssen Sie diesem Bereich Beachtung schenken, weil sich dort etwas findet, das relevant für Sie ist.

In einem weiteren metaphorischen Sinn ist der «Geist» einer Sache etwas, das manchmal ganz anders als das ist, was Sie mit Ihren Augen sehen. Das kann sich auf einen Gegenstand, eine Person oder auch auf eine Situation beziehen.

Aspekt

Jedes Individuum hat viele «Seiten» oder «Aspekte», die alle zusammenspielen und mehr als die Summe ihrer Teile sind – wie die vielen Facetten eines Diamanten, die viele verschiedene Farben zu haben scheinen. Deshalb ist das Zeichen für Aspekt wie ein Dreieck geformt, eine Facette des Diamanten, der Sie sind.

Aspekte können für bestimmte Wesenszüge oder Ideen stehen. Sie können auch aus einer vergangenen Zeit stammen, ja sogar aus einem künftigen Leben.

Wenn das Zeichen für Aspekt in einer Deutung auftaucht, sollten Sie sich genauer ansehen, welche Ihrer Aspekte in dieser Geschichte oder in diesem Rätsel die größte Rolle spielen – sie könnten den Schlüssel zur Lösung liefern.

Die meisten, wenn nicht gar alle Dinge haben selbst wiederum Aspekte. Das Aspekt-Symbol kann Sie dazu auffordern, verschiedene Seiten einer Geschichte zu betrachten oder Ihre Perspektive so zu verschieben, dass das große Ganze in den Blick kommt, von dem der aktuelle Aspekt nur ein Teilstück ist.

Behausung

Häuser, Gebäude, Unterkünfte, Hausboote, Hütten, Zelte – jegliche Behausung ist mit dem Zeichen des kleinen Hauses gemeint.

Behausungen sind von Menschenhand (oder der Hand eines anderen Wesens) geschaffene Unterkünfte oder andere künstliche Umgebungen sowie natürlich alle Räume und weitere, auf logischer Ebene vorgenommene Unterteilungen, die es darin gibt.

In vielen älteren Büchern über Träume und Symbole wird das Haus als Symbol für den Körper aufgeführt – allerdings stimmt das nicht mit der Wirklichkeit überein, denn der Körper wurde von Schöpferhand gemacht und sicher nicht von Menschenhand.

In einem übergeordneten metaphorischen Sinn und in Bezug auf Menschen bezeichnet das Symbol für Behausung das Konstrukt des bewussten Selbst. Es ist eine Vorstellung vom Ich oder dem Körper, die von uns Menschen ersonnen wurde.

Das Zeichen für Artefakte ist ein Becher, aber natürlich kann auch jedes andere Objekt ein Artefakt sein. Artefakte öffnen Türen zu ganzen Reichen, Tore zu anderen, verwandten Ereignisströmen.

Der Energy Mind kennt Mittel und Wege, Ihnen dabei zu helfen, Artefakte zu entdecken – sei es, dass es sich um etwas Faszinierendes handelt, das Ihre Aufmerksamkeit fesselt, oder um etwas, das geradezu leuchtet oder in seiner Umgebung lächerlich fehl am Platze wirkt. Sie werden ein Artefakt erkennen, wenn Sie ihm begegnen.

Wenn das Symbol für Artefakte in Ihrer Deutung auftaucht, sehen Sie sich nach einem besonderen Gegenstand um. Manchmal müssen Sie regelrecht danach fahnden.

Artefakte funktionieren aber auch andersherum – sie sind die physische Manifestation einer ihnen zugrunde liegenden Information.

Das Symbol für Artefakt kann deshalb auch bedeuten, dass eine Idee «handfester» werden oder dass sich etwas Materielles manifestieren muss, damit es als Tor für den weiteren Fortgang der Geschichte dienen kann.

Geschenk

Der Kasten mit den rechtwinklig gekreuzten Linien ist das Zeichen für Geschenk. Ein Geschenk kann alles sein, von einem ganzen Planeten bis hin zu einer winzigen Blume. Es ist einem Menschen, einem Freund, einer Situation, einem Habitat zugedacht und soll ihn / sie / es glücklicher, besser, freudvoller oder funktioneller machen.

Fragen Sie: «Welches Geschenk kann ich machen?», und lassen Sie etwas zu sich kommen. Denken Sie daran, dass es ein komplexer Energiecocktail, verpackt in das Geschenk, ist. Verschenken Sie ihn ebenso, wie Sie ihn selbst geschenkt bekommen.

Sie können auch darum bitten, dass Sie oder die gegenwärtige Situation das Geschenk von jemand anderem erhalten.

Das Geschenk ist nur das – ein Geschenk. Es steht per se nicht für einen Austausch, sondern für etwas, das Sie bekommen, ohne es sich verdienen, dafür arbeiten, es irgendwie herbeiführen oder etwas dafür zurückzahlen zu müssen.

Es ist wie ein Impuls, der nichts im Gegenzug erwartet und von Natur aus an keine Bedingung geknüpft ist.

Deshalb repräsentiert dieses Symbol auch etwas, das Sie ein Wunder nennen könnten.

Geschenke zu verschenken ist leicht. Sie angemessen entgegenzunehmen, ist oft die viel größere Herausforderung.

Handel

Das Symbol der beiden Münzen steht für den Pertineri-Markt oder für Handel ganz allgemein.

Der Pertineri-Markt ist ein intergalaktischer, interdimensionaler Marktplatz, auf dem alle möglichen Lebewesen zusammenkommen, um Handel zu treiben. Er ist ein gemeinschaftliches Sanctuary-Habitat, das dazu genutzt werden kann, um mit Ressourcen zu handeln, Hilfe zu suchen oder selbst etwas zu erwerben.

Handel ist ein Austausch von Energien, in dessen Gefolge ein Gleichgewicht entsteht, das allen beteiligten Parteien zugutekommt und ihnen die gleichen Vorteile bringt. Das Handel-Symbol mit den beiden Münzen fordert uns also auf, allen Arten von Handel und auch von Austausch im weitesten Sinne Beachtung zu schenken.

Drachenschwingen

Das Drachenschwingen-Symbol bittet uns, unsere Aufmerksamkeit auf das große Ganze zu verlagern, die Welt der Muster, die Struktur oder den roten Faden der Geschichte.

In der Welt der Muster oder Strukturen sehen die Dinge ganz anders aus, und sehr oft ist es viel leichter zu sehen, was nicht stimmt oder wo das Problem liegt. Die Welt der Muster offenbart auch häufig «unsichtbare» Komponenten oder Einflüsse auf eine Geschichte.

Über sich über die aktuelle Situation zu erheben, ein mentales oder ganz konkretes Bild der Geschichte zu zeichnen und alle Hauptkomponenten in Beziehung zueinander zu setzen, kann eine gute Methode für Anfänger sein, einen veränderten Blick auf die Ereignisse zu werfen, die zugrunde liegenden, übergeordneten Muster zu erkennen und die größeren Zusammenhänge zu begreifen.

Magie

Ein sehr wichtiges Sanctuary-Symbol ist das Magie-Symbol, die Spirale.

Alles am Project Sanctuary ist reine Magie, aber wie gut sie funktioniert und wie gut unsere Ergebnisse sind, hängt individuell davon ab, ob wir diese Tatsache im Hinterkopf behalten, wenn wir die Geschichten spielen.

Wenn wir mit all unseren Vorurteilen und schon mit der Vorstellung des Versagens in das Spiel eintreten, scheitern wir im Allgemeinen erst einmal daran, auch nur ansatzweise die Magie zu nutzen, die Sanctuary zu bieten hat. Dieses Symbol erinnert uns daran, den magischen Anteil zu erhöhen – und zwar ganz gewaltig, sofern wir mental damit umgehen können.

Magie sprengt die Grenzen unserer Vorstellungskraft und unseres Denkens, das wir in der harten, physischen Alltagswelt eingeübt haben, und gestattet es uns, uns mit der eigentlichen Realität auseinanderzusetzen, die in Wahrheit ja nicht nur aus der physischen Welt besteht.

Sternenstaub

Drei kleine Sterne oder auch Schneeflocken sind das Symbol für Sternenstaub.

Auf einer bestimmten Seinsebene ist alles reine Möglichkeit – winzige Funken glitzernden Lichts in einem samtenen, schwarzen Raum, der das Potenzial für alle Dinge enthält.

Ein wenig Sternenstaub (oder Feenstaub, wenn Sie wollen) auf eine Situation zu streuen, wird die Verbindung zu diesem Bereich wiederherstellen, sodass sich das unglaubliche Potenzial jeder Situation offenbaren kann.

Natürlich gibt es auch eine sehr persönliche Ebene, auf der wir alle aus Sternenstaub gemacht sind.

Außerirdischer

Das Universum hat noch mehr zu bieten, als wir Menschen hier auf der Erde bisher erfahren haben, und wenn wir auf das Symbol des Außerirdischen stoßen, sind wir dazu aufgefordert, immer daran zu denken, dass das, was wir für absolut vernünftig und rational halten, uns nur aus Konvention und nichts anderem so erscheinen mag. Zum Beispiel empfinden wir Metall als hart und kalt, weil wir so sehr an unsere lokalen Konventionen der Temperatur und der Schwerkraft gewöhnt sind und leicht vergessen, dass es anderswo ganz anders sein kann.

Wir können unseren unglaublichen, grenzenlosen Geist erweitern, um eine neue Perspektive einzunehmen und so wichtiges Wissen über den Rest des Universums sammeln.

Dieses Symbol kann auf einer ganz konkreten Ebene Reisen in fremdartige Welten bezeichnen oder die Kontaktaufnahme mit außerirdischen Besuchern oder Einflüssen ganz allgemein.

Quelle

Das Quelle-Symbol steht für pure kreative Energie, die Ursprünge unserer Existenz, die reine und unaufhaltsame Schöpferkraft, die das Universum selbst antreibt.

Wenn dieses Symbol in einer Geschichte auftaucht, bringen Sie die Energie der reinen Schöpferkraft ins Spiel, lassen Sie die Kreativität emporschießen wie eine Fontäne aus uraltem Gestein, damit sie allem, was sie berührt, neues Leben bringt.

Tanz

Alles ist Tanz – Aktion und Reaktion, Bewegung und Gegenbewegung, Ebbe und Flut.

Dieser Tanz ist immer schön, immer voller Freude.

Das Symbol der beiden überlappenden Wellen fragt uns, was

wir tun können, um dem Tanz noch mehr Beachtung zu schenken, und wie wir ihn in allen möglichen Situationen beflügeln können.

Dieses Symbol steht auch für Bewegung und Entwicklung und dafür, gut zu Fuß zu sein, um die ausgetretenen Pfade verlassen zu können, in denen man festgefahren ist.

Es sind mindestens zwei Personen nötig, um Tango zu tanzen. Der Tanz erinnert uns also daran, dass Dinge nicht isoliert geschehen, dass es Ursache und Wirkung gibt, dass wir beide oder noch mehr Seiten bedenken müssen, wenn wir ein Problem lösen wollen.

Es ist aber auch überaus wichtig, daran zu denken, dass Tanz nicht Arbeit, sondern Freude ist – ein Ausdruck von Leben und der Liebe zum Leben.

Licht

Der Stern oder die Sonne oder der Lichtblitz steht für das Licht – das uns allen Leben schenkt, das unsere Stimmung aufhellt, das in vielen Situationen Licht ins Dunkel bringt, das uns erleuchten kann. Wenn wir in diesem Licht leben, erfahren wir pure Freude und die Ekstase des Seins.

Dieses Symbol kann uns dazu auffordern, eine Situation in neuem Lichte zu betrachten, das Licht darin zu erkennen und selbst licht und hell zu sein – und nicht unnachgiebig, streng und grimmig.

Wenn eine Situation zusätzlich beleuchtet wird, kann sich viel zeigen. Es kann auch viel heilen, und fast alles kann sich klären …

Ihr persönliches Genius-Symbole-Set

Wenn Sie mit Visionen spielen und Genius-Symbole dabei einsetzen möchten, ist es unerlässlich, sich Ihr eigenes Symbole-Set zu schaffen. Symbole selbst zu zeichnen ist eine ganz besondere Methode, um die Symbole zu lernen, sie zu akzeptieren und zu verinnerlichen.

Indem Sie die Symbole mit eigener Hand zeichnen, malen oder eingravieren, werden sie zu Ihren eigenen Symbolen.

Sie können die Symbole auf Papier oder Karton zeichnen. Ich wähle am liebsten Steine dafür: Sie sind sehr haptisch, und der Prozess des Aussuchens und dann des einem Symbol Widmens ist selbst schon sehr meditativ und magisch.

Mein erstes eigenes Symbole-Set zeichnete ich mit metallischem Marker auf Kieselsteine vom Strand. Ich besitze es heute noch und benutze es manchmal, wenn ich Lust dazu habe.

Seitdem habe ich zahlreiche weitere, ganz verschiedene Sets angefertigt, darunter kleine, die man leicht auf Reisen mitnehmen kann, repräsentative aus funkelnden Halbedelsteinen, ein hübsches Set aus polierten, seidig glänzenden Birkenscheiben, ein Set aus Lehm-Stückchen und eines aus hölzernen Würfeln mit nur einer beschrifteten Seite, sodass man nicht immer ein Symbol würfelt.

Andere Leute, die mir Bilder von ihren Sets schickten, schufen diese aus Glassteinen, Knochen, Rosenquarz und Hämatit, Holzscheiben, Muschelschalen und vielen weiteren Materialien, zu denen sie einen persönlichen Bezug hatten.

Sie können jedes Material benutzen, das Sie anspricht oder das Sie als für sich passend empfinden. Das kann sich mit der Zeit auch ändern. Aber vergessen Sie nicht, dass das Wichtigste die

Symbole selbst sind und Sie auch dann wunderbare Erlebnisse und Ergebnisse haben werden, wenn Ihre Symbole mit dem verkohlten Ende eines Zweigs auf ein paar Papierfetzen gekritzelt sind.

Allerdings muss man eines zu bedenken geben.

Die Genius-Symbole sind etwas, das tatsächlich den ganzen Menschen betrifft. Wir denken mit dem Bewusstsein über sie nach und benutzen sie, um mit dem Energy Mind zu kommunizieren. Wir zeichnen sie mit unseren Händen, halten und berühren sie – sie sind also physisch real.

Aus meiner Erfahrung mit vielen Anwendern der Genius-Symbole weiß ich: **Je mehr wir unsere eigenen Symbole-Sets schätzen, desto besser werden unsere Ergebnisse.**

Menschen, die meinen Hinweis, man könne die Symbole auch auf Papierfetzen kritzeln, und sie würden trotzdem funktionieren, als Ausrede nahmen, faul zu sein und sich keine Mühe zu geben, erhielten nicht dieselben Ergebnisse wie diejenigen, die ihre persönlichen Genius-Symbole-Sets liebten und sie schön fanden.

Der Reiz Ihres eigenen Symbole-Sets ist ganz offensichtlich sehr wichtig, um Ihnen zu helfen, konzentriert zu bleiben, mit dem Set zu interagieren, es zu bewundern und natürlich eine starke, persönliche Beziehung zu ihm und allen individuellen Symbolen darin aufzubauen.

Sollten Sie sich jemals gestrandet auf einer einsamen Insel wiederfinden, eingekerkert in einem Verlies oder im Weltraum verschollen – ja, auch dann noch können Sie aus jedem Material, das in Ihrer dürftigen Umgebung verfügbar ist, ein Genius-Symbole-Set herstellen.

Wenn Sie allerdings in der Zivilisation leben und Ihr eigenes Genie und Ihre eigene Kreativität entdecken möchten, empfehle ich Ihnen dennoch nachdrücklich, sich die Mühe zu machen und

Vorlagen für Ihre Symbole zu suchen, die zumindest einen gewissen Respekt ausdrücken und Sie selbst ansprechen.

Das Symbole-Set lässt sich auf vielerlei Arten gestalten; manche Menschen verzieren es und machen kleine Kunstwerke aus den Symbolen.

Das liegt ganz bei Ihnen – nur sollten Sie versuchen, sich auf einfache Symbole zu konzentrieren und sie nicht mit zu vielen Schnörkeln oder verwirrenden energetischen Zusätzen zu überfrachten, die ihnen ihre einfache, klare Kraft nehmen könnten.

Die Genius-Symbole kennenlernen

Zeichnen Sie mit beiden Händen die Symbole vor sich in die Luft und sprechen Sie dabei laut ihren Namen.

Nehmen Sie sich einen Moment Zeit, um zu überlegen, ob Sie ein Gefühl dafür bekommen, wofür das jeweilige Symbol steht.

Wenn Sie sich mit EmoTrance auskennen, können Sie sie anwenden, bis das Symbol glatt fließt, hinein und hinaus, Sie sich gut damit fühlen, energetisiert und sich der Energie dieses Symbols in Ihrem Körper bewusst sind.

Wenn ein Symbol Ihnen Angst macht, Ihnen seltsam vorkommt oder Sie denken: «Dieses Symbol werde ich wirklich niemals brauchen», müssen Sie sich vielleicht noch mehr Mühe mit ihm geben.

Sie können auch über die Symbole meditieren, die eine ablehnende Reaktion bei Ihnen hervorgerufen haben, oder die klassische Variante spielen, um mehr über die Ursachen Ihrer Reaktion auf ein bestimmtes Symbol zu erfahren.

Machen Sie sich keine Gedanken, wenn Sie ein Symbol nicht ganz verstehen.

Ich tue es auch nicht!

Jedes einzelne hat so viele Ebenen, Schichten, so viel Tiefe, ist ein Tor zu so vielem, dass es mich sehr überraschen würde, wenn jemand eines davon jemals völlig ergründen und wissen würde, was es wirklich bedeutet.

Das Gefühl, dass Sie die Energie angezapft und das Symbol erkannt haben, wenn auch nur verschwommen und gerade so weit, um den Unterschied zwischen den Symbolen zu verstehen, reicht für den Anfang schon aus.

Die Tiefe und Fülle Ihrer persönlichen Visionen in Ihren eigenen Spielen und Schwellenverschiebungen wird nicht davon berührt, ob Sie die Symbole verstehen oder nicht. Die Symbole öffnen einfach die Tür, und Ihr Energy Mind wird sich um den Rest kümmern.

Es lohnt sich sehr, einen Tag oder zwei mit einem einzigen Symbol zu verbringen, es bei sich zu tragen und es Erinnerungen, Gedanken, Ideen, Geistesblitze und Visionen wecken zu lassen.

Ich freunde mich gern mit den Dingen an, mit denen ich arbeite und die ich zu verstehen versuche, weil ich der Meinung bin, dass dann eine Verbindung entsteht, durch die sich Information viel leichter überträgt.

Es wird sich auf lange Sicht gesehen sicherlich auszahlen, wenn Sie ein oder zwei Symbole auswählen und Ihnen Ihr besonderes Augenmerk widmen.

Ihre Vorlagen suchen

Wie bereits erwähnt fertigte ich mein erstes Symbole-Set aus Kieselsteinen.

Es kostete mich überraschend viel Zeit, bis ich an jenem Tag am Strand alle 23 Steine beisammen hatte, auch wenn er von Millionen Steinen übersät war.

Ich ließ mich von meinem Gefühl und meiner Aufmerksamkeit leiten, und obwohl es eine Weile dauerte, hatte ich doch schließlich meine 23 Vorlagen gefunden.

Ich schlage vor, Sie suchen sich die Ihren so bald wie möglich. Wenn es in Ihrer Gegend keine Kiesel und Steine gibt, können Sie sich im Baumarkt, in Esoterikläden und zu einem sehr zivilen Preis auch in Gartencentern Tüten voller Steine kaufen.

Nehmen Sie Ihre Vorlagen mit nach Hause, und wenn sie es vertragen, legen Sie sie einen Tag und eine Nacht lang in Salzwasser draußen ins Freie, wo Sonne und Mond sie bescheinen können. Das wird sie reinigen und für den Gebrauch als Ihr erstes Symbole-Set vorbereiten.

Die Symbole auftragen

Ich weiß nicht, wie es bei Ihnen ist, aber meine Hände sind nie zu hundert Prozent ruhig, und ich bringe oft nur eine verwackelte Line zustande, wenn ich eigentlich eine gerade zeichnen wollte.

Ebenso haben Steine aus der Natur und sogar abgeschliffene Glasscherben Beulen und Dellen, die es schwierig, wenn nicht gar unmöglich machen, «perfekte Symbole» wie diejenigen hervorzubringen, die ich für dieses Buch mit dem Computer produziert habe.

Aber machen Sie sich deshalb keine Sorgen. Üben Sie zunächst, alle Symbole ein paar Mal auf Papier zu zeichnen und anschließend auf einer der dem Stein vergleichbaren Oberfläche.

Ich benutze wischfeste und metallische Marker, aber Sie können die Symbole auch mit einem Pinsel auftragen.

Einige sind etwas schwieriger nachzuzeichnen als andere, aber wie Tests gezeigt haben, gelangen sie selbst Fünfjährigen beim ersten Versuch, und zwar so, dass Erwachsene einwandfrei erkennen konnten, welches Symbol gemeint war.

Und das ist schließlich der Hauptzweck – dass Sie das Symbol sehen und *erkennen* können.

Tatsächlich ist es der einzige Zweck der Symbole.

Wenn Ihre Symbole also ein bisschen schief geraten, kümmern Sie sich nicht darum. Es macht Ihrem Energy Mind ganz sicher nichts aus, wenn Ihr Engel am Ende eine Art Schwanz hat. Er weiß, was Sie darstellen wollten, und das Symbol wird seinen Zweck vollkommen erfüllen.

Wenn Sie also fertig geübt und dafür gesorgt haben, dass die Vorlagen / Steine wirklich trocken und frei von Öl und Schmutz sind, holen Sie Ihre Liste heraus, Ihre Stifte und Vorlagen, lassen sich irgendwo gemütlich nieder und nehmen sich eine Vorlage vor. Halten Sie sie einen Moment lang in der Hand und sagen Sie: «Ich widme dich dem Symbol Zeit.»

Legen Sie sie wieder hin und zeichnen Sie das Symbol darauf, so gut Sie können. Dann legen Sie das Ganze beiseite und sagen: «Ich habe mein Symbol Zeit.»

Der Symbol-Kreis

Mit den übrigen Vorlagen und Symbolen verfahren Sie ebenso wie gerade beschrieben.

Nun legen Sie alle Symbole in einem Kreis aus. Ihn nennen wir den «Symbol-Kreis».

Halten Sie die Hände über den Kreis und stimmen Sie sich, wenn Sie möchten, auf die Energie des Symbol-Kreises ein. Sie können eine brennende Kerze in die Mitte stellen und einfach eine Weile vor Ihrem neuen Symbole-Set sitzen bleiben, Ihren Gedanken freien Lauf lassen und sich an diesem neuen Werkzeug freuen, das Sie in viel mehr Hinsichten überraschen wird, als Sie sich jetzt vorstellen können.

Wenn Sie damit fertig sind, ist Ihr ganz persönliches Genius-Symbole-Set bereit für Ihr erstes Spiel in Raum und Zeit. *Wie aufregend!*

Mit den Symbolen Visionen erzeugen

Der Auftrag

Es gibt zwei ganz unterschiedliche Methoden, mit den Genius-Symbolen und dem Sanctuary im Allgemeinen zu spielen.

Die eine Methode, wie Sie das Spiel spielen, Ihre Vision empfangen, eine Geschichte entwickeln und Schwellenverschiebungen erleben, besteht darin, einen Auftrag zu formulieren – er wirkt wie eine Bitte an den Energy Mind, etwas für einen bestimmten Zweck zu liefern.

Ein wunderbares, heilendes Beispiel für die Arbeit mit einem Auftrag ist dies – sagen Sie zugleich im Geiste und laut:

«Lieber Energy Mind, schenk mir den perfekten Ort in Zeit und Raum genau hier und genau jetzt ...»

Das Außerordentliche an diesem Beispiel ist, dass die besonderen Energien, die das Habitat birgt, von Ihrem Energy Mind in Echtzeit für Sie berechnet werden, sodass sie haargenau passen.

Es gibt weder auf der Erde noch anderswo einen Arzt oder Chemiker, der solch ein perfektes Elixier zusammenstellen könnte, ein Heilmittel, das absolut richtig für Sie ist und jede mögliche persönliche und umfeldbedingte Variable berücksichtigt, darunter auch die Zeit.

Ihr Energy Mind kann das sehr wohl.

Dies ist eine wunderbare, flexible Ressource, auf die Sie jederzeit und überall zugreifen können, und sie wird Sie stets mit dem richtigen Habitat und den richtigen Energien versehen, sodass Sie erfreut feststellen werden, dass sich alles richtig für Sie anfühlt – so, wie Sie sind, genau jetzt, egal, in welcher Verfassung auch immer.

Über einen Auftrag können Sie Ihren Energy Mind um alles bitten, was Sie wollen.

«Bring mich zu einer Erinnerung, die ich heute heilen muss.»

«Schenk mir eine Geschichte für meine achtjährige Nichte, die ihr Selbstwertgefühl steigert.»

«Schenk mir eine schöne und kraftvolle Hypnosereise für Menschen, die unter Agoraphobie leiden.»

«Zeig mir, wo ich in dieser Sache feststecke.»

«Schenk mir 23 Ideen, wie ich mehr Geld verdienen kann.»

«Schenk mir *irgendetwas* gegen diese Kopfschmerzen.»

Der letzte Auftrag, in dem ich «irgendetwas» kursiv gesetzt habe, ist der benutzerfreundlichste von allen – wir überlassen es dem Energy Mind, was er uns schenken will oder in welcher Form es erscheinen soll. Es könnte ein Gedanke, eine lange Geschichte, eine Erkenntnis, ein einzelnes Symbol, ein Gefühl, ein Habitat, eine Gedächtnisstütze, eine Erinnerung sein – wirklich alles. Wir sagen dem Energy Mind nur, wofür wir dieses Irgendetwas brauchen, und er tüftelt den Rest aus, basierend auf seinem großen Wissen über all unsere Systeme.

Verblüffend.

Wir alle haben so viele unerfüllte Bedürfnisse und Wünsche, so viele Dinge hätten wir gern anders, wir hegen Hoffnungen und Träume und machen uns Sorgen, über uns selbst und über andere Menschen, dass viele Leute von vornherein nur mit ganz konkreten Aufträgen arbeiten.

Doch das ist schade, denn viele unserer Probleme wären leichter zu lösen oder könnten vielleicht sogar ganz verschwinden, wenn wir uns nur einen Augenblick ein wenig von ihnen distanzierten, etwas lernten, von dem wir gar nicht wussten, dass wir es lernen mussten, oder neuen Input und neue Orientierung erhielten.

Ohne einen Auftrag vorab zu arbeiten und die Wahl des Spiels dem Energy Mind zu überlassen, ist *wirklich* wichtig und meiner Meinung nach durchaus eine Überlegung wert. Ohne Auftrag loszulegen ist eine gute Methode für erfahrene Spieler und Visionäre. Wenn Sie Anfänger sind, ist es sicherer und beruhigend, stets mit Aufträgen zu arbeiten, bis Sie mehr Selbstvertrauen gewonnen haben.

Bewusst wissen wir nicht wirklich, was vor sich geht. Wir sehen das große Ganze nicht, und es mag Orte und Dinge geben, die wir am liebsten ignorieren würden. Aber wenn wir doch hinschauen, wird das alles verändern.

Deshalb sagen wir zum Energy Mind:

«Nimm mich mit, wohin auch immer du gehst, schenk mir, was auch immer du mir zeigen willst.»

Das kann zunächst Angst machen, aber es ist auch unglaublich spannend und eröffnet uns Türen und unbekannte Horizonte – und es ist meiner Ansicht nach wahrscheinlich die wunderbarste Art, das Genius-Spiel zu spielen.

Wenn Sie mit anderen spielen – in der Therapie, als reines Spiel oder als Orakel –, die Entscheidung, ob sie einen exakt formulierten Auftrag wählen oder sich der Führung des Energy Mind anvertrauen wollen, bleibt doch dieselbe.

Für blutige Anfänger – und das bezieht sich mehr auf Erwachsene als auf Kinder, die sich nicht panisch vor dem fürchten, was sie in ihrem Energy Mind entdecken könnten, wenn sie genau hinschauen würden – ist der Einsatz von Aufträgen eine gute, sichere Methode, die Kontrolle über das Spiel zu behalten.

Es ist genau die richtige Art loszulegen, wenn Sie einige Grundhabitate einrichten und ein paar entspannte Runden spielen, um eine immer wieder ganz verschiedenartige heilende Umgebung zu finden, Frieden, Ruhe und Schönheit sowie Sex, Abenteuer und neue Entdeckungen zu genießen.

Jedes einzelne Spiel wird Ihr Verständnis davon verbessern, wie der Energy Mind funktioniert, *wie Sie funktionieren*, wenn Sie als menschliches Wesen zu spielen versuchen, das wahrscheinlich zum allerersten Mal all seine Ressourcen nutzt. Es vertieft ebenfalls das Vertrauen in den Energy Mind und seine Prozesse, und es nimmt Ihnen Ihre Ängste.

Es ist vollkommen in Ordnung zu warten, bis Sie wirklich bereit sind, bevor Sie ohne Auftrag spielen.

Der erste Schritt im Genius-Spiel besteht darin, den Auftrag zu formulieren und zu sagen:

«Heute will ich …

- ein freundliches Spiel spielen
- etwas Neues über mich selbst lernen
- Hilfe beim Problem X finden
- ein neues Hilfsmittel entdecken
- eine verlorene Seele retten
- Hilfe für X organisieren
- etwas Magisches tun
- ein früheres Leben erforschen
- Kontakt mit hilfreichen Geistern aufnehmen
- meiner Seele ein Stück näher kommen
- X in Ordnung bringen
- die Segnungen meines Lebens zählen
- etwas tun, um klüger zu werden
- den nächsten Schritt auf meiner Reise zur Erleuchtung tun
- Spaß mit Freunden haben
- das perfekte Habitat für Heilung, Frieden, Entspannung etc. einrichten
- mich auf eine Mission, Reise, Suche nach X begeben
- Ideen für ein neues Produkt hervorbringen
- 23 Methoden suchen, um Geld zu sparen
- mich an motivierende Ereignisse aus meinem Leben erinnern
- meine Meinung über X ändern

- mehr Energie für X bekommen …»

Oder sagen Sie einfach:

   «Ich will das Spiel spielen, das du mir heute schickst, egal, wie es aussieht.»

Aufwärmübungen für die Genius-Symbole

Tipps für die Übungen

Die Aufwärmübungen sind dazu gedacht, den Informationsfluss vom Energy Mind zum bewussten Geist in Gang zu bringen.

Es sind sehr leichte Übungen, die die meisten Menschen – auch Kinder – auf der Stelle ausführen können.

Im Folgenden einige nützliche Tipps, die Ihnen helfen, gute Resultate zu erzielen.

1. **Achten Sie auf Ihren Stresslevel.** Stress stört den Kommunikationsfluss zwischen dem Energy Mind und dem bewussten Geist. Normalerweise genügt es, einfach ein paar Mal tief Atem zu holen und Finger, Arme, Schultern, Hals, Wirbelsäule, Hüften, Knöchel, Füße und Zehen zu bewegen, um angestauten körperlichen Stress abzubauen und so ruhig zu werden, dass Sie anfangen können.

2. **Achten Sie auch während des Spiels auf Ihren Stresslevel.** Wenn Sie wütend werden oder frustriert sind, holen Sie tief Luft und strecken Sie sich, um die Anspannung im Körper loszuwerden, wie eben erwähnt. Dann können Sie an dem Punkt weitermachen, an dem Sie ausgestiegen sind.

3. **Führen Sie diese Übungen rasch aus und trödeln Sie nicht.** Vermeiden Sie, die Stirn zu runzeln, mit den Zähnen zu knirschen, die Fäuste zu ballen oder die Übungen allein aus bloßer Willenskraft zu machen – es wird nicht funktionieren. Wenn Ihnen ein Symbol wirklich nichts sagt, überspringen Sie es und versuchen es mit einem anderen. Das Gebot der Stunde lautet, den Fluss aufrechtzuerhalten und entspannt zu bleiben.

4. **Äußern Sie laut, was Sie in Ihrem Auftrag festgehalten haben.**
    Sprechen Sie laut. Normalerweise empfehle ich, den Auftrag
    gleichzeitig im Geiste wie auch mit der Stimme zu formulie-
    ren. Lautes Sprechen wird Ihnen dabei helfen, den Fluss in
    Gang zu bringen, sich auf die Symbole zu konzentrieren und
    dem Energy Mind eine Tür zu öffnen, sodass er antworten
    kann.

5. **Nehmen Sie das Symbol in die Hand** und sehen Sie es sich an.
    Machen Sie sich aber auch bewusst, wie es sich anfühlt, es zu
    berühren. «Lauschen» Sie, wenn Sie Ihren Auftrag formuliert
    haben, als würden Sie tatsächlich darauf warten, dass das
    Symbol Ihnen antwortet. Das schafft Raum für die Informa-
    tion, die zu Ihnen kommen will.

6. **Wenn Sie unkonzentriert werden, wiederholen Sie den Auf-
    trag einfach** und verfahren wie in 5. Sie können das viele Male
    wiederholen, ohne wütend werden zu müssen. Stellen Sie sich
    vor, Sie würden nach einer Unterbrechung die Resettaste drü-
    cken. Ihre Konzentration wird sich mit ein wenig Übung ver-
    bessern.

7. **Kommentieren Sie laut, was Sie an Feedback erhalten.** Das
    hilft Ihnen, konzentriert zu bleiben und den Informations-
    fluss in Gang zu bringen. Und es sagt Ihrem Energy Mind,
    dass Sie zuhören, dass Sie aufpassen.

8. **Danken Sie Ihrem Energy Mind für jeden Kommunikati-
    onsversuch.** Unabhängig davon, was Sie als Antwort erhalten,
    setzen Sie zügig die Aufwärmübungen fort, bedanken sich
    laut für alles, was Ihnen zuteil wird, legen das betreffende
    Symbol beiseite und nehmen sich das nächste vor. Verbeißen
    Sie sich nicht in die Aufwärmübungen und lassen Sie sich
    auch nicht ablenken – sie sind nur dazu gedacht, in den Fluss
    einzusteigen. Sie können sich später immer noch mit Ihren
    Problemen beschäftigen.

9. **Bedanken Sie sich stets am Ende des Spiels bei Ihrem Energy Mind.** Wenn Sie alle Symbole durchgearbeitet haben, sollten Sie Ihrem Energy Mind für seine Mitarbeit danken. Sagen Sie laut und vernehmlich: «Danke, Energy Mind. Das war wirklich interessant. Ich freue mich schon aufs nächste Mal!» Gute Manieren bringen einen weit, besonders in der intrapersonellen Kommunikation.

10. **Spüren Sie nach einer Sitzung nach, ob sich etwas verbessert hat.** Egal, wie Sie sich in einer ersten Übungssitzung geschlagen haben – gewöhnen Sie sich an, in dem, was Sie tun, nach dem Positiven zu suchen. Eine Idee, ein aufblitzendes Bild oder eine Erinnerung, die Sie überrascht haben, ist ein guter Anfang, auf dem Sie aufbauen können. Seien Sie sich selbst ein guter Lehrmeister, unterstützen und ermutigen Sie sich und üben Sie sich in Geduld. Rom wurde auch nicht an einem Tag erbaut, und ich versichere Ihnen, dass Sie schneller lernen werden, Datenströme von Ihrem Energy Mind aufzufangen, als es dauern würde, eine einzige römische Villa zu erbauen!

Ich möchte Ihnen ebenfalls raten, **ein Übungstagebuch anzulegen** und ein kurzes Protokoll über jede Sitzung zu schreiben.

In diesem Tagebuch können Sie Ideen für künftige Aufträge festhalten, die Ihnen gekommen sind, Dinge, denen Sie weiter nachgehen möchten, Einsichten, wichtige Lektionen und so weiter. Ebenso, wie das laute Aussprechen dabei hilft, den Datenstrom aller Mitteilungen des Energy Mind aufzufangen, zu konvertieren und zu verstehen, ist das Niederschreiben eine Tätigkeit, die den ganzen Körper einbezieht, die Verbindung zwischen Verstand, Körper und Geist festigt und auch Ihre Fortschritte und Verbesserungen dokumentiert.

Und nun zu einigen einfachen Praxisübungen.

Erinnerungsblitz-Übungen sind ein gutes Aufwärmtraining, um Bilder, Geräusche, Geschmackseindrücke, Gerüche und Gefühle einzufangen, die in jenem reichhaltigen Informationsfluss enthalten sind, welcher auch Geschichten und Visionen hervorbringt.

Gesteuert von Ihrem Auftrag können Sie die Erinnerungsblitz-Übungen zu diversen Zwecken nutzen – etwa um kleine Kinder an einem Regennachmittag bei Laune zu halten oder Ihre Fähigkeit zu verbessern, Erinnerungen ganz gezielt anzuzapfen, oder aber innerhalb von Minuten Laune, Befindlichkeit und Energiestatus zu heben.

Erinnerungsblitz-Übungen sind wirklich leicht; formulieren Sie einen Auftrag, und los geht's!

Warten Sie auf den einen Moment, in dem das Nachdenken zu einem Informationsfluss wird. Das passiert den meisten Menschen bei drei von sieben Symbolen, und dann gibt es kein Halten mehr.

Formulieren Sie einen Auftrag, wählen Sie ein Symbol aus und lassen Sie eine Erinnerung auftauchen. Wir nennen das Erinnerungs*blitz*, denn der Energy Mind lässt etwas rasch aufblitzen. Um einen Erinnerungsblitz in eine komplexere Erinnerung zu überführen,

- **erzählen Sie sich die zugehörige Geschichte laut, um Ihr Nervensystem anzuregen, selbst oder gerade wenn Sie allein sind;**
- **beschreiben Sie nicht nur, was Sie in der Erinnerung sehen, sondern auch, was Sie hören, riechen, schmecken, spüren und fühlen.**

Sie können verdeckt und zufällig ein Symbol ziehen oder sie alle offen vor sich hinlegen und sich von einem «anspringen» lassen. Wenn Sie mit diesem Symbol fertig sind, legen Sie es beiseite und machen weiter, bis Sie alle 23 durchgegangen sind oder eben so viele, wie Sie gerade möchten.

Wenn Sie Anfänger sind, rate ich Ihnen allerdings, den maximalen Fluss zu erzeugen, indem Sie **immer alle 23 Symbole durchgehen**, einfach weil es ein so erstaunliches und gutes Gefühl ist zu erkennen, dass unser Geist all diese wunderbaren Dinge vollbringt, wenn wir ihn darum bitten!

«Schenk mir eine Erinnerung, die mir heute ein gutes Gefühl gibt.»

Wählen Sie ein Symbol aus, nehmen Sie es in die Hand, sehen Sie es sich an und lassen Sie eine Erinnerung hochkommen.

Sprechen Sie laut, erzählen Sie kurz die Geschichte zu dieser Erinnerung und machen Sie sich bewusst, welches Gefühl sie in Ihnen hervorruft.

Wenn Sie mit der Geschichte fertig sind, danken Sie dem Symbol und legen es beiseite.

Wiederholen Sie den Auftrag:

«Schenk mir eine Erinnerung, die mir heute ein gutes Gefühl gibt»,

und fahren Sie mit dem nächsten Symbol fort.

Während Sie sich immer mehr gute Erinnerungen ins Gedächtnis rufen, werden Sie sich auch immer besser fühlen – mit sich und Ihrem Leben, und Sie werden bemerken, dass Ihre Befindlichkeit sich spiralförmig emporentwickelt.

Das ist auf vielen Ebenen eine wunderbare und kostbare Erfahrung, daher lege ich Ihnen dieses Spiel besonders ans Herz.

Sie können es jeden Tag spielen und werden wahrscheinlich feststellen, dass doch ganz unterschiedliche Erinnerungen aufblitzen. Der Grund dafür liegt darin, dass Sie unzählige Erinnerungen besitzen und Ihr Energy Mind ein Auge darauf hat, was Ihnen an diesem bestimmten Tag ein gutes Gefühl geben wird. Dies ist eine der wirklich außergewöhnlichen Fähigkeiten des menschlichen Geistes. Natürlich haben wir eine so reichhaltige Auswahl an Erinnerungen, dass Sie sicher sein können, genau die Erinnerungen vorgeführt zu bekommen, die Ihnen heute ein gutes Gefühl geben.

An dieser Stelle sei angemerkt, dass ein gutes Gefühl nicht immer etwas mit Lachen zu tun haben muss; ich habe schon erlebt, dass ich zu solchen Gelegenheiten auf sehr berührende Erinnerungen gestoßen bin. Doch mit ihnen fühlte ich mich viel besser, auch wenn manche davon mich zum Weinen brachten.

«Schenk mir eine Erinnerung, die mir hilft, heute mein Bestes zu geben.»

Dieser Auftrag steht für eine direktere Herangehensweise und versetzt Sie erstaunlicherweise in die Lage, alles zu tun, was Sie sich vorgenommen haben.

«Schenk mir eine vergessene Erinnerung, an die ich mich gern wieder erinnere.»

Das ist eine großartige und wirklich tiefschürfende Bitte im Hinblick auf die Auswirkungen. Bitte beachten Sie, es heißt: «eine Erinnerung, an die ich mich gern wieder erinnere» – als wäre es ein verlorener Schatz. Wenn Sie das nicht einbauen, öffnen Sie Erinnerungen Tür und Tor, die vielleicht nicht so angenehm sind.

Dennoch kann auch das in einer Therapie und bei der Selbsthilfe wichtig werden, um etwas aufzuspüren, das Sie bearbeiten sollten. Sagen Sie dann etwa: «Schenk mir eine vergessene Erinnerung, an die ich mich wieder erinnern sollte.»

«Schenk mir eine lustige Erinnerung.»

Dies ist das perfekte Partyspiel, das Sie mit jedermann und jederzeit spielen können. Sie brauchen nicht viele Worte über die Symbole zu verlieren, halten Sie sie einfach bereit und sagen Sie: «Such dir ein Symbol aus, nimm es in die Hand und lass dich davon an eine lustige Begebenheit erinnern.»

Ich habe das einmal in einer Autobahnkneipe mit einem Haufen Brummifahrern gespielt, die die Symbole noch nie zuvor gesehen hatten, und es war der Hit – wir mussten so viel lachen, dass es schon weh tat. Es sind viele Abwandlungen vorstellbar. «Schenk mir einen Monty-Python-Sketch!» wird bei Monty-Python-Fans zuverlässig die Erinnerung an einen Sketch pro Symbol wachrufen. Man kann auch spielen: «Schenk mir einen Witz!»

Eine Lieblingsgeschichte, ein Lieblingsfilm, ein Lieblingssong, ein Lieblingsvergleich sind weitere Varianten. Dieses Spiel wird definitiv das Eis auf jeder Party brechen und auch das Eis in Ihnen, wenn Sie anfangen, die Symbole kennenzulernen, bevor Sie später zu den ernsthafteren Symboldeutungen vorstoßen.

Sich hilfreiche Erinnerungen ins Gedächtnis rufen

Ist Ihnen das schon einmal aufgefallen: Wenn Ihnen jemand von seinen Problemen erzählt und Sie um Hilfe bittet, sind Sie voller guter Ratschläge, die Ihnen nur so über die Lippen strömen?

Und wenn Sie selbst feststecken, dann wissen Sie nicht, was Sie tun sollen, und haben einfach keinen guten Einfall?

Tatsache ist, dass jeder Mensch, der schon ein paar Jahre auf der Erde verbracht und beobachtet hat, was hier so los ist, jede Menge Wissen, Erlerntes und Weisheit angehäuft hat. Es ist dann oft nur die Frage, wie man es wieder ausgräbt, sodass man es nutzen kann.

Ich brachte einmal die Genius-Symbole einer Firma näher, die von einem sehr erfahrenen Manger geleitet wurde. Er hatte schon alles Mögliche in seiner Karriere erlebt, und es wollte mir nicht eingehen, dass er sich keinen Rat mehr wissen sollte. Ich dachte, dass er doch über all das Wissen verfügen müsste, das er brauchte, um die aktuelle Krise zu bewältigen, es aber eben nur nicht abrufen konnte, weil er unter Stress stand. Und Stress wiederum blockiert die Kommunikationskanäle des Energy Mind. Deshalb bat ich den Mann um eine Erinnerung zu jedem Symbol, die hilfreich und relevant für die vorliegende Krise war.

Es war wirklich erstaunlich. In Form von kurzen Geschichten aus seiner Erinnerung lieferte er mir so überaus wertvolle Informationen, dass jede ein eigenes Kapitel in einem Buch mit dem Titel «Wie man Karriere macht» hätte werden können.

Nachdem er mit fünf Symbolen gearbeitet hatte, stieß er einen tiefen Seufzer aus und sagte: «Meine Güte, vorhin hatte ich noch keine Ahnung, wie viel ich eigentlich über all das weiß!»

Es war wirklich nur Stress, der sein Wissen, seine Erfahrung und Weisheit blockierte. Die Genius-Symbole brachten all das wieder in Fluss und lieferten ihm nun unweigerlich die praktische Lösung für seine Probleme.

Die Genius-Symbole sind eine großartige Methode, um die Stressblockade hinter sich zu lassen, die einem sagt, dass man mit seinem Latein am Ende sei und nicht mehr wisse, was man tun solle.

Indem Ihnen relevante und hilfreiche Erinnerungen aus Ihrem eigenen Leben vor Augen geführt werden, erhalten Sie wieder Zugang zu Ihren inneren Ressourcen, was nicht nur den Stress beträchtlich lindert, sondern auch gut für Ihr Selbstwertgefühl ist.

«Zeig mir eine Erinnerung, die einen guten Ratschlag für die gegenwärtige Situation bereithält.»

«Zeig mir eine Erinnerung, die hilfreich für die gegenwärtige Situation ist.»

«Zeig mir eine Erinnerung, die wichtig für die gegenwärtige Situation ist.»

«Erinnere mich an etwas, das ich schon weiß und das mir jetzt helfen kann.»

Wir haben sechs Sinne, die nicht nur in der Wachrealität präsent sind, sondern auch, wenn wir denken, träumen, uns erinnern oder Visionen haben.

Jedem Menschen stehen all diese Sinne zur Verfügung, aber meistens konzentriert man sich auf einige Sinne mehr als auf andere und wird Maler, Musiker, Koch, Fußballspieler, Dichter oder Parfümdesigner.

Wenn es darum geht, möglichst klare Visionen zu haben und möglichst bewusst zu leben, wollen wir, dass *alle sechs Sinne gleichzeitig wach sind.* So könnten sie uns ein intensives und vollständiges Bild der Realität vermitteln, mit so viel Information, wie zu erfassen unsere Sinne imstande sind.

Wir können unsere sechs Sinne schärfen, indem wir einen speziellen Auftrag formulieren, der auf jeweils einen Sinn konzentriert ist.

«Lass mich etwas Schönes sehen.» So bitten Sie den visuellen Sinn um ein Bild.

«Lass mich etwas Schönes hören.» So bitten Sie den auditiven Sinn um einen Klang.

«Lass mich etwas Schönes schmecken.» So bitten Sie den gustatorischen Sinn um einen Geschmack.

«Lass mich etwas Schönes fühlen.» So bitten Sie den taktilen Sinn um ein Gefühl.

«Lass mich etwas Schönes riechen.» So bitten Sie den olfaktorischen Sinn um einen Geruch.

Ich empfehle, am Anfang die sechs Sinne getrennt zu üben.

Jeder wird einen Sinn einfacher finden als andere, aber kein Sinn ist besser als die anderen. Es ist nur wichtig, dass Sie wissen, welche Sinne Sie mehr trainieren müssen, damit sie Ihnen zur Verfügung stehen und damit sie ebenso stark und informativ sind wie Ihr Lieblingssinn.

Strengen Sie sich aber auch nicht allzu sehr an. Sagen Sie einfach: «Ich möchte etwas Schönes fühlen», suchen Sie sich ein Symbol aus und beobachten Sie, was als Nächstes passiert. Stellt sich die Erinnerung an ein Gefühl ein? Wenn Sie sich nicht ganz sicher sind, machen Sie einfach mit dem nächsten Symbol weiter und «lauschen» Sie dem Sinn, den Sie in Ihr Bewusstsein rufen.

Es ist erstaunlich, wie schnell man darin Übung bekommt. Und indem Sie mehr sensorische Informationen erhalten, werden auch all Ihre Erinnerungen wie auch all Ihre Visionen reicher, tiefer und überhaupt befriedigender werden.

Ihr Gedächtnis mit Hilfe der Genius-Symbole verbessern

Viele Menschen glauben, sie hätten ein «schlechtes Gedächtnis» oder könnten sich nichts merken. Das Problem ist nicht das Ablegen von Erinnerungen, sondern das Wiederfinden – also der Zugang zu ihnen. Das menschliche Gehirn vergisst nichts, die Information wird nur falsch etikettiert, verlegt, blockiert und somit unzugänglich.

Die Gedächtnisübungen der Genius-Symbole machen Erinnerungen leichter wieder verfügbar; und während wir um Erinnerungen zu bestimmten Themen bitten, sie also sortieren, werden wir auch besser, generell Erinnerungen wieder aufzuspüren.

Wir durchschauen, wie um eine Erinnerung zu bitten funktioniert, und dann wird uns die Erinnerung vom Energy Mind geliefert.

Es ist ein Prozess des Bittens und Wartens auf eine Antwort. Die Leute werden nur schnell unruhig und gestresst, und wenn sie anscheinend nicht sofort eine Antwort erhalten, tun sie alles Mögliche mit ihrem bewussten Geist, obwohl sie nur einen Augenblick lang still sein müssten, damit ihnen die Antwort zuteil wird. Deshalb wacht man mitten in der Nacht mit der Antwort auf eine Quizfrage auf, die Stunden früher gestellt wurde.

Indem wir so üben, um Erinnerungen zu bitten und dann auf die Antwort des Energy Mind zu warten, üben wir die *wesentliche Fähigkeit, willentlich auf Erinnerungen zuzugreifen.*

Das ist überaus nützlich, wie ich aus eigener Erfahrung bestätigen kann, und es lässt sich auf jede Form des Lernens ausweiten, selbst auf ganz abstrakte Lernprozesse wie dem Einprägen von Formeln oder Computercodes. Wenn das System voll einsatzbereit ist, kann Ihr Energy Mind den genau richtigen Code vor Ihrem geistigen Auge aufblitzen lassen, auch wenn Sie ihn nur ein einziges Mal gesehen haben.

Eine leichte und reizvolle Methode, Ihre mentale Flexibilität, Ihre innere Kommunikation und den Zugriff auf Ihr Gedächtnis zu verbessern, sind die Gedächtnisspiele mit den Genius-Symbolen. Ich kann sie wirklich empfehlen. Sie werden entzückt sein, wie gut Gedächtnisspiele Ihre mentalen Funktionen in allen Bereichen verbessern – und das mit nur ein wenig Übung.

Ideen-Übungen

Vielleicht kennen Sie das: Der Raum ist voller Leute, man sucht nach guten Ideen, aber es wollen keine kommen. Schade, dass in diesem Moment keine Genius-Symbole zur Hand sind.

Ideen zu haben ist etwas, das nicht auf die eine Gelegenheit in Ihrem Leben beschränkt sein sollte, zu der Sie eine wirklich gute Idee brauchen.

Es ist eine Fertigkeit, ein Fluss, etwas, das wir lernen können, und es ist eine ganz natürliche Sache.

Die Genius-Symbole können uns helfen, endlos – und ich meine tatsächlich endlos – viele Ideen hervorzubringen, indem sie die unendliche Macht des Energy Mind anzapfen.

Nun ist der Energy Mind so, wie er ist, und kann nicht garantieren, dass all diese Ideen auch «gut» sind oder dass alle Ideen, die er hervorbringt, auch umgesetzt werden sollten.

Darüber muss der bewusste Verstand später entscheiden. Es ist wichtig zu verstehen, dass wir *lediglich einen Ideenfluss herstellen*, indem wir diese Ideen-Übungen machen.

Mit anderen Worten: Bewerten Sie die Ideen nicht, die Sie gerade hervorbringen.

Stellen Sie sich vor, Sie würden Äpfel ernten. Sie stehen auf der Leiter, auf halber Baumhöhe, und pflücken Äpfel. Das ist es. Später können wir sie in große und kleine Äpfel sortieren, grüne und rote und die beiseitelegen, die angefault sind. Jetzt aber pflücken wir nur Äpfel.

Ohne Bedingungen, ohne Bewertung, unvoreingenommen. Und wir nehmen erst einmal alle.

Wenn Sie das können, wird die Welt der Ideen unendlich groß, und Sie werden nie, niemals wieder Mühe haben, eine einzige gute Idee zu finden – das verspreche ich Ihnen!

Die Geschenk-Übung

Denken Sie an einen Menschen, den Sie wirklich mögen oder sogar lieben, und formulieren Sie den folgenden Auftrag:

«Zeig mir ein wunderbares Geschenk für diesen Menschen, wenn Geld keine Rolle spielen würde.»

Drehen Sie dann ein Symbol um, lassen Sie die Idee aufblitzen und schreiben Sie eine kurze Notiz über die Geschenkidee in Ihr Tagebuch. Fahren Sie dann unverzüglich mit dem nächsten Symbol fort.

Ich habe diese Übung schon recht oft gemacht und einmal die Geschenkideen in einer Geburtstagskarte aufgelistet. Der Empfänger war sehr bewegt.

Wenn Sie es lieber praktischer mögen und eine Idee für ein Geschenk brauchen, das Sie auch wirklich verschenken können, formulieren Sie Aufträge wie den folgenden:

«Zeig mir ein wunderbares Geschenk, das sich diesem Menschen machen kann und über das er sich sehr freuen wird.»

Wie zuvor schreiben Sie auch jetzt wieder alle Ideen nieder, die Ihnen kommen, eine pro Symbol und eine nach der anderen, bis alle 23 auf dem Papier stehen.

Dann wählen Sie aus der Liste ein Geschenk aus, das Sie tatsächlich verschenken möchten.

Eine esoterischere Version ist das Feengeschenk. In Märchen machen Feen neugeborenen Kindern oft immaterielle Geschenke, etwa das Geschenk der Schönheit, der Grazie und des Muts.

«Zeig mir eine wunderbare Eigenschaft, die ich diesem Menschen heute schenken kann.»

Hier können Sie – anstatt die verschiedenen Eigenschaften niederzuschreiben – mit dem Symbol in der Hand laut sagen: «Ich schicke dir Mut als Geschenk!»

Das ist eine schöne Übung, die Ihnen ein gutes Gefühl gibt und meiner Meinung nach wertvoller sein kann als ein teures Geschenk, das man kauft.

Da Energieformen nichts kosten und unendlich oft abgewandelt werden können, können Sie alle möglichen solcher Geschenke zu allen möglichen Zwecken verschicken, zum Beispiel:

«Zeig mir ein Geschenk, das X heilt.»

X, dem Sie heilende oder positive Energie schicken möchten, kann alles Mögliche sein – ein Mensch, ein Tier, eine Firma, ein Projekt, eine Ehe, eine Stadt oder ein Land, um nur einige zu nennen.

Sie können in die Mitte ein Foto oder etwas anderes platzieren, das als Gedächtnisstütze fungiert, und dann alle Symbole im Kreis darum herum gruppieren.

Aufwärmübungen für die Genius-Symbole

Dies ist ein kraftvolles Energienetz, das sich zur Fernheilung eignet. Es kann auch dazu benutzt werden, physische Objekte wie auch Wasser energetisch aufzuladen.

23 gute Ideen für alles

Die meisten Menschen glauben, dass es schwierig sei, kreativ zu werden, doch das glauben sie nur, weil sie so selten um lediglich eine einzige Idee bitten, von 23 ganz zu schweigen.

«Ach, wenn ich nur eine einzige gute Idee hätte, um

- **ein neues Buch zu schreiben**
- **einen neuen Film zu drehen**
- **eine Kurzgeschichte zu verfassen**
- **ein neues Kunstprojekt in die Welt zu setzen**
- **ein neues Gericht für die Speisekarte zu erfinden**
- **ein neues Produkt auf den Markt zu bringen**
- **die Verkaufszahlen zu steigern**
- **mehr Abwechslung ins Bett zu bringen**
- **meinen Kindern ein besserer Vater zu sein**
- **mein Haus schöner zu machen**
- **an mir zu arbeiten**
- **Geld zu sparen**
- **mehr Geld zu verdienen**
- **in eine neue Richtung zu forschen**
- **dieses Problem zu lösen**
- **etwas zu erfinden, das die Welt verändert!»**

Der Satz «Ach, wenn ich nur eine einzige gute Idee hätte» ist Lichtjahre davon entfernt zu sagen: «Schenk mir gleich jetzt 23 gute Ideen!», und auch zu erwarten, dass es so kommen wird.

Worum Sie den Energy Mind bitten, wird er Ihnen auch wirklich liefern. Jedes Mal.

Aber Sie müssen ihn schon bitten, und dieses Bitten müssen Sie auch ein wenig üben.

Ich schlage vor, dass Sie mit etwas anfangen, das nicht von weltbewegender Bedeutung für Sie ist, das nicht Ihr stressbelastetstes, nervenaufreibendstes, größtes Problem ist.

Beginnen Sie mit etwas, das Sie normalerweise nicht allzu sehr beschäftigt, um den Ideenfluss in Gang zu bringen und wirklich zu fühlen, sehen, hören, erleben, wie es ist, wenn Ideen einfach aufblitzen, sofort, auf Anhieb, ohne dass Sie darüber «nachdenken» müssen oder Ihnen Dampfwölkchen aus den Ohren kommen.

Probieren Sie diese Übung aus. Sie ist leicht, macht Spaß und wird Ihnen zeigen, wie es funktioniert. Wenn Sie dann um 23 Ideen für Ihre wirklichen Probleme bitten, wird der Fluss unmittelbar einsetzen.

«Lieber Energy Mind, schenk mir die Idee für einen Film, den ich selbst wirklich gern sehen würde.»

Drehen Sie ein Symbol um und lassen Sie die Idee zu sich kommen.

Notieren Sie die Grundzüge der Idee rasch auf einem Block, dann wiederholen Sie den Auftrag und wählen das nächste Symbol. Damit fahren Sie so lange fort, bis alle 23 Filmideen auf Ihrem Notizblock stehen.

Das ist für die meisten Menschen bereits schon ziemlich verblüffend. Und es wird noch besser, wenn Sie das Ganze am folgenden Tag wiederholen und um weitere 23 Ideen für Filme bitten, die Sie wirklich gern selbst anschauen würden.

Sie können dem 23 Fernsehshows folgen lassen und noch einmal 23 Fernsehshows und noch einmal 23.

Wenn Sie Fernsehshows nicht mögen, dann nehmen Sie Bücher, Artikel oder Titel für Gedichte oder Konzeptalben; oder auch neue Superhelden, vollkommen neue Kochrezepte – solange Sie nur üben, einen Strom von Ideen hervorzubringen, einen nach dem anderen, bei jeder Gelegenheit.

Kreativität und Ideen gibt es unbegrenzt. Es wird der Zeitpunkt kommen, an dem Sie beim Durchführen dieser Übungen einen Durchbruch erleben – was wir eine Schwellenverschiebung nennen – und es wirklich verstehen. Es wird zur Wirklichkeit für Sie werden. Sie haben sich dann bewiesen, dass Sie Ideen unbeschränkt hervorbringen können.

Das ist phantastisch. Es wird Ihnen tatsächlich einen Wettbewerbsvorteil verschaffen, und nicht nur in Ihrem Job.

Aufträge wie «Schenk mir 23 gute Ideen, um mein Kind glücklich zu machen», «Schenk mir 23 gute Ideen, wie ich meinen Mann dazu bringen kann, mich mehr zu lieben» und «Schenk mir 23 gute Ideen, wie ich ein besserer Christ werde» sind nur die Spitze des Eisbergs.

Kreativ zu sein und gute Ideen zu haben ist in jedem Lebensbereich, zu jeder Zeit und immer nützlich. Üben lohnt sich also wirklich.

Erinnerungsblitze und visionäre Ideen sind großartig, und dafür gibt es im Alltag 1001 Verwendungszweck.

Wenn wir allerdings die Welt verändern wollen, müssen wir darüber hinaus eine viel tiefere Verbindung mit dem Energy Mind eingehen.

Wir wollen verstehen lernen, wie der Energy Mind arbeitet, wie er kommuniziert und wie er uns Zugang zu Informationen verschafft, über die kein Mensch je zuvor gesprochen oder geschrieben hat.

Der Weg führt uns von den einfachen guten Ideen zum tatsächlichen Genie – also jemandem, der Visionen strömen lassen kann, wie es die Welt noch nicht gesehen hat, und absolut einzigartige Systeme, Lösungen und Kunstwerke hervorbringt, die wahrhaft inspiriert sind.

Nun sind wir bereit, das Spiel in Raum und Zeit zu spielen!

Wenn Sie Project Sanctuary noch nie gespielt haben oder mit jemandem spielen, der es nicht kennt, oder mit einem Kind oder es jemandem beibringen wollen, ist das Erste Sanctuary ein ebenso guter wie einfacher und leichter Einstieg in die erstaunliche Welt von Project Sanctuary.

Hier müssen noch keine Geschichten durchgespielt werden; es ist einfach die perfekte Gelegenheit, um das Spiel zu erforschen und damit vertraut zu werden sowie Zeit zu haben, sich auf die Magie von Sanctuary einzustimmen und darauf, wie es funktioniert.

Das Erste Sanctuary ist einfach ein Habitat mit einer sehr hübschen Behausung, und alles ist so wunderbar, aufregend, komfortabel und reizvoll gestaltet, wie es die Spieler im Moment zulassen können.

Suchen Sie die Symbole für Raum, Zeit, Wetter, Landschaft, Pflanze und Behausung heraus und legen Sie sie vor sich oder Ihren Spielpartner hin.

Legen Sie den Finger auf das Symbol für Raum und teilen Sie Ihrem Energy Mind mit, was Sie vorhaben. Formulieren Sie den Auftrag für das Spiel.

In diesem Fall würde er etwa so lauten:

«Bring mich an einen perfekten Ort in Raum und Zeit, mein ganz eigenes Sanctuary, einen schönen Ort, der genau der richtige ist, damit ich dort glücklich sein kann!»

Wählen Sie Ihre eigenen Worte, um Ihren Wunsch auszudrücken!

Nun legen Sie den Finger auf das Symbol für Zeit und fragen sich: «Welches ist für mich die perfekte Tageszeit? Die perfekte Jahreszeit?»

Wenn das geklärt ist, fahren Sie mit der Frage fort: «Welches ist das perfekte Wetter?»

Anschließend mit «Welches ist die perfekte Landschaft?» und «Welche Pflanzen, welche Art von Vegetation gibt es hier?».

Um das Erste Sanctuary zu komplettieren, legen Sie schließlich Ihren Finger auf das Symbol für Behausung und fragen nach dem in diesem Moment perfekten Obdach für Sie.

Nun haben Sie ein Sanctuary, das Ihnen allein gehört. Sie können es erforschen, ihm Dinge hinzufügen, Veränderungen vornehmen oder sich einfach nur hineinbegeben und entspannen.

Selbst in einem Ersten Sanctuary gibt es vieles zu entdecken. Das ist ein wunderbares Unterfangen, an dessen Ende ein realer Ort in Raum und Zeit steht, welchen Sie jederzeit aufsuchen können – Ihr erster Stützpunkt in der Wunderwelt von Sanctuary.

Eine Anmerkung: In den Anfängen des New Age hatte man für gewöhnlich nur *ein* Sanctuary.

Project Sanctuary ist viel flexibler und auch viel reichhaltiger. Sie können so viele Sanctuarys haben, wie Sie möchten, und Sie können ein neues erschaffen, sooft Sie das wollen – es kostet nichts, es ist auf vielen Ebenen unglaublich lehrreich und auch eine gute Übung für Sie.

Sie müssen bedenken, dass sich unsere Bedürfnisse ständig verändern – von Tag zu Tag, von Minute zu Minute und natürlich von Jahr zu Jahr und von Jahrzehnt zu Jahrzehnt!

Manchmal ist es uns viel zu heiß, und wir müssen uns in einer winterlichen Welt abkühlen; manchmal fühlen wir uns wie ausgedörrt und brauchen einen tropischen Wolkenguss in einem Regenwald. Manchmal stecken wir in einem Sumpf fest, und unser spiritueller Arzt verordnet uns aus diesem Anlass den Aufenthalt in einer goldfarbenen Wüste.

So geht es weiter und weiter. Manchmal brauchen wir Ruhe und das Alleinsein, um uns selbst gerecht zu werden, und dann wieder ein Riesenfest mit vielen Menschen, vielen bunten Lichtern und viel Trubel.

Jeder Mensch verfügt über eine breite Palette an energetischen Bedürfnissen, die sich täglich ändern; daher ist es absolut passend, dass er auch viele verschiedene Sanctuarys hat, unter denen er auswählen kann.

Ich stelle mir das oft so vor, dass viele Menschen kein Feriendomizil haben, das sie zur Erholung und Entspannung aufsuchen könnten; und noch weniger Menschen haben viele Feriendomizile, die sie mit dem Wechsel der Jahreszeiten aufsuchen könnten, sodass sie immer *am perfekten Ort zur perfekten Zeit* sind.

Im Project Sanctuary gehören Sie zu jenen «Superreichen», die nach Lust und Laune und jederzeit eben mal für einen Abend nach Paris abdüsen können oder an einen tropischen Strand oder zum Skifahren in die verschneiten Berge.

Hinzu kommen noch Reisen durchs Weltall, durch Dimensionen und Zeiten: Sie haben unendlich mehr und reizvollere Möglichkeiten als der reichste Mann der Welt!

Bleiben Sie also nicht an einem einzigen Sanctuary hängen, egal, wie wunderbar es auch sein mag – lassen Sie los, spielen Sie und schaffen Sie so viele Sanctuarys, wie es Ihnen Ihre wechselnden Launen, Bedürfnisse, Sehnsüchte und Wünsche eingeben.

Das ist ganz und gar gesund!

Ein Erstes Sanctuary zum Ausruhen und Entspannen ist das eine, aber sobald wir uns etwas erholt haben, wird es Zeit, das Spiel in Raum und Zeit richtig zu spielen.

Dazu gehören Action, oft auch dramatische Ereignisse, Herausforderungen und die faszinierendsten Geschichten, die Sie sich ausmalen können.

Außerdem werden Menschen, die glauben, sie bräuchten Frieden und Ruhe bis in alle Ewigkeit, weil sie so erschöpft sind, schließlich feststellen, dass sie das echte Project-Sanctuary-Spiel anregt, dass es ihnen Kraft gibt und viel mehr Energie, als es selbst das endlose Herumfläzen an perfekten Stränden mit dem Partner ihrer Träume könnte.

Und dann winken da natürlich noch jene magischen und unbezahlbaren Schwellenverschiebungen. Sie warten hinter dem Horizont auf Sie …

Sind Sie bereit für ein echtes Abenteuer?

Suchen Sie die sieben Symbole für Raum, Zeit, Wetter, Landschaft, Pflanze, Freund und Artefakt zusammen.

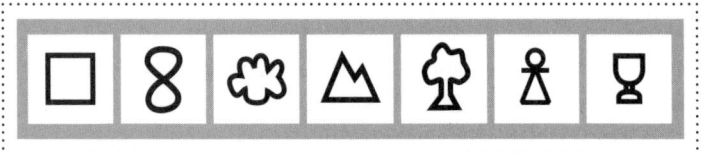

Es sind die Hauptzutaten für Ihre ganz eigene Project-Sanctuary-Vision – die ganz unverwechselbar die Ihre ist und für Sie und von Ihnen mit der Unterstützung Ihres Energy Mind geschaffen, der Sie natürlich auch sind.

Nehmen Sie also die sieben Symbole zur Hand und legen Sie das erste, Raum, vor sich hin, um unser Spiel zu beginnen.

Wissen Sie noch, warum Sie sich diese Erfahrung wünschen? Denken Sie an den Auftrag, daran, wonach Sie suchen, welches Problem Sie gelöst sehen möchten, welches Habitat Sie brauchen, mit wem Sie spielen wollen und so weiter.

Formulieren Sie den Auftrag im Geiste, damit dieser bereit für das Spiel ist.

Und nun:

Platzieren Sie das Symbol für Raum vor sich. Legen Sie den Finger darauf oder richten Sie einfach Ihre Aufmerksamkeit darauf. Holen Sie tief Luft, und wenn Sie wollen, stellen Sie sich den universellen Sandkasten, den Sternenraum, in dem wir spielen, vor. Es ist allerdings nicht notwendig, damit es funktioniert. Formulieren Sie Ihren Auftrag und sprechen Sie ihn laut aus.

Nehmen Sie sich nun das Symbol für Zeit vor und fragen Sie sich: «Was ist die Tageszeit?» Entwickeln Sie ein Gefühl dafür, dann fragen Sie: «Was ist die Jahreszeit?», um auch dafür ein Gefühl zu bekommen. Selbst wenn Zeit bedeutungslos ist, weil Sie sich auf einem fremden Planeten oder in einer anderen Dimension befinden – wir haben doch eine innere Uhr, die uns erste Anhaltspunkte dafür liefert.

Legen Sie das Symbol für Wetter in Position und fragen Sie: «Wie ist das Wetter?» Die Antwort auf diese Frage wird Sie über vieles informieren, das nichts mit sichtbaren, sondern anderen Sinneseindrücken zu tun hat: heiß und kalt, Wind, Sonnenschein auf Ihrer Haut und so weiter. Wenn Sie sich in einem Gebäude befinden, denken Sie darüber nach, welche Atmosphäre hier herrscht, um ein Gefühl dafür zu bekommen, wie das «Wetter» in diesem Raum oder Gebäude sein könnte. Da das Wetter alles in unserer Umgebung beeinflusst, lässt es das Habitat erst real werden.

Legen Sie das Symbol für Landschaft vor sich hin und fragen Sie sich: «Wie ist die Landschaft beschaffen?» Lassen Sie sich Zeit und drehen Sie sich im Kreis, um Ihre Umgebung in Augenschein zu nehmen. Wenn Sie auf besondere landschaftliche Merkmale deuten – «Da ist der Berg» oder «Dort ist der See» –, kann Ihnen das sehr dabei helfen, weitere Anhaltspunkte und Informationen zu erhalten.

Legen Sie das Symbol für Pflanze vor sich hin und fragen Sie sich: «Welche Vegetation gibt es hier?» oder «Welche Art von Pflanzenreich findet sich hier?». Nicht alle Habitate verfügen über Pflanzen, die wir gleich erkennen, doch es ist die Mühe wert, sich in die Landschaft hineinzubegeben und sich bewusst zu machen, welches pflanzliche Leben hier herrscht – selbst wenn sich dieses Leben nur auf mikroskopischer Ebene abspielt, ist auch das von Bedeutung.

Nun nehmen Sie sich einen Augenblick Zeit, um mit diesem Habitat vertraut zu werden. Gehen Sie darin herum, sehen Sie sich alles an, blicken Sie zu Boden, fassen Sie etwas an, spüren Sie es, erschnuppern Sie die Luft und achten Sie darauf, wie es sich *anfühlt*, dort zu sein.

Das Grundhabitat ist der wichtigste Schlüssel zu allem, was anschließend kommt; es ist überaus lohnenswert, es ein wenig zu erkunden, sich dort zurechtzufinden und die Informationen über dieses einzigartige Habitat auf allen Ebenen und auf jede erdenkliche Weise in sich aufzunehmen.

Legen Sie das Symbol für Freund vor sich hin und bitten Sie darum, dass ein Freund hervortritt. Wenn Sie schon einmal gespielt haben, werden Sie bereits mit einem oder mehreren Freunden vertraut sein; es ist aber auch möglich, dass ein bestimmter Freund auftaucht, der besonders gut passt, um Ihnen in diesem besonderen Spiel zu helfen. Nehmen Sie sich einen Augenblick Zeit, um sich mit dem Freund vertraut zu machen, falls er Ihnen neu ist.

Legen Sie schließlich noch das Symbol für Artefakt vor sich hin, um das Spiel in Gang zu bringen. Das Artefakt wird Sie zu dem führen, was Sie in diesem Habitat tun müssen, um das zu gewinnen, was Sie sich in Ihrem ursprünglichen Auftrag gewünscht haben. Alles, was nun zu tun bleibt, besteht darin, das Spiel zu spielen, wie es sich entwickelt.

Der Gebrauch der Symbole innerhalb des Spiels

Sobald man die Vision im Klassischen Spiel wachgerufen hat, entwickelt sie meiner Erfahrung nach ein Eigenleben und geht ganz natürlich von einem Stadium ins nächste über, bis die Schwellenverschiebung erreicht ist.

Allerdings sind insgesamt 23 Symbole im Spiel, und dies kann selbstverständlich das Spiel um einige zusätzliche Dimensionen erweitern.

Alle Symbole lassen sich im Spiel wie folgt verwenden:

- Spielen Sie die Geschichte, wie sie sich entfaltet. Wenn Sie auf ein Hemmnis stoßen oder an eine Stelle gelangen, an der es haarig wird, sollten Sie weitere Symbole heranziehen, um das Problem zu bewältigen.
- Breiten Sie die übrigen Symbole verdeckt aus und ziehen Sie nach dem Zufallsprinzip einige, um der Geschichte auf die Sprünge zu helfen.
- Decken Sie die übrigen Symbole auf und warten Sie darauf, dass Ihre Aufmerksamkeit von bestimmten Symbolen angezogen wird, die dazu beitragen, die Geschichte weiterzuentwickeln.

- Wählen Sie ganz gezielt ein bestimmtes Symbol, um die Geschichte voranzutreiben.

Denken Sie daran, dass sich jede Geschichte, Vision oder Abfolge von Ereignissen auf ihre Schwellenverschiebung hinentwickeln muss.

Normalerweise fragen wir: «Und was jetzt?», wenn die Geschichte «hakt» oder nirgendwohin zu führen scheint. Das ist stets hilfreich, ebenso, wie zusätzliche Symbole zu ziehen, bis die Geschichte sich am Ende über die Schwellenverschiebung auflösen kann.

Eine Anmerkung: Selbst wenn sich eine Geschichte reibungslos vom Klassischen Spiel zur Schwellenverschiebung abspult, ist es manchmal schön, anschließend alle Symbole durchzugehen und ihren Einfluss «hinter den Kulissen» nachzuvollziehen.

Wenn Sie alle 23 Symbole für eine einzige Vision, Geschichte, Erinnerung oder Begebenheit heranziehen, werden sie Ihnen eine ganz erstaunliche Fülle an Erkenntnissen und Einsichten vermitteln und eine überaus bemerkenswerte Lernerfahrung auf vielen Ebenen schaffen.

Ein Beispiel für das Klassische Spiel

Ich setzte mich mit meinen Kieselsteinen hin, auf die ich mit metallischem Marker die Symbole gezeichnet hatte. Ich wollte ein Spiel spielen, das ich als Beispiel für dieses Buch benutzen und das mich in meiner Entwicklung auf die nächste Ebene bringen könnte.

Das war der Auftrag an das Symbol für Raum. Dies geschah als Nächstes:

Die Zeit ist mitten am Nachmittag. Die Sonne scheint, aber es geht auch ein starker Wind, vom Meer her, warm und wunderbar. Die

Landschaft ist eine tropische Insel; ich stehe nahe am Strand. Es ist
sehr schön. Der Boden fällt Richtung Meer hin ab; es wachsen dort
viele üppig grüne Sträucher und Büsche, und sie tragen exotische
Blüten. In der Ferne kann ich tropische Bäume erkennen, Palmen.

Ich stehe am Strand, der Sand ist weich und weiß und sehr warm
unter meinen nackten Füßen, der Ozean liegt zu meiner Linken. Ein
Freund nähert sich mir, ein freundlicher, dunkelhäutiger Schamane,
den ich schon früher getroffen habe, und ich begrüße ihn erfreut. Er
nimmt mich mit hinunter ans Wasser, wo ich eine wirklich erstaun-
liche Tiefseeschnecke mit vielen Windungen finde, grünblau auf der
Außenseite und schillernd pink auf der Innenseite.

Als ich sie hochhebe, erkenne ich, dass es eine magische Schnecke
ist, die Kreaturen der See herbeirufen kann, wenn ich in sie hinein-
blase …

Wie Sie sehen / spüren können, sind alle Komponenten für eine ganz erstaunliche Sanctuary-Erfahrung vorhanden. Es ist natürlich auch noch ein Rätsel – warum bekomme ich diese Schnecke geschenkt? Was in der See will mit mir in Verbindung treten und hat mir deshalb seine eigene Version eines Handys zukommen lassen?

Wenn Sie in Ihrer eigenen Geschichte, in Ihrem eigenen Habitat, mit Ihren eigenen Freund, an diesen Punkt gelangen, und Ihr Energy Mind schickt Ihnen ein Artefakt, werden Sie Aufregung spüren und manchmal vielleicht auch ein wenig Angst.

Was werden wir entdecken?

Wir wissen es nicht.

Aber genau das ist auch das Schöne am Project Sanctuary und der Grund, warum es so aufregend für die richtigen Leute ist und vor allem für all jene, die sich wirkliche Entwicklung wünschen, die wirklich herausfinden wollen, wie viel mehr noch in ihnen steckt als das, was sie bisher glaubten oder fürchteten.

Nun wird es Zeit, mutig zu sein.

Wenn Sie weitere Hilfsmittel benötigen, bevor Sie ganz in das Spiel einsteigen, können Sie nun weitere Symbole ziehen, so viele, wie Sie brauchen. Oder Sie fangen einfach an, denn in Wahrheit sind Sie selbst fleischgewordene Magie und können nach Belieben über Raum und Zeit verfügen – Sie müssen nur daran denken: «Alles besteht aus Energie. Alles ist Energie!»

Eine Anmerkung: Wenn Sie mit jemand anderem spielen und es sich um seine Geschichte handelt, ermutigen Sie ihn, weiterzumachen, und erinnern Sie ihn an seine Fähigkeit, im Reich der reinen Energiedaten zaubern zu können.

Wenn er ängstlich ist und zögert, fordern Sie ihn auf, sich das Symbol für Magie anzusehen und um eine besondere magische Fähigkeit oder ein magisches Werkzeug zu bitten oder um jede andere Form magischer Unterstützung, die hier für das Weiterkommen nützlich sein kann.

Behalten Sie das Symbol für Magie in Reichweite, während Sie die Geschichte durchspielen; es wird Ihnen über schwierige Stellen hinweghelfen, über Momente des Zweifels oder der Angst, und die Geschichte in Gang halten, was sehr wichtig ist.

In meinem Beispiel registrierte ich ein Zögern – ich wollte nicht wirklich in die Schnecke blasen, obwohl ich ihren Klang gern gehört hätte und wusste, dass es das Richtige war. Ebenso wusste ich, dass nichts Schlimmes passieren konnte, mit dem ich nicht fertigwerden würde.

Ich betrachtete also das Symbol für Magie, und während ich das tat, tauchte ein Schiff auf – ein schönes, sehr altes Segelschiff mit Rahsegeln, doch es war ein Zauberschiff nach allen Regeln der Kunst. Ich ging zusammen mit meinem Freund, dem Schamanen, geradewegs an Bord und fühlte mich viel besser, als das Schiff auf den Ozean hinaussegelte, denn ich würde auf halbem Wege diejenigen treffen, die ich hatte rufen wollen. Das war viel besser, viel richtiger.

Aufwärmübungen für die Genius-Symbole

Ich konnte es nun kaum noch erwarten, jenen besonderen Ort auf hoher See zu erreichen – am Bug des Schiffes zu stehen, während es elegant die smaragdgrünen Wellen durchpflügte, war selbst schon ganz und gar wunderbar …

Wichtig: Sobald sich eine Vision enthüllt, sollten Sie sich die Zeit nehmen, sie bis zu einer Schwellenverschiebung durchzuspielen.

Sie können nur von den erstaunlichen Ergebnissen profitieren, wenn Sie die Geschichte ganz bis zu ihrer Auflösung durchspielen!

Wie Sie sehen, lässt sich die Geschichte von hier aus auch ohne weitere Symbole zu Ende spielen. Sie können aber natürlich weitere Symbole heranziehen, um den sich entfaltenden Prozess noch zu vertiefen.

Es gibt drei Möglichkeiten, wie Sie von hier aus fortfahren können.

- Wählen Sie nun irgendein Symbol aus und lassen Sie zu, dass sich eine Verbindung zur Geschichte herstellt, während Sie es betrachten. Dies können Sie mit einem oder allen verbleibenden Symbolen wiederholen; Sie können das sogar öfter als einmal tun und das gezogene Symbol wieder zu den anderen zurücklegen. Sie könnten also durchaus etwa das Symbol für Engel dreimal ziehen, falls Sie so lange brauchen, um die Botschaft zu verstehen …

- Sie können sich den Rest der Symbole in diesem Stadium der Geschichte ansehen und fragen: «Ist das hilfreich / relevant für die Geschichte?» Tatsache ist, dass immer Pflanzen da sind, immer Tiere, die Erdkruste besteht zu einem großen Prozentsatz aus Kristallen, alles ist beseelt – doch ist dieses Symbol für diesen bestimmten Fall relevant und / oder hilfreich für den Fortgang der Geschichte? Normalerweise bekommen Sie ein ganz klares Gefühl für ein Ja oder Nein, und zwar weil … (fügen Sie hier eine Idee, Erkenntnis, Verbindung etc. ein, die dem Fortgang der Geschichte hilft). Falls Sie nichts empfangen, legen Sie das Symbol beiseite und greifen es später wieder auf. Es könnte noch wichtig werden, aber seine Zeit ist eben einfach noch nicht gekommen.

- Sie können den Rest der Symbole liegen lassen und mit der Geschichte fortfahren; wenn Sie zusätzliche Hilfe benötigen, halten Sie Ausschau, ob Sie etwas «anspringt», das den Schlüssel zur nächsten Stufe in der Geschichte bereithält.

In der Beispielgeschichte über die Schnecke, den Schamanen und das magische Schiff entfaltete sich mir eine wirklich phantastische Vision über Kreaturen, die tief, tief im Ozean in einem wunderlichen Reich der Leichtigkeit und des Lichts lebten. Es ist eine lange Geschichte, es ist meine Geschichte, und ich bin zutiefst dankbar dafür, dass ich sie erleben durfte.

Mein Energy Mind sandte mir diese Vision, um mir zu helfen, etwas zu verändern, das wichtig für mich war, und etwas Erstaunliches zu entdecken, von dessen Existenz ich nichts gewusst hatte, und gemeinsam gingen wir eine neue Verbindung ein, die tief und tiefsinnig war – die Schwellenverschiebung.

Diese Visionen, Geschichten und Abenteuer sind unbezahlbar.

Es ist mein größter Wunsch, dass auch Sie dies für sich entdecken, Ihre eigenen Visionen empfangen und Ihre eigenen Geschichten spielen, zu Ihrer eigenen Zeit – es ist eine überaus bereichernde Erfahrung, die letzten Endes Ihr Bild von sich selbst zutiefst und grundlegend verändern wird.

Anstatt wie üblich mit den Symbolen der Klassischen Spielvariante zu beginnen, können Sie sämtliche Symbole vor sich ausbreiten und sich aussuchen, mit welchem Sie anfangen möchten.

Lassen Sie Ihre Aufmerksamkeit zu einem Symbol wandern und fangen Sie damit an. Heben Sie es auf und legen Sie es an anderer Stelle ab, während sich die Geschichte entfaltet.

Eine wichtig Anmerkung: Je schneller Sie hier sind, desto besser werden Ihre Ergebnisse sein. Bitte vergessen Sie nicht, dass schon der bewusste Geist mit Lichtgeschwindigkeit arbeitet; der Energy Mind kann darüber nur lachen und die Lichtgeschwindigkeit als «Schneckentempo» abstempeln! Ideen können schneller als der Blitz auftauchen, wenn Sie das zulassen, und dass intelligente Menschen Probleme mit der Meditation haben, liegt zur Hälfte daran, dass sie viiiiel zu langsam ist und sich alle schon langweilen, noch bevor es richtig losgeht!

Wenn Sie allein, mit Kindern oder auf Partys spielen, können Sie einfach Symbole hochheben und alle laut rufen lassen, was ihnen eben in den Sinn kommt – so wird ganz unmittelbar eine unendliche Vielfalt an Themen, Erinnerungen, Ereignissen, Ideen frei zu strömen beginnen. Wenn Sie es zulassen.

Spielvarianten kurz gefasst

Es gibt viele verschiedene Wege, mit Hilfe der Genius-Symbole die Kommunikation mit Ihrem Energy Mind zu beginnen.

Das Klassische Spiel

Die erste und auch generell tiefschürfendste Verwendungsart der Genius-Symbole haben wir bereits besprochen: Es ist das Klassische Spiel. Es ist das ursprüngliche Spiel in Raum und Zeit mit einem stabilen Habitat, in dem Sie eine Sanctuary-Geschichte bis zur Schwellenverschiebung durchspielen.

Das Klassische Spiel ist unschlagbar, denn es macht Sie mit Genius-Ebenen, systemischem Denken, Metaphern, den Gesetzmäßigkeiten des Energy Mind und der Welt insgesamt vertraut. Halten Sie also dafür immer ein besonderes Plätzchen in Ihrem Herzen und in Ihrem Kopf frei und spielen Sie es bevorzugt oder auch, wenn alles andere versagt.

Die Informationen, die Ihnen das Klassische Spiel liefert, sind anders geartet als in allen anderen Spielen. Es verwundert immer wieder, wie weit das Klassische Spiel über die gestellten Fragen hinausgeht und wie oft, wenn nicht gar immer, es uns zeigt, wie beschränkt unsere Fragen tatsächlich sind.

Blitzvisionen zu einzelnen Symbolen

Hier haben Sie es jeweils nur mit einem Symbol zu tun. Bei jedem Symbol stellen Sie dieselbe Frage oder formulieren denselben Auftrag.

Am schnellsten und einfachsten erhalten Sie diese Blitzvisionen, wenn alle Symbole aufgedeckt daliegen, Sie den Auftrag formulieren und darauf achten, welches Symbol Sie «anspringt».

Nehmen Sie es auf, behalten Sie es in der Hand und wiederholen Sie den Auftrag laut, wenn nötig, um die Erkenntnis oder Blitzvision, die dieses Symbol triggert, zu erkennen.

Sie können diesen Vorgang mit einem oder mehreren Symbolen wiederholen.

Blitzvisionen zu allen 23 Symbolen

Breiten Sie alle 23 Symbole verdeckt vor sich aus, ziehen Sie eines nach dem anderen nach dem Zufallsprinzip und richten dieselbe Frage / denselben Auftrag an alle 23 Symbole, in der gezogenen Reihenfolge.

Daraus gewinnen Sie ungemein aussagekräftige, vielschichtige Antworten auf Ihr Problem oder auf Ihre Frage, und es erweitert Ihren bewussten Geist.

Man möchte meinen, dass es viel Mühe kostet, alle 23 Symbole zu befragen, aber es ist die Mühe auch wert. Wenn uns die Wahl überlassen bleibt, endet es meist damit, dass wir die leichten oder die offensichtlich passenden Symbole auswählen. Indem wir aber jedes einzelne wirklich berücksichtigen und einbeziehen, erweitert sich unser Geist. Außerdem verursacht die 23-malige Wiederholung oft einen Durchbruch in der Schwellenverschiebung, und die Ideen werden nicht nur strömen, sondern sprudeln. Wir nennen dies eine «Kaskade»; sie stellt sich ein, wenn Sie jenen Punkt überschreiten, an dem Sie «denken», jetzt fällt mir nichts mehr ein.

Besonders Anfängern empfehle ich dringend, so oft wie möglich alle 23 Symbole zu Einzelanfragen heranzuziehen. Es ist extrem interessant, sehr lehrreich und wird Sie auf dem Weg zu immer mehr originellen Ideen rasch voranbringen.

Die Symbolsphäre

Es liegt sehr nahe, die Symbole in einem Kreis anzuordnen, besonders, wenn mit dem ganzen Set und Blitzvisionen zu einzelnen Symbolen gearbeitet wird.

Sie werden sehen: Wenn alle Symbole gesprochen haben und in einem Kreis ausliegen, kann etwas Interessantes und Denkwürdiges geschehen, wenn Sie das wollen – die Gesamtheit der Informationen wird zu mehr als die Summe ihrer Teile, und die Symbolsphäre ist geboren.

Für Menschen, die mit Energie arbeiten, können Symbolsphären überaus wirkmächtige Werkzeuge werden und die Genius-Symbole in eine «Zaubermaschine» mit 1001 Verwendungszweck verwandeln.

Anfänger können auch die kombinierte Kraft aller Symbole in der Symbolsphäre nutzen, indem sie mit einem Auftrag begin-

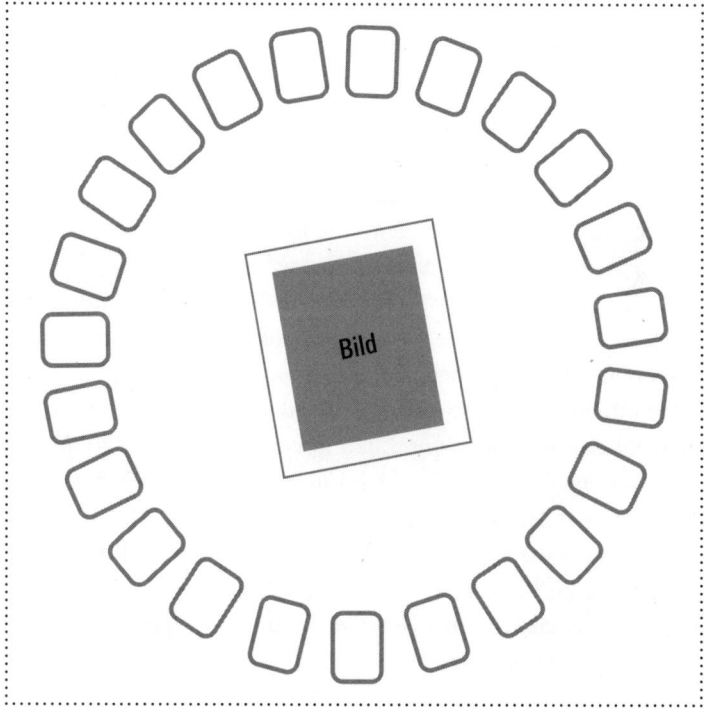

nen, der auf einem Zettel niedergeschrieben sein kann. Als Auftrag kann auch das Bild einer Person, das Logo einer Firma oder ein Objekt fungieren, das der Gegenstand der Frage sein oder aufgeladen werden soll. Das Papier (oder das Bild oder der Gegenstand) wird in der Mitte platziert; die Symbole liegen verdeckt in einem Kreis darum herum. Die Symbole werden dann eins nach dem anderen umgedreht und aktiviert.

Ein einfaches Beispiel ist eine Segen-Symbolsphäre. Dabei wird das Bild einer Person in die Kreismitte gelegt und für jedes Symbol ein passender Segen gesucht; dadurch wird die gesamte Symbolsphäre ein einziger Segen, der für die Person in der Kreismitte mehr als die Summe seiner Teile ist.

Symbolsphären lassen sich auch in der Weise nutzen, dass mehr als ein Spieler seine eigenen Ideen zum Thema beisteuert. Das kann sehr sinnvoll sein, um Ideen für Gruppenprojekte in einer Firma, einer Abteilung oder Familie hervorzubringen.

Genius-Symbol-Kombinationen

Wie Sie sich vorstellen können, sind die Kombinationen, die sich aus 23 Symbolen bilden lassen, schier zahllos. Außerdem können Sie jedes Divinationsmuster für Runen, Tarotkarten, Zahlen und Buchstaben auch auf die Genius-Symbole anwenden und bemerkenswerte Ergebnisse erzielen.

Deutungen mit drei Symbolen lassen sich zum Beispiel für Vergangenheit, Gegenwart und Zukunft vornehmen; für Plus, Minus und Interessant; für dich, mich und die anderen; darüber, hier und darunter und so weiter.

Sie können die Symbole für die Deutungen der zwölf Häuser in der Astrologie verwenden, oder aber als Kombinationen aus drei, fünf und sieben Symbolen, um Geschichten, komplexe Ideen und Poesie hervorzubringen.

Ein Pendel benutzen

Legen Sie alle Symbole in einem Kreis, Gitter oder anderen Muster aus und ziehen Sie ein Pendel heran, um 1, 3, 6, 9 oder der Reihe nach alle von ihnen auszuwählen und als separate Übung zu deuten.

Sie können sie mit dem Bild nach oben legen oder umgedreht.

Nun verfügen wir über alle Grundkenntnisse, die wir brauchen, um mit Hilfe der Genius-Symbole unser natürliches, angeborenes Genie zu aktivieren, das darin besteht, dass unser bewusster Verstand und unser Energy Mind harmonisch zusammenarbeiten. So soll unser Leben besser und diese Welt ein besserer Ort für jeden einzelnen Menschen werden.

Da die Genius-Symbole per se vollkommen inhaltsfrei sind und alles, was sie hervorbringen, lediglich Genius-Visionen, -Antworten und -Ideen sind, lassen sie sich in jedem Zusammenhang menschlichen Strebens verwenden; überall und jederzeit, wenn ein Mensch oder eine Gruppe Menschen Inspiration braucht, Kreativität, Phantasie, eine gute oder neue Idee, eine andere Lösung, eine neue Vorgehensweise, eine neue Geschichte oder einfach nur etwas Wunderbares, das sie mit ihrem wunderbaren Geist umsetzen können.

Im nächsten Abschnitt werden wir uns einige der unendlich vielen Anwendungsmöglichkeiten für die Genius-Symbole ansehen – und die Menschen, die mit ihnen spielen.

Mit den Genius-Symbolen spielen

In diesem Abschnitt werden Sie lernen, wie das Spiel mit den Genius-Symbolen funktioniert.

Lassen Sie sich nicht durch das Wort «Spiel» täuschen.

Ja, es handelt sich um ein Spiel, da wir neue Dinge entdecken und uns von unserer Aufmerksamkeit und Faszination leiten lassen.

Ja, wir spielen ein Spiel.

Und ja, das kann eine todernste Angelegenheit werden, wenn es nötig ist.

Sie können um Ihr Leben spielen.

Das tue ich immer, denn das, was ich hier lerne, die Visionen und Schwellenverschiebungen, formen mein Leben und meine Erkenntnisse über das Leben.

Doch nur, weil etwas ernst ist, heißt das nicht, dass Sie sich ihm ernst und beklommen annähern müssen.

Es besteht ein Riesenunterschied zwischen respektvoller und angstvoller Annäherung.

Wenn wir ängstlich oder gestresst sind, gehen die Lichter aus. Alles wird bedrückend und furchterregend und unkontrollierbar und viel zu schwierig.

Wir verlieren den Kontakt zu den hohen, heiteren, schnellen, fließenden, herrlichen Gefilden wahrer Schöpfung und fallen zurück in die selbst geschaffenen steinharten Verliese.

Jeder Einzelne von uns hat die Neigung, in diese Falle zu tappen, abhängig vom jeweiligen Thema; das nennen wir *magisches Scheitern*. Dabei handelt es sich wahrscheinlich um eine einfache, strukturelle Energieumkehrung, die bei bestimmten Themen und in bestimmten Momenten der Stressbelastung auftritt.

Bitte, seien Sie wachsam, wenn das geschieht – wenn Sie nicht mehr präsent haben, dass wir ein Spiel spielen, und wenn Sie das Ziel aus den Augen verlieren.

Bitte, behalten Sie auch im Hinterkopf, dass alle – mich eingeschlossen – Themen haben, bei denen wir den roten Faden verlieren. Bei denen alles aus heiterem Himmel plötzlich hart und dunkel und «todernst» wird und es den Anschein hat, als wäre diese eine Sache, dieses eine Problem, diese eine Herausforderung etwas völlig anderes und irgendwie von den universellen Gesetzen ausgenommen, die *alles* steuern.

Bitte, berücksichtigen Sie auch, dass es umso leichter wird, jedes Thema mit Freude zu «bespielen», je mehr Sie im Sanctuary spielen und je mehr Sie Ihre ernstgemeinten Fragen und Absichten mit Ruhe, Gelassenheit, Spaß und purer Freude ausbalancieren.

Seien Sie zu Ihrem eigenen Besten daran erinnert, Leichtigkeit zu bewahren – leichtfüßig zu bleiben, leicht-sinnig, leichten Herzens, klar, konzentriert und mit positiven Vorsätzen. Dies ist der innere Zustand, in dem sich Genie-Lösungen für Ihre Probleme zeigen werden, und nur in diesem Zustand können sie sich zeigen.

Denken Sie daran: Welches Spiel Sie auch spielen, Sie spielen, um das Problem vollständig zu lösen.

Am Ende steht die Schwellenverschiebung.

Das Licht am Ende des Tunnels, wenn Sie so wollen.

Und dieses Licht ist *immer* da.

Manchmal können wir es nicht gleich sehen, und wir bezweifeln, dass es tatsächlich da ist. Aber wie schon gesagt, je mehr Sie spielen, desto sicherer werden Sie, dass es ein Licht gibt, eine Schwellenverschiebung, und dass Sie sie finden können. Wenn das geschieht, können Sie sich als echten Sanctuary-Spieler bezeichnen – und außerdem als visionäres Genie.

Während Sie sich die verschiedenen Ideen und Beispiele zu Spielvarianten durchlesen, sollten Sie darauf achten, wie Sie auf die Spielvorschläge reagieren.

Zum Beispiel trägt das erste Unterkapitel die Überschrift «Therapeutische Spiele».

Rollen sich Ihnen schon die Zehennägel auf? Fahren Sie sofort die Krallen aus, wenn Sie nur das Wort «Therapie» hören? Ich kann es Ihnen nicht verdenken, wirklich nicht. Aber kommen Sie, wir beide wissen, dass es auf der ganzen Welt keinen Menschen gibt, der keine Therapie in der einen oder anderen Form gebrauchen könnte, um Probleme aus der Vergangenheit zu lösen, die ihn in seinem heutigen Leben behindern.

Wenn Sie umgekehrt dieses Buch gekauft haben, weil Sie fest daran glauben, dass Therapie *die* Lösung ist, und nur die therapeutischen Spiele reizvoll finden, möchte ich Sie ebenso bitten, noch einmal nachzudenken und Ihren Horizont ein wenig zu erweitern.

Ich möchte Ihnen näherbringen, dass Ihnen jede dieser Spielvarianten an irgendeiner Stelle etwas zu bieten hat.

Wenn Sie herausfinden, welche Spiele Sie lieber spielen als andere, und für den Moment einfach registrieren, dass das so ist, haben Sie schon etwas sehr Wichtiges über sich gelernt – noch bevor Sie Ihre erste eigene Vision hatten.

Daher bitte ich Sie von Herzen, allen vorgestellten Varianten Ihre ungeteilte Aufmerksamkeit zu schenken, auch den Spielen für Kinder.

Die Tatsache, dass Sie keine Kinder haben oder sie nicht mehr bei Ihnen leben, bedeutet doch nicht, dass Sie stattdessen nicht Spaß und einige überaus interessante Einsichten aus diesen Spielen mit Ihrem «inneren Kind» gewinnen könnten.

Im Gegenteil, sich daran erinnern zu können, wie es war, als Kind zu spielen – mit dieser absoluten Konzentration und unbe-

Mit den Genius-Symbolen spielen

dingten Faszination für die Welt und alles in ihr, diesem Aufsaugen der Welt wie ein Schwamm –, ist eine Fähigkeit, die wir wiederzuerlangen versuchen, wenn wir das großartigste Spiel auf Erden spielen: das Spiel in Raum und Zeit, das eine wahre Spiel des menschlichen Geistes, das von allen Beschränkungen befreit ist und über das ganze Universum gebietet.

Mit den Symbolen und Ihren eigenen Perspektiven zu spielen ist eine sehr interessante und multidimensionale Erfahrung.

Da dies nun also besprochen, gehört und verstanden wurde, lesen Sie hier einige Beispiele, wie Sie mit den Genius-Symbolen spielen können, um zu Schwellenverschiebungen, Erkenntnissen, Durchbrüchen, Lernerfahrungen, Lebensweisheit und innerer Entwicklung als Belohnung zu gelangen.

Therapeutische Spiele

Kurz zur Erinnerung: Therapie bedeutet Heilung.

Ich persönlich meine, dass Heilung Folgendes bedeutet:

In Ordnung bringen, was einmal schiefgelaufen ist.

Eine Anmerkung: Hier werden keine Wunderheilungen versprochen. Project Sanctuary befasst sich mit *Geist, Energie, Intelligenz und Emotion.* Auch wenn sie alle wichtig für die körperliche Gesundheit sind, haben Auswirkungen auf die körperliche Gesundheit doch als «Nebenwirkungen» zu gelten, wie willkommen sie auch sein mögen.

Dank des Project Sanctuary und der Genius-Symbole können Sie Therapie als Spiel auffassen, das eine oder mehrere Personen spielen, um eine Schwellenverschiebung zu erreichen, die sie auf Ihrem persönlichen Heilungsweg voranbringen soll.

Bei Project Sanctuary geht es um Lösungen und harmonische Entwicklung – darum, die Dinge an ihren richtigen Platz zu rücken, und Systeme, die uns der Energy Mind zeigt, miteinander zu verknüpfen und zu fördern. Im Grunde sind alle Project-Sanctuary-Spiele, die wir spielen, in diesem Sinne eine Art Therapie.

Dennoch entscheidet der Auftrag, den Sie vor Spielbeginn formulieren, über Richtung und Zielsetzung des Spiels.

Wichtige Anmerkung: **Project Sanctuary behandelt die Ereignisse in Erinnerungen, Pseudoerinnerungen, Träumen, Phantasien *genauso* wie in Sanctuary-Geschichten.**

Bei alldem handelt es sich um intrapersonelle Daten, die alle denselben Prinzipien unterworfen sind und sich zu neuen Funktionsebenen entwickeln können – immer weiter und weiter.

Für manche Systeme können solche neuen Funktionsebenen bedeuten, dass sie zum ersten Mal richtig arbeiten; für andere wiederum bedeuten sie eine Verbesserung der Funktionsweise.

Wir haben es nicht auf urplötzlich eintretende Perfektion abgesehen, sondern auf eine fortgesetzte Entwicklung, die schließlich in dem Besten gipfeln wird, das wir geben können, als was auch immer es sich herausstellen mag.

Von der Ereignispsychologie haben wir uns den Slogan ausgeliehen:

Du musst es nicht enträtseln, nur entwickeln!

Es ist wichtig, im Hinterkopf zu behalten – vor allem in Bezug auf «echte» Erinnerungen –, dass diese Ereignisse von früher jetzt nur noch in unserem Nervensystem existieren: Erinnerungen sind energetische Daten. Ebenso wie Träume, Geschichten, Dinge, die man Ihnen erzählt hat, Visionen, die Sie hatten, oder Albträume. All das sind Daten und Energie.

Und es ist nicht alles Energie – es ist jetzt *nur noch* Energie.

Energiedaten können jedoch verändert werden. Wir können in den Datenstrom eintreten und dort nach Belieben Veränderungen vornehmen. Was einmal so und so war, wird nun zu einer ganz

Mit den Genius-Symbolen spielen

anderen Geschichte; und wenn wir unsere Geschichte richtig anpacken, wird sie alle Beteiligten zu einem viel, viel glücklicheren Leben führen.

Ich muss es noch einmal erwähnen, denn es ist zentral für die heilende Anwendung von Project Sanctuary – wir unterscheiden *nicht* zwischen einem Traum, einer Erinnerung, einer Pseudoerinnerung oder einer Geschichte.

All das sind Daten, es sind nur Daten – und nur Energie.

Wenn Sie also mit Hilfe von Sanctuary eine «echte» Erinnerung verändern, «verlieren» Sie sie nicht, da die Veränderung Teil der Erinnerung wird – *Sie erinnern sich daran, dass Sie die Erinnerung verändert haben.*

Das hat einen wichtigen, dreifachen Effekt:

1. Wenn wir eine Erinnerung mit Hilfe von Project Sanctuary verändern, wird sie gelöst; sie ist nicht mehr schmerzlich, schädlich oder gefährlich für das System. Sie hat keine giftige Wirkung mehr – die Erinnerung hat sich *entwickelt*.

2. Da wir uns daran erinnern, dass wir die Erinnerung verändert haben, existieren die ursprünglichen Ereignisse immer noch. Es gibt ihre Aufzeichnung noch, so, wie sie waren. Es ist also nichts verlorengegangen, doch ein neuer Impuls nach vorn ist hinzugekommen.

3. Indem wir aktiv die Erinnerung von damals mit heute verknüpft und entwickelt haben, wurde sie uns als Hilfsmittel zugänglich. Nun ist sie ein System, das zu unserem höchsten Nutzen arbeitet.

Völlig zu Recht möchte niemand seine Erinnerungen verlieren oder verleugnen, denn all unsere Erinnerungen, unsere Visionen und Phantasien zusammen machen unser Leben aus. Und es ist wichtig, dass Sie das wissen, damit Sie, wenn Sie mit anderen arbeiten, ihnen sagen können, dass die Geschichte unangetastet bleiben soll – doch sie endet dort nicht, die Geschichte geht weiter, über jene Zeit oder jenes Trauma hinaus, bis zu einer Lösung, die wir heute erreichen können.

All das bedeutet, dass Sie ein bestimmtes Ereignis, eine Energieform jeglicher Art mit Hilfe der Symbole und des Auftrags «herbeirufen» können. Ein Beispiel:

«Bring mich an einen Ort in Raum und Zeit, wo ein Aspekt noch Hilfestellung braucht.»

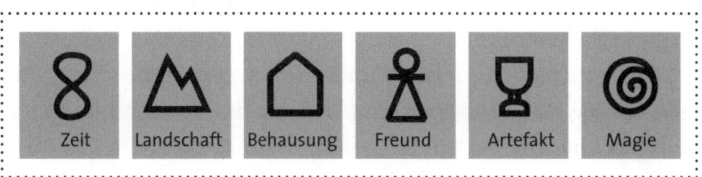

Dieser Aspekt oder dieses frühere Ich wird Ihr gegenwärtiges Ich als seinen Freund erleben, der gekommen ist, um ihm in einem Augenblick der Not zu helfen. Der Energy Mind wählt den Aspekt aus, der im Moment am meisten Ihrer Hilfe bedarf.

Sie können Ihren Auftrag auch noch präziser formulieren:

«Bring mich zu einem Aspekt, der am meisten davon profitieren würde, wenn ich ihm heute bei der Entwicklung helfen und meine Probleme mit X lösen würde.»

Sobald Sie das Habitat erreicht und sich einen Überblick verschafft haben, was dort vor sich geht, können Sie weitere Symbole ziehen, um die Geschichte voranzutreiben.

Bitte beachten Sie: Denken Sie daran, dass Sie im Sanctuary Herr über die Zeit sind. Sie können sich aussuchen, wo Sie eingreifen, und die Vergangenheit verändern, wenn wir es einmal so bezeichnen wollen. Im Allgemeinen braucht der Aspekt in dieser bestimmten Zeit und an diesem bestimmten Ort, den Ihr Energy Mind Ihnen zeigt, Ihre Hilfe genau dann und dort.

Der Auftrag erlaubt Ihnen, so präzise oder so pauschal zu formulieren, wie Sie es jeweils für nötig halten.

Mit den Genius-Symbolen spielen

Behalten Sie im Hinterkopf, dass Heilung mehr als nur die Befreiung von Traumata umfasst, auch wenn dies oft die erste notwendige Maßnahme ist, um dem ganzen System mehr Klarheit und Frieden zu bringen.

Der Auftrag «Bring mich zu einem Aspekt, der nicht bekommen hat, was er brauchte» zum Beispiel wird es Ihnen gestatten, Systemen Nahrung und Energie zu bringen, die dies noch benötigen und nicht arbeiten, weil sie vorher nie die richtigen «Nährstoffe» erhalten haben.

Denken Sie an Gesundheit im weitesten metaphorischen Sinn und ebenso an Gesundheit und Heilung durch Therapie.

Es gibt viele Methoden, wie wir uns und anderen helfen können, indem wir Aspekte ansprechen, die eine wichtige Rolle für die Ausformung unserer Persönlichkeit und unserer Weltsicht gespielt haben.

An dieser Stelle möchte ich noch gesondert auf Leitsterne verweisen.[3] Dabei handelt es sich um Momente höchster Freude und möglicherweise sogar transzendenten Glücks, die auch große Probleme verursachen können, weil sie «zu schön, um wahr zu sein», waren. Aspekte können darin genauso feststecken wie in Erinnerungen an tiefe Traumata.

Zum Beispiel kann eine erste Liebe so überwältigend sein, dass der Betreffende sich in einem Augenblick höchster Emotion schwört: «Solange ich lebe, will ich nie wieder jemand anderen lieben!»

Sich zu einem solchen Aspekt zu begeben und ihn freundlich zu bitten, diese Aussage sinnvoll umzuformulieren – etwa: «Ich liebe diesen Menschen wirklich von ganzem Herzen! Ich kann lie-

....

[3] Leitsterne sind ein wichtiges Element der Ereignispsychologie. Siehe Silvia Hartmann: *Events Psychology. How to understand yourself and other people*, Eastbourne: DragonRising 2009.

ben!» –, kann festgefahrenen und blockierten Systemen einen wunderbaren Impuls nach vorn geben.

Leitsterne spielen eine überaus wichtige Rolle für Süchte, Fetische, Vorlieben jeglicher Art und sind auch für alle möglichen störenden Lebensmuster verantwortlich. Sie tragen ebenfalls wesentlich zur Ausformung von Glaubenssätzen, Werten und Einstellungen bei. Man sollte sie also nicht unterschätzen. Leitsterne zu entwickeln hat mehr Potenzial, große Veränderungen im Leben herbeizuführen, als Trauma-Erinnerungen weiterzuentwickeln, und wird derzeit in der Psychologie noch nicht ausreichend gewürdigt.

Der Auftrag «Bring mich in eine Zeit und an einen Ort, wo sich ein Leitstern befindet, der mich heute noch einschränkt!» kann Sie dorthin führen. Und wenn Ihr Energy Mind Ihnen ein Habitat zeigt, nehmen Sie das bitte als Fingerzeig, dass Sie nun wirklich verändern sollten, was Sie dort vorfinden – egal, ob es oberflächlich bereits schön zu sein scheint.

Beispiel für ein therapeutisches Spiel

«Bring mich an einen Ort in Zeit und Raum, an dem ein Aspekt noch Hilfe braucht.»

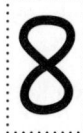

Was ist die Tageszeit? Die Jahreszeit?
«Es ist mitten am Vormittag. Herbst, kalt und klamm.»

Wie ist das Wetter?

«Neblig, kalt, sehr kalt. Alles ist feucht, und es weht ein nasskalter Wind. Mir ist sehr kalt.»

Wie sieht die Landschaft aus?

«Ich bin an einem Meeresstrand, es ist Ebbe, und alles, was man bis zum Horizont sieht, ist ein sehr langer, nasskalter Streifen Sand, der schmutzig wirkt.»

Weißt du jetzt, wo das ist, wann das ist und worum es geht? Erkennst du die Erinnerung?

«Ich erkenne die Erinnerung. Als ich sechs Jahre alt war, wurde ich in ein Internat an der Küste gesteckt. Es war ein furchtbarer Ort, ich wurde krank, wie man mir sagte, und man musste mich nach Hause schicken. Ich erinnere mich an gar nichts mehr. Nun, jetzt schon. Ich erinnere mich an die endlosen Märsche in der bitteren Kälte. Und daran, immer hungrig und müde zu sein. Und niemanden kümmerte es. Ich glaube nicht einmal, dass irgendjemand dort meinen Namen kannte.»

Wähle ein Symbol, um die Erinnerung zu entwickeln, und rette den Aspekt am Strand.

«Ich wähle den Freund. Ich hätte einen Freund brauchen können. Jemanden, der auf mich aufpasst, der nett zu mir ist.»

Und was passiert als Nächstes?

«Ein freundlich aussehender Mann mit einem Schal um den Hals kommt zu mir herüber. Er lächelt mich an und sieht, wie kalt mir ist.

Ich bin so erleichtert. Endlich bemerkt jemand, dass etwas mit mir nicht stimmt ...»

Was können wir noch tun, damit sich der Aspekt besser fühlt?

«Der Mann nimmt seinen Schal ab und legt ihn mir um den Hals. Er ist warm und aus Wolle, und mir geht es wirklich gleich viel besser. Ich spüre große Erleichterung, als würde ich nun nicht mehr erfrieren müssen. Sogar der Hunger ist nicht mehr so schlimm ...»

Was passiert als Nächstes?

«Ich gehe mit den anderen Kindern zurück zur Schule, und wir bekommen endlich etwas zu essen. Alles wird wieder gut, ich werde das hier doch noch überleben.»

Wie fühlst du dich jetzt?

«Ich bin ganz ruhig. Als der freundliche Mann mir in der Geschichte den Schal um den Hals legte, war es, als würde mir eine Last genommen – hier, jetzt –, und ich fühlte mich plötzlich warm und gerettet. Ich fühle mich immer noch warm und stark.

Ich habe es überlebt, und der arme Aspekt wandert nicht mehr an diesem gnadenlosen, eiskalten Strand umher und denkt nicht mehr, dass er sterben muss.»

Wie Sie an diesem Beispiel sehen können, ist es leicht, eine Erinnerung zu entwickeln, sobald man das Habitat gefunden hat – jenen Ort in Zeit und Raum, an dem das frühere Ich oder der Aspekt dieses Menschen hängengeblieben ist und dachte, dass er nun sterben müsse.

Der Energy Mind lieferte die Lösung – den freundlichen Mann mit dem Schal. Es ist wichtig festzuhalten, dass sowohl der freundliche Mann als auch der Schal Energiekonstrukte sind, Dinge aus Energie, Energiecocktails, wenn Sie so wollen, die als das genau passende Gegenmittel zu der Verfassung erdacht wurden, in der sich der arme Aspekt befand. Und die «Echtzeit»-Gefühle der Erleichterung und Wärme im Körper sagen uns, dass dies nicht nur eine mentale Übung war, sondern eine echte Form der Zeitheilung für die betreffende Person.

Heilende Spiele

Das Universum ist voller heilender Energien – an so vielen Orten kann man Heilung erlangen.

Heilende Geschichten sind zentrale Spiele im Project Sanctuary, aber Sie können auch einfach ein «tägliches Symbol» ziehen und sich an diesen Bereich mit der Bitte um heilende Energien für diesen Tag wenden.

Nehmen Sie sich kurz Zeit, darüber nachzudenken, inwiefern Ihnen dieses Symbol helfen kann, wenn Sie sich diesen Energieformen öffnen. Oft entstehen daraus Visionen wie auch erstaunliche Schwellenverschiebungen, die Ihr Leben verändern können.

Aus eigener Erfahrung haben wir herausgefunden, dass *Schlafhabitate* – Orte also, an die Sie sich begeben, bevor Sie einschlafen – ungemein hilfreich sein können, wenn Sie Heilung suchen.

Kurz bevor Sie einschlafen, bitten Sie um ein Habitat, das heute Nacht perfekt für Sie wäre, in dem Sie sich ausruhen und kraftvolle, heilende Energien aufsaugen können, die Ihnen auf jeder Ebene helfen.

Eine Anmerkung: Bleiben Sie nicht in einem Habitat stecken, wie schön es auch sein mag oder wie gut Sie sich darin auch fühlen mögen. Bitten Sie jedes Mal wieder um ein neues Habitat, wenigstens eine Woche oder einen Monat lang. Wenn das erste Habitat noch immer passt, wird es sich Ihnen automatisch anbieten. Doch oft ändert sich das von Tag zu Tag, besonders, während Ihre heilende Reise fortschreitet und andere Energien benötigt werden.

Eine weitere Variante der heilenden Habitate sind die Instant-Habitate.

Zu jeder Tageszeit können Sie sich fragen: «Was wäre der perfekte Ort in Zeit und Raum, an den ich genau jetzt reisen könnte?»

Mit ein wenig Übung wird ein Habitat in Ihrem Geist aufblitzen, und wenn Sie sich auch nur einen Augenblick lang auf seine Energien einlassen, werden Sie sehen, dass Ihre Stressbelastung abnimmt, als hätten Sie Vitamine geschluckt oder einen gesunden Fruchtsaft getrunken – eine wunderbare Erfahrung und jederzeit kostenlos zu haben.

Sie können mit Hilfe einer Symbolsphäre einem anderen Menschen, einer Firma, einem Tier, einer Landschaft, der ganzen Welt Fernheilung zukommen lassen. Das können Sie auch auf sich anwenden, indem Sie sich nacheinander auf die verschiedenen Geschenke jedes einzelnen Symbols einstimmen, was am Ende in der gesamten Symbolsphäre gipfelt, die stets mehr ist als die Summe ihrer Teile. Sie können eine Symbolsphäre auch dazu verwenden, Wasser mit jener 23-fachen, vibrierenden, maßgefertigten Heilungsabsicht aufzuladen, die Sie in der Arbeit mit den Symbolen geschaffen haben.

Wenn Sie sich noch erinnern: Sie können Ihre Aufträge wirklich ganz praxisorientiert, ganz handfest formulieren.

Sie können um eine praktischen Ratschlag bitten, wie Sie von einer Krankheit wieder genesen können, und werden 23 nützliche Antworten erhalten, die eine Menge dazu beitragen, dass Sie gesünder an Geist, Körper und Seele werden.

Rückführung in frühere Leben

Viele Menschen lassen sich aus therapeutischen Gründen in frühere Leben rückführen, aber man kann auch ein Spiel daraus machen, um mehr über die eigenen Motivationen in diesem Leben herauszufinden, Antworten auf Fragen zu erhalten, die man sich über sich selbst stellt, und eine Perspektive für die großen Zusammenhänge dessen, was im Hier und Jetzt geschieht, zu entwickeln.

Die Rückführung in frühere Leben ist unendlich faszinierend, und wenn Sie sie einfach als Spiel mit den Genius-Symbolen auffassen und daraus keinen religiösen Glaubenssatz oder viel Wirbel darum machen, kann sie Ihnen unglaublich viel beibringen. In dieser Hinsicht kann jedermann sie praktizieren und ihre Früchte auf allen Ebenen genießen.

«Bring mich in ein früheres Leben, das, wenn wir es heute lösen, X vollkommen verändern wird.»

«Bring mich in ein früheres Leben, das mir helfen wird, meine Seele besser zu verstehen.»

«Bring mich in ein früheres Leben, das mir helfen wird, meine eigenen Stärken besser zu verstehen.»

«Bring mich in ein früheres Leben, das mir helfen wird, wichtige Ressourcen in mir zu entdecken, von deren Existenz ich bisher nichts ahnte.»

«Bring mich in ein früheres Leben, das ganz erstaunlich und wunderbar war.»

Diese und viele andere Aufträge an das Klassische Spiel werden Ihnen phantastische Erfahrungen bescheren, die Ihnen wirklich dabei helfen, sich und andere besser zu verstehen, und Sie auch klüger werden lassen.

Seelenpilot

Ein Seelenpilot[4] zu werden, ist ein besonders faszinierender Aspekt von Project Sanctuary – anstatt uns endlos in Therapien selbst zu bejammern und noch mehr verletzten Anteilen in uns nachzujagen, bieten wir anderen unsere Dienste an. Wir begeben uns ins Sanctuary, um verlorene Seelen aufzuspüren, die jemanden wie uns brauchen – einen lebenden Menschen, der ihnen hilft, sich zu befreien, da sie zwischen den einzelnen Seinsebenen feststecken.

Diese verlorenen Seelen müssen sich entwickeln wie alles andere auch – sie sind steckengeblieben, und wir helfen ihnen, auf ihrem eigenen richtigen Weg vorwärtszukommen.

Für jeden, der sich als Seelenpilot zur Verfügung stellt, werden die verlorenen Seelen, die genau zu ihm passen, auf den Plan treten.

Egal, wie einsam und lädiert Sie also selbst sind, Sie werden das perfekte Gegenstück für einige der vielen verlorenen Seelen da draußen sein – und für einige von ihnen sogar die einzige Hoffnung, die sie haben.

....

[4] Zur Arbeit mit Seelenpiloten siehe www.soulpilots.com.

Uns als Seelenpiloten werden eine Zeit und ein Ort aufgezeigt, wo sich jemand befindet, der unserer Hilfe bedarf. Das kann eine große Herausforderung, aber auch eine riesige Befriedigung bedeuten – tragen Sie Ihr Symbol für Magie bei sich und denken Sie daran, dass Ihnen noch die Symbole für Freund und einiges andere bleiben, um Sie dabei zu unterstützen, diesem anderen zu helfen.

«Bring mich zu einer verlorenen Seele, die heute meine Hilfe braucht.»

Begegnungen

Da wir Menschen sind, lernen wir auch das meiste von anderen Menschen und ganz allgemein aus der Interaktion mit anderen Wesen. Es spielt keine Rolle, ob diese anderen Engel sind, Geister, verstorbene Ahnen, Führer, entwickeltere Seelen (die uns als Seelenpiloten ihre astralen Dienste anbieten), Tiere oder Außerirdische – es sind Welten über Welten von Kreaturen «da draußen», die uns bei Wachstum und Entwicklung helfen könnten, wenn wir ihnen begegnen und mit ihnen in Kontakt treten würden.

«Bring mich an den perfekten Ort in Zeit und Raum, an dem ich jemandem begegnen kann, der mir bei X helfen kann.»

Dank dieses Auftrags in Verbindung mit dem Klassischen Spiel werden Sie irgendwohin gelangen und tatsächlich jemanden treffen, mit dem Sie in Kontakt treten und von dem Sie lernen können.

«Bring mich an den perfekten Ort in Zeit und Raum, um meine Mutter zu treffen.»

Dieser Auftrag schafft ein Habitat, in dem Sie unter sicheren Bedingungen einer lebenden oder toten Person gegenübertreten können, mit welcher Sie sprechen möchten, um mit dieser Person zu einer Lösung oder einem Fortschritt zu gelangen.

Landschaft, Wetter, Vegetation und alle anderen Elemente des

Habitats sind unglaublich wichtig, um die richtige «Kulisse» für diese Art der Begegnung zu liefern, sodass Sie sich sicher fühlen und alles dafür tun, dass die Begegnung Aussicht auf Erfolg hat.

«Bring mich an den perfekten Ort in Zeit und Raum, an dem ich Jesus treffe.»

«Bring mich an den perfekten Ort in Zeit und Raum, an dem ich einen Stellvertreter meiner eigenen Seele treffe.»

«Bring mich an den perfekten Ort in Zeit und Raum, an dem ich jemanden treffe, der mir Physik erklärt.»

Die Spiele und die Möglichkeiten, zu interagieren und zu lernen, sind wirklich unbegrenzt.

Die Entfernung von Blockaden

Das Verrückte an uns Menschen ist, dass wir oft als Letzte erfahren, was mit uns nicht stimmt oder wo unsere Blockaden verhindern, dass wir bekommen, was wir uns vom Leben wünschen.

Wir sind daran gewöhnt, in unseren Problemen zu leben – wie Fische im Wasser.

Unser Energy Mind kann uns aus der Klemme helfen, wenn wir ihn lassen.

Formulieren Sie einen Auftrag wie diesen:

«Zeig mir einen Bereich in mir, wo ein Problem sitzt, das wirklich gelöst werden muss, damit ich im Leben weiterkomme.»

Nun sehen Sie sich die Symbole an.

Wenn nötig, nehmen Sie alle nacheinander auf und fragen sich dabei: «Habe ich ein Problem mit dem, was das Symbol darstellt?»

Meistens wird Sie sofort etwas anspringen.

Sobald Sie den Problembereich ausgemacht haben, formulieren Sie einen neuen Auftrag:

«Schenk mir heute etwas, das das hier heilen wird, und zwar ein für alle Mal.»

Dann treten Sie in die Blockaden lösende Geschichte ein.

Anliegen, Nöte, Bedürfnisse und Wünsche

Dieses Spiel eignet sich wunderbar dazu, dass Sie es spielen, wenn Sie gelangweilt oder unzufrieden sind oder wenn Sie sich selbst etwas Gutes tun wollen.

Hier benutzen wir die Symbole dazu, unsere Anliegen, Nöte, Bedürfnisse und Wünsche zu kommunizieren.

Wir tun das aufrichtig und rückhaltlos; und wir denken immer daran, dass das, was unser Anliegen, unsere Not, unser Bedürfnis und unser Wunsch ist, *nicht* vernünftig sein muss, *nicht* praktisch, und dass Sie ruhig *keine* Ahnung haben dürfen, wie so etwas jemals passieren könnte.

Alles, was Sie tun müssen, ist, ausnahmsweise einmal *ungehemmt* zu wünschen und zu wollen.

Sie können willkürlich Symbole aufdecken oder der Reihe nach. Bei jedem Symbol lassen Sie etwas zu sich kommen, zum Beispiel:

«Zeit – ach, ich wünschte, ich hätte mehr Zeit für Entspannung und Kreativität!»

«Raum – ich wünschte, ich würde in einem größeren Haus wohnen, mit großzügigen Räumen und höheren Decken!»

«Landschaft – ich wünschte wirklich, ich könnte den Himmel von meinem Fenster aus sehen.»

Und so weiter.

Es ist eine großartige Erfahrung, sich all das von der Seele zu reden.

Manchmal allerdings stoßen Sie auf Bitten, mit denen Sie weiterarbeiten können oder die Sie einladen, mehr damit anzustellen, sie zu erforschen, sich von ihnen führen zu lassen, wohin sie wollen.

Sie sind gesegnet

Verwenden Sie die Symbole, um Ihr Augenmerk darauf zu richten, wo Sie mit Zeit, Freunden, Geschenken, Artefakten und so weiter gesegnet sind.

Anfangs können Sie von den verdeckten Symbolen eines nach dem anderen ziehen und darüber nachdenken, wie sein Segen aussieht und aussah. Lassen Sie Beispiele, Erinnerungen und Ideen dazu aufkommen, inwiefern Sie in Ihrem Leben in dieser Hinsicht gesegnet waren oder sind.

Arbeiten Sie alle 23 Symbole durch und bedanken Sie sich bei jedem für das, womit Sie gesegnet wurden.

Eine Variante wäre folgender Auftrag:

«Was ist denn eigentlich so großartig an (unserer Firma, meinem Mann, dieser Schule, diesem Team, diesem Produkt und so weiter)?»

Wenn mehrere Menschen dieses Spiel spielen, wird jedes Symbol viele verschiedene Reaktionen von Seiten des Energy Mind der Anwesenden hervorrufen. Doch die Kraft des Positiven summiert sich zu einer erstaunlich motivierenden Erfahrung, die die Meinungen und Herzen und Einstellungen der Menschen in ein paar Minuten grundlegend verändern kann.

Einer für alle

Dieses spezifische Project-Sanctuary-Modell sucht seinesgleichen.

Manchmal stellen sich so viele Probleme, Erinnerungen oder Situationen ein, in denen dasselbe immer und immer wieder passiert, dass wir das Gefühl haben, eine Therapie machen zu müssen, um all das der Reihe nach auflösen zu können.

Große, übergeordnete Probleme mit vielen Komponenten sind perfekt für dieses Modell geeignet. Ein Beispiel: Wenn ein Mann viele Beziehungen mit vielen Frauen hatte, die alle von Missbrauch geprägt waren, bitten wir darum, dass *eine* Beziehung in den Vordergrund tritt, die stellvertretend «für alle» erscheint. Wenn wir heute diese *eine* Beziehung lösten, würde auch der Rest gelöst sein, geheilt, in diesem Augenblick, zur selben Zeit.

«Bring mich an den perfekten Ort in Zeit und Raum, an dem ich dem einen Fall begegne, der für alle steht.»

Auch wenn es viele Beispiele für Missbrauch durch eine einzige Person gibt, bitten wir um einen Fall, der für alle steht.

Wenn jemand zahllose Probleme mit allen möglichen Menschen hat, bitten wir wieder um eines, das für alle steht.

Wenn jemand viele, viele Aspekte hat, die mit einem übergeordneten Problem zu tun haben (wie das oft der Fall ist bei Menschen, die einmal Opfer von Missbrauch wurden und dieser ein Lebensmuster wird), bitten wir darum, dass sich der eine Aspekt, der für alle steht, zeigen möge, sodass wir alle heilen können und alles geheilt wird.

Für eine wirksame geschäftliche Meditation könnte man den «einen Kunden, der für alle steht», aufrufen und ihn treffen, seine Ansichten ermitteln, seine Vorlieben und Abneigungen und sich seine Verbesserungsvorschläge anhören.

Es ist ein machtvolles Modell mit vielen weiteren Anwendungsmöglichkeiten – und das perfekte Beispiel für etwas, das wir bewusst nicht lösen können, dessen Komplexität unser Energy Mind aber sehr wohl zu verarbeiten in der Lage ist. Und das ist eine phantastische Erkenntnis.

Selbsthilfe und persönliche Entwicklung

Lassen Sie mich ein weiteres Mal betonen, dass es bei allen Sanctuary-Spielen um persönliche Entwicklung geht.

Wir suchen persönliche Entwicklung zu erreichen, indem wir

Schwellenverschiebungen als Ergebnis, Ziel und Grund für das Spiel mit den Genius-Symbolen anstreben.

Wenn Sie Therapeut, Zauberer oder Businesscoach sind und für jemand anderen spielen, erfahren Sie auch selbst mehr über diese erstaunlichen Prozesse und erleben unterwegs den Strom neuer Ideen, Geschichten und Visionen. Sie werden als Erster von jeder Schwellenverschiebung profitieren, die sich einstellt.

Es ist sogar eine beeindruckende und erhebende Erfahrung, die Schwellenverschiebung von jemand anderem zu erleben. Gleichgültig also, ob Sie für sich selbst spielen oder anderen Menschen beim Spiel mit den Genius-Symbolen helfen, auch Ihre eigene persönliche Entwicklung ist sozusagen stets inbegriffen und frei Haus.

Dasselbe gilt für alle heilenden Spiele, ob Sie sie nun für sich selbst oder mit anderen spielen, aber natürlich auch für alle kreativen Spiele und überhaupt alles im Sanctuary-Project.

Es gibt einige Spiele, die sehr persönlicher Natur und besonders förderlich für die persönliche Entwicklung sind.

Erwachsenenspiele

Wenn Ihr Sexleben nicht das ist, was es sein könnte, hakt es wohl irgendwo. Es könnte ebenso der Fall sein, dass Ihre Phantasie nicht sehr ausgeprägt ist und nicht so viele Freiräume, Interessen und Erfahrungen zulässt, wie nötig wären, um Sie zu motivieren.

Bevor Sie beschließen, diesen Abschnitt zu überspringen, weil er für Sie persönlich irrelevant ist (Sie sind nicht interessiert an Sex, einer Liebesbeziehung, in dieser Hinsicht rundum glücklich und so weiter), bitte ich Sie, noch einen Augenblick zu warten.

Auf einer strukturellen Ebene sind die Kanäle für sexuelle Energien im Energiekörper extrem einflussreich. Sie wirken sich nicht nur auf den Sex aus, sondern auf alle möglichen anderen Themenbereiche, von Gesundheit bis Reichtum, von Glück bis Erfolg und von Fremdbild bis Selbstbild. Es ist so umfassend, dass man sagen könnte: «Welches Problem auch immer Sie haben, arbeiten Sie erst einmal an Ihren sexuellen Schaltkreisen. Das verändert die ganze Geschichte schon in 95 Prozent der Fälle. Sollte Ihr Problem zu den restlichen 5 Prozent gehören und eine andere Ursache haben, wissen Sie dann wenigstens Bescheid und können anderweitig forschen. Aber 95 Prozent aller Probleme lassen sich im sexuellen Bereich lösen, und wenn sie dort nicht gelöst werden, werden sie *nirgendwo* gelöst …»

All jene unter Ihnen, für die das Thema Sex angstbesetzt ist, irrelevant oder einfach nur abstoßend, können einen vorsichtigen Auftrag formulieren wie etwa:

«Zeig mir etwas, das sexy ist und ebenso dezent wie tiefgründig und das mir heute helfen wird.»

Das Klassische Spiel wird Ihnen eine Geschichte liefern, die – wissen Sie noch? – auf Sie zugeschnitten ist, damit Sie in festgefahrenen Bereichen aller Art etwas Neues lernen, Korrekturen vornehmen und neue Ideen und Impulse entwickeln können.

Bitten Sie um einen neuen Phantasiepartner, mit dem Sie spielen können, bitten Sie um Überraschungen in diesem Zusammenhang, suchen Sie neue Wege zu spielen.

«Bring mich an den perfekten Ort in Zeit und Raum, an dem ich echte Freude am Sex erlebe!»

Viele weitere wunderbare und interessante Geschichten, Ideen, Reisen und Gefühle warten auf Sie.

Wenn Sie in Sachen Sex eher traumatisiert sind – aber auch wenn nicht –, können Sie um einen Freund bitten, der Sie als Ihr persönlicher Führer in diesem Spiel begleitet, um Sex auf eine neue Weise zu erforschen.

Das ist eine besonders faszinierende Erkenntnis, da Ihr Energy Mind Ihnen jemanden schickt, der in Echtzeit und in Übereinstimmung mit allem «berechnet» wird, was Ihr Energy Mind über Sie weiß.

Zunächst formulieren Sie Ihren Auftrag:

«Bring mich an den perfekten Ort in Zeit und Raum, an dem ich meinen neuen Freund treffe, damit er mir hilft, mich sexuell zu entwickeln.»

Spielen Sie das Klassische Spiel, um das richtige Habitat zu finden.

Sobald Sie Ihr Habitat haben, können Sie auf das Kapitel «Erarbeiten Sie zusammen mit Ihrem Energy Mind einen Freund» (S. 51) zurückgreifen, um den richtigen Freund für sich zu erschaffen. Meistens werden Sie jedoch bemerken, dass spontan ein Freund im Habitat auftaucht, auch wenn Sie vielleicht ein wenig suchen müssen, um ihn zu entdecken. Ein kleiner Tipp: Im Sanctuary sind nicht alle Frösche nur Frösche …

Besonders bei einem heißen Eisen wie Sex ist dies eine gute Gelegenheit zu üben, wie man sich im Sanctuary richtig verhält.

Bleiben Sie entspannt, behalten Sie Ihren Stresslevel im Auge und ergreifen Sie geeignete Maßnahmen, um Stress loszulassen und sich zu entspannen. Vergessen Sie nicht: Dies hier sind Ihre Welten, alles hier gehört zu Ihnen und untersteht Ihrem Kommando. Bleiben Sie locker, denken Sie daran, dass dies ein Spiel ist und dass Sie spielen, dass Sie hier zaubern und alles verändern und formen können, und rufen Sie sich vor allem in Erinnerung:

«Es ist alles Energie – und es ist nur Energie.»

Vor diesem Hintergrund fangen Sie einfach an zu spielen!

Ich möchte noch hinzufügen, dass Erwachsenenspiele zu den motivierendsten Visionen zählen. Sie können Ihnen helfen, Ihre autogenen Fähigkeiten zu aktivieren, um im Datenstrom zu neuem Leben zu erwachen und zu sehen, hören, fühlen, riechen, berühren, spüren … und all das in absoluter Klarheit. Ziemlich erstaunlich, nicht wahr?

Mit den Genius-Symbolen spielen

Recht-und-Ordnung-Spiele

Nur wir wissen, was wir getan und welches Unrecht wir begangen haben. In unseren Datenströmen spuken viele Dinge herum, über die wir mit niemandem reden können oder wollen oder an die wir nicht einmal denken möchten. Und doch müssen sie aufgelöst werden.

Manchmal ist Vergebung nötig, Sühne – irgendetwas, das diese Vorfälle und Ereignisse aus dem Weg schafft, damit wir frei, klar und rein in die Zukunft gehen können.

«Zeig mir etwas, das meine Schuld in Bezug auf X tilgen hilft.»

Dies wird Ihnen Gelegenheit geben, mit Dingen, Geschehnissen und Entscheidungen ins Reine zu kommen, und Ihnen wenn schon nicht die vollkommene Absolution, so doch wenigstens wieder einen Vorwärtsimpuls schenken.

Es ist immens erleichternd, diese Themen allein schon aufs Tapet zu bringen und Ihre Freunde, höhere Mächte, sich selbst um Hilfe zu bitten.

Dann gibt es da noch die andere Seite der Recht-und-Ordnung-Spiele, nämlich dass Sie im Sanctuary die Möglichkeit haben, Menschen, die Sie im «echten» Leben nicht belangen können, ihrer gerechten Strafe zuzuführen.

Es liegt bei Ihnen, ob Sie das als Selbstjustiz aufziehen oder im Sanctuary einen ganzen Prozess durchspielen möchten, um zu einer Lösung zu kommen.

Die Systeme des menschlichen Körpers und des menschlichen Geistes sind extrem logisch, extrem gerecht – im Universum existieren wahres Recht und wahre Ordnung, und niemand kann die universellen Gesetze brechen, die allem zugrunde liegen. Durch Recht-und-Ordnung-Spiele im Sanctuary können wir diesen wichtigen Sinn für Gerechtigkeit zurückgewinnen, wenn er in unserem Umgang mit anderen Menschen verlorengegangen ist. Und die Rückgewinnung dieses Sinns für Gerechtigkeit ist eine Entwicklung mit Auswirkungen auf vielen verschiedenen Ebenen.

Fragespiele

Ich beobachtete einmal jemanden, der Minderwertigkeitskomplexe hatte. Er sagte und dachte fortwährend: «Ich bin dumm», «Ich bin zu nichts nutze», «Ich bin hässlich», «Ich bin nicht klug genug», «Ich bin faul», «Ich bin reine Platzverschwendung» und so weiter und verhielt sich auch danach.

Nach einer Weile dachte ich: Das hört ja gar nicht mehr auf, woher kommt das denn? All das entsprang einer einzigen Frage, die allem zugrunde lag: «Warum hat mich meine Mutter als Baby weggegeben?»

All seine Selbstaussagen waren nichts weiter als Antworten auf diese eine Frage. Entfernt man die Frage, so verschwinden auch die Antworten. Oder man ersetzt die Frage, um andere Antworten zu erhalten, zum Beispiel durch: «Warum mögen mich so viele Leute so gern?» Spielen Sie diesen Auftrag durch, stellen Sie jedem einzelnen der 23 Symbole diese Frage und finden Sie für sich selbst heraus, wie sich das auf Ihr Selbstwertgefühl und Ihr Selbstbild auswirkt.

«Schenk mir eine neue Frage, vielleicht die richtige Frage, die wichtigste Frage, die zentralste Frage, die Frage, die noch nie gestellt wurde, aber wenn sie gestellt worden wäre, dann hätte sie so viel beantwortet ...»

«Schenk mir eine Frage, die ich heute stellen sollte.» Dieser Auftrag wird Ihnen eine Menge beibringen, wenn Sie ihn für jedes der 23 Symbole durchspielen. Aufträge zu formulieren hat indirekt ebenfalls mit der Kunst des Fragestellens zu tun. Vorher müssen wir uns nämlich Fragen stellen, auf die nur unser Energy Mind eine Antwort kennt: «Was ist die Tageszeit? Was ist die Jahreszeit? Wie ist das Wetter? Was ist hier sonst noch wichtig?»

Fragespiele sind wirklich zu jedem Thema interessant. Sie eröffnen oft den Zugang zu einem ganz neuen Bereich von Ressourcen, Ideen und Inspirationen und führen auch zu neuen Ereignissen im echten Leben.

Affirmationen und die Genius-Symbole

Die 23 Genius-Symbole geben uns die Möglichkeit, einem Ereignis viel mehr abzugewinnen, indem wir sie einsetzen, als wenn wir nur vage darüber nachdächten, bevor wir wieder zum Alltagsgeschäft zurückkehren …

Das hat zum Teil mit der Tatsache zu tun, dass es 23 Symbole sind, und das sind viel mehr Antworten, als die meisten Leute ihrem Energy Mind in einer einzigen Sitzung abverlangen würden – sei es nun, indem sie um Ideen bitten oder um Segnungen oder in diesem Fall um Affirmationen.

Dass durch den Gebrauch der Symbole Ereignisse geschaffen werden, ist auch der Tatsache zuzuschreiben, dass die Energie kontinuierlich wächst, während Sie ein Symbol dem anderen hinzufügen.

Insgesamt macht dies die ganze Erfahrung viel reicher, kraftvoller und «lauter», sodass sie von allen Beteiligten durch alle Ebenen und Schichten hindurch gehört wird und nicht zuletzt auch von Ihrem eigenen Ich und Ihrem Energy Mind.

Indem wir die Symbole anwenden, zeigen wir deutlich, dass wir etwas tun wollen, um die Welt zu verändern. Und das ist nicht nur ein Gedankenspiel, sondern wir möchten, dass etwas ganz real geschieht.

Diese Voraussetzung ist jedes Mal gegeben, wenn Sie Ihr eigenes Genius-Symbole-Set auspacken. Und für Affirmationen ist dies der bestmögliche Start und das bestmögliche Sprungbrett hinauf zu jenen Mächten, die diese Affirmationen Wirklichkeit werden lassen.

Da die Affirmationen in diesem Fall in der Echtzeit formuliert werden und von innen kommen – mit der ganzen Inbrunst, die Ihnen möglich ist –, während Sie die Realität beschreiben und sagen, wie Sie sie haben möchten, sind sie viel, viel wirkmächtiger, als sie es wären, wenn Sie sie von einem Notizzettel oder – noch schlimmer – wenn Sie die Affirmationen eines anderen Menschen anstelle Ihrer eigenen ablesen würden.

Natürlich hat es noch einen Vorteil, in Sachen Affirmationen die Genius-Symbole heranzuziehen – es erlaubt Ihnen nämlich, in Verbindung mit Ihrem Energy Mind Affirmationen zu schaffen, die nachklingen und kraftvoll sind und die (was am wichtigsten ist) von Ihnen beiden abgesegnet wurden.

Es ist ganz einfach. Formulieren Sie Ihren Auftrag:

«Schenk mir heute die wirksamsten Affirmationen, die ich mir jemals ausgedacht habe.»

Dann nehmen Sie ein Symbol nach dem anderen auf, halten es in der Hand, an Ihr Herz oder Ihr drittes Auge – wonach auch immer Sie sich gerade fühlen – und lassen eine aufrichtige, kraftvolle, bewegende Affirmation zu sich kommen.

«Die Zeit ist mein Freund.»

«Ich habe den Raum, den ich mir immer gewünscht habe und den ich brauche, um mein Potenzial in jeglicher Hinsicht entfalten zu können.»

«Mir gehört all das Land.»

«Die Pflanzen lieben mich und helfen mir und heilen mich – immer.»

«Wunder und Geschenke fließen mir nun ungehindert zu.»

«Ich diene nicht länger meinen Artefakten, sondern meine Artefakte dienen mir …»

Sobald Sie sich nur ein wenig mit den Symbolen auskennen,

werden die Einfälle zu Ihnen kommen, und die Worte werden folgen.

Sprechen Sie sie wie immer laut aus.

Erlauben Sie sich, emotional zu werden – aufgeregt, positiv gestimmt, sehnsüchtig, herzlich, ehrlich, mitschwingend.

Lassen Sie Ihre Affirmationen erschallen, lassen Sie Ihre Worte Glocken sein, die durch das ganze Universum läuten.

Es ist eine ganz eigene, phantastische Erfahrung. Indem die Symbole als Tore zu den höheren Mächten dienen und indem Sie Ihren Affirmationen den entsprechenden emotionalen / energetischen Nachdruck verleihen, ist es gut möglich, dass die Affirmationen für Sie zu arbeiten beginnen und sich in Ihrem Leben manifestieren, wie sie es noch nie zuvor konnten.

Dies empfiehlt sich auch als tägliche Routine, damit Sie besser und besser in der Arbeit mit Affirmationen werden und auf diese Weise eine echte und ziemlich magische Lebenstüchtigkeit erlernen.

Um eine Schwellenverschiebung spielen

Im Wesentlichen spielen wir immer um Schwellenverschiebungen – aus diesem Grund spielen wir ja Project Sanctuary.

Indem Sie jedoch den Auftrag formulieren, dass Sie um eine Schwellenverschiebung in einem bestimmten Bereich Ihres Lebens bitten, gehen Sie ganz direkt vor, und dadurch können und werden erstaunliche Dinge geschehen.

Zunächst ist etwas ziemlich Magisches an der Entscheidung, dass «etwas im Hinblick auf X unternommen werden» muss. Es zeigt, dass Sie sich eines Problems bewusst geworden sind, und nun aktivieren Sie die gewaltigen Ressourcen von Sanctuary, um es zu lösen.

Sie können ganz konkret werden, wenn Sie um eine Schwellenverschiebung bitten, indem Sie zum Beispiel auf eine bestimmte

Verhaltensweise abheben, einen einzelnen Vorfall oder etwas, das Sie verstört oder das Sie nicht verstehen.

Sie werden allerdings sehen, dass Schwellenverschiebungen eine immense Informationsdichte innewohnt und Sie viel, viel mehr erhalten, als Sie ursprünglich erwartet oder erbeten haben. Denn die Veränderungen, die Sie in Verbindung mit dem Energy Mind und Ihren höchsten Aspekten vornehmen, werden – wie auch immer sie geartet sein mögen – Ihnen zeigen, dass das, worüber Sie sich Sorgen machten, wahrscheinlich nur die Spitze des Eisbergs ist.

«Bring mich an den perfekten Ort in Zeit und Raum, an dem ich eine wirkmächtige Schwellenverschiebung zum Thema X erleben werde.»

Um einen Aspekt spielen

Ich entdeckte diese interessante kleine Variante im Spiel mit den Genius-Symbolen eines Tages, als ich ein wenig Zeit und die Symbole zur Hand hatte, aber nicht so recht wusste, was ich mit ihnen anfangen wollte.

Da ich gerade am Küchentisch saß, war es leicht, mir ein Gegenüber vorzustellen, auf der anderen Seite des Tischs, dort, wo üblicherweise der Fragesteller sitzt, etwa beim Kartenlesen.

Ich sah die andere Silvia an und fragte: «Wobei brauchst du heute Hilfe?» Und sie antwortete: «Ich hätte gern, dass mir jemand hilft, meine magischen Fähigkeiten von Blockaden zu befreien.»

Ha! Ein Auftrag!

Wir konnten uns an die Arbeit machen … und das taten wir, und es war eine wirklich erstaunliche Erfahrung, die zu einem lange vergessenen Aspekt führte, welcher in jungen Jahren traumatische Erfahrungen mit Visionen hatte und welchen wir auf bemerkenswerte Weise heilen und unterstützen konnten.

Seitdem ich diese Methode gefunden habe, mit mir als Gegenüber zu spielen, hatte ich wunderbare Erfahrungen und Ergebnisse.

Auf den Stuhl des Fragenden, auf der anderen Seite des Tisches, können Sie verschiedene Aspekte Ihrer selbst, Ihr Ich, einen toten oder lebenden Angehörigen platzieren; sogar ein Freund oder einer Ihrer Helden könnte auf diesem Stuhl sitzen, Ihnen eine Frage stellen und den Auftrag erteilen oder den Impuls für die Idee für einen Auftrag liefern.

Diese Methode können Sie auch in der Arbeit mit Seelenpiloten anwenden oder wenn Sie irgendeinen Fragesteller einladen wollen, der an diesem Tag Ihrer Hilfe bedarf, wenn Sie den Mut dazu haben.

Denken Sie daran, dass Sie jedes Mal, wenn Sie das Spiel in Raum und Zeit spielen, besser werden.

Sie gewinnen immer dabei, und Sie lernen immer dabei.

Ich empfehle Ihnen nachdrücklich, wenigstens einmal täglich zu spielen – tun Sie das eine Woche oder einen Monat lang, und Sie werden verblüfft über die Resultate sein, die es Ihnen bringt.

Beziehungsspiele

Beziehungen sind kompliziert und sagen viel über uns selbst aus. Deshalb sind viele Menschen in Bezug auf ihre Beziehungen anderen gegenüber nicht aufrichtig, nicht einmal in einer intensiven Therapie oder dem Priester ihres Vertrauens gegenüber.

Bei der Arbeit mit den Symbolen dürfen wir ehrlich sein und die Wahrheit über Aspekte sagen, die wir normalerweise niemand anderem zeigen.

«Schenk mir heute etwas, das mir meine Beziehung zu X verbessern hilft.»

Beachten Sie, dass diese Formulierung des Auftrags nicht nur auf eine Person abzielt, sondern genauso für ein Drogenproblem, eine Obsession, einen Fetisch, ja sogar eine Allergie gilt.

Ehrlich das Problem in einer Beziehung bekennen zu können – und ausnahmsweise, ohne dass jemand darüber zu Gericht sitzt, ob Sie auch aufrichtig genug sind –, ist ein wahres Gottesgeschenk und bietet unerhörte Gelegenheiten zur Selbstheilung in einem absolut privaten und geschützten Raum.

«Was kann ich tun, um die Beziehung zu X zu verbessern?»

Ein wichtiger Aspekt der 23 Genius-Symbole ist, dass sie Ihnen 23 verschiedene Blickwinkel auf ein und dasselbe Problem oder auf ein und dieselbe Situation zeigen können. Sie können sie sich wie 23 verschiedene Linsen vorstellen, die dasselbe Objekt in einem jeweils anderen Licht betrachten; und wenn Sie alle zusammenfügen, ergibt sich ein viel größeres Bild, das mehr als die Summe seiner Teile ist.

Dies ist die wahre, vereinte Kraft der 23 Symbole. Und wenn Sie wirklich Ihre Meinung über jemanden oder etwas ändern wollen, wird es diese Menge an Zusatzinformation bewirken, so viel ist sicher.

«Bring mich an den perfekten Ort in Zeit und Raum, an dem ich und X unsere Beziehung weiterentwickeln können.»

Dies ist eine autogene Funktion des Klassischen Spiels. Sie werden X im Sanctuary treffen, und das Habitat, das Sie für sich selbst finden, wird Ihnen beiden gestatten, mehr übereinander zu erfahren und Ihre Beziehung zu einer Schwellenverschiebung zu bringen.

Das ist eine wirklich phantastische Erfahrung und überhaupt nicht «schwer» – besonders, wenn Sie ruhig bleiben und daran denken, dass alles Energie ist und Sie die Macht haben, alles, was Ihnen begegnet, zu verändern und zu verwandeln.

Nicht nur, dass Sie die Macht dazu haben – es ist Ihre Pflicht als bewusstes Ich, die Veränderungen vorzunehmen, die notwendig sind. Der Energy Mind kann diese Entscheidungen nicht für Sie treffen; aber er wird mit Ihnen zusammenarbeiten, um Ihnen zu zeigen, ob Ihre Entscheidungen nützlich sind oder nicht. Das wird sich in den Gefühlen zeigen, die Sie haben, und daran, ob Sie auf eine Schwellenverschiebung zusteuern oder sich von ihr entfernen. Sie spüren es in Ihrem Körper, in Ihren Gefühlen; Sie wissen, wann es «wärmer» wird, wie beim Topfschlagen, oder aber «kälter».

Merken Sie sich alle Themen oder Spielvorschläge, die Sie für «zu schwer» oder «zu fortgeschritten» halten oder bei denen Sie denken: «Das könnte ich *nie*!»

Damit reden Sie magisches Versagen herbei. All das ist einfach, leicht und letzten Endes auch wieder nur Energie.

«Bring mich an den perfekten Ort in Zeit und Raum, an dem ich Xs höheres Selbst treffe.»

Beziehungsberatung muss im Sanctuary nicht auf das Kopieren irgendeiner Therapie beschränkt bleiben. Sich an die höheren Aspekte eines anderen Menschen oder Wesens zu wenden, ist lehrreich und führt zu gewaltigen Schwellenverschiebungen, die sich auch auf das «echte» Leben auswirken und dort ebenfalls Veränderungen erreichen.

Manchmal sage ich zu Menschen, die mich nerven: «Ich habe Kontakt mit deinem höheren Selbst aufgenommen. Du wirst bald von ihm hören.»

Erzählen Sie Ihre Geschichte

Dies ist ein absolut faszinierendes Spiel, in dem Sie – anstatt eine neue Geschichte zu erhalten – Ihrem Energy Mind mit Hilfe der Symbole eine alte Geschichte erzählen. Ein Beispiel:

Wenn Sie im Alter von zwölf Jahren im New Yorker Central Park überfallen wurden, würden Sie das Symbol für Zeit nehmen, es vor sich hinlegen und sagen: «Es war kurz nach zehn Uhr abends. Die Kinovorstellung war gerade zu Ende.»

Nehmen Sie das Symbol für Wetter und fahren Sie fort: «Es war ein kalter Novemberabend, sehr klar, man sah die Sterne.»

Nehmen Sie das Symbol für Landschaft: «Ich ging eine von hohen Gebäuden gesäumte Straße entlang. Vor mir lag der Eingang zum Park.»

Nehmen Sie das Symbol für Pflanze: «Die Bäume waren kahl, aber der Abendwind raschelte in den Büschen …»

Arbeiten Sie alle Symbole ab, bis die ganze Geschichte erzählt ist.

Das ist eine wirklich außergewöhnliche Erfahrung, die die Dinge völlig auf den Kopf stellt, und zwar dergestalt, dass ich es hier für Sie nicht in Worte fassen kann. Sie müssen es selbst ausprobieren, um zu verstehen, was es bewirkt.

An sich ist das schon ein großartiges Spiel. Aber nun, da die Geschichte vor Ihnen ausgebreitet ist, ist sie eine echte Projekt-Sanctuary-Geschichte geworden, und Sie können sie verändern.

Sie können fragen: «Was soll ich als Erstes tun, um sie zu verändern?» Lassen Sie sich zu einem Symbol führen, das Ihnen in die Augen springt.

Wenn die Geschichte verändert wurde, ist alles vollkommen anders geworden.

Ein visionäres Ziel definieren

Wie in «Erzählen Sie Ihre Geschichte» verwenden wir hier die Symbole, um ein Ziel oder eine Vision zu definieren.

Das ist sehr praktisch, da wir dem Energy Mind sagen, was wir wollen, und zwar auf eine Art, die er versteht – was zuvor noch sehr schwierig war.

Ziele können natürlich in verschiedenen Zusammenhängen stehen. Sie werden das in den Auftrag für die Sitzung aufnehmen, etwa, indem Sie laut sagen: «In dieser Sitzung geht es um meine Ziele Wohlstand und Reichtum.»

Lehnen Sie sich zurück und denken Sie einen Augenblick lang an eine Szene oder Vision, in der Sie Reichtum im weitestmöglichen Sinn erlangten; das schließt materiellen Reichtum ausdrücklich ein.

Sagen wir, Sie folgen der weitverbreiteten Vorstellung von Reichtum und malen sich aus, wie Sie Champagner auf einer Yacht trinken und von einem gutaussehenden Angestellten massiert werden, während Sie dort sind.

Fangen Sie mit den Rahmenbedingungen an und beschreiben Sie Ihrem Energy Mind die Szene, indem Sie auf die Symbole des Klassischen Spiels zurückgreifen plus alle möglichen anderen, die dazu beitragen, die Szene lebendig und zu einem echten Habitat werden zu lassen.

Die Tageszeit ist kurz vor dem Mittagessen. Das Wetter ist schön. Die Landschaft ist das Meer vor einer tropischen Insel voller Regenwald. Die Behausung ist in diesem Fall die Yacht. Die anderen Menschen sind der Kapitän und der leicht bekleidete Masseur. Das Artefakt ist ein funkelnder Kristallkelch voll des teuersten Champagners auf Erden, der nach Trauben duftet und auf Ihrer Zunge prickelt … und so weiter.

Die Genius-Symbole geben Ihnen Gelegenheit, diese Zielvision nicht nur sehr real zu gestalten, sondern auch, Details hinzuzufügen und vor allem höhere Einflüsse, die oft fehlen, wenn man sich normalerweise ein Ziel setzt. Dazu gehört die Anwesenheit Ihrer Ahnen, die Sie unterstützen und in Übereinstimmung mit den höheren Mächten des Universums handeln und so weiter.

Wenn Sie das 08/15-Zielbild der Yacht und des ganzen Drumherums zu einem eigenen Habitat ausweiten, in dem Sie sich bewegen und autogene Erfahrungen machen, können Sie viele Dinge damit anstellen.

Zum Beispiel können Sie sich in Ihr Ziel hineinbegeben und darin eine Weile lang leben.

Möchten Sie wirklich den ganzen Tag auf der Yacht verbringen? Werden Sie sich langweilen? Werden Sie Ihre Freunde und Familie zu Hause vermissen oder vielleicht das Kino in der Stadt?

Diese und viele andere Fragen finden nun eine Antwort.

Aber das ist nicht alles.

Im Sanctuary sind Sie nicht allein.

Ihr Energy Mind ist auch da, und er kann und wird querschießen, wenn er nicht mit Ihrem Ziel einverstanden ist, wenn er es aus irgendeinem Grund nicht leiden kann.

Zum Beispiel könnten Sie entdecken, dass ein Tsunami heranrollt und das Boot umwirft. Sie werden an eine einsame Insel gespült, die nur aus scharfen, öden Felsen ohne jegliche Vegetation besteht und über der hässliche Vögel kreischen, die man nicht essen kann.

Nun mögen Sie enttäuscht sein – doch Tatsache ist, dass die Yachtvision niemals Wirklichkeit wird, wenn der Energy Mind nicht mit von der Partie ist!

Viele Leute verbringen ein ganzes Leben damit, den falschen Zielen nachzujagen und sich zu fragen, warum sie sie nie erreichen, warum es sich immer und immer wieder so anfühlt, als würden sie ohne jede Hilfe einen Felsbrocken den Berg hinauf rollen, warum sie sich selbst sabotieren oder warum sie nie Glück haben, wenn die große Chance kommt …

Ohne unseren Energy Mind wird sich kein Ziel verwirklichen lassen – so einfach ist es. Schauen Sie sich das Schicksal der meisten Lottogewinner an; solange der Energy Mind nicht mit von der Partie ist, wird diese Realität des unerwarteten Geldsegens ausgehöhlt, ganz buchstäblich, als wäre sie nichts weiter als ein unbeständiges Sanctuary-Konstrukt, aus Energie geschaffen, die zerfällt.

Es ist faszinierend zu beobachten, wie das vor sich geht.

Wenn Sie erkennen, dass Ihr phantasiertes, erträumtes Zielhabitat in die Brüche geht, vom Energy Mind sabotiert oder zerstört wird, müssen Sie sich noch einmal ans Reißbrett begeben und einen neuen Traum, ein neues Ziel erfinden.

«Schenk mir den perfekten Ort in Zeit und Raum, der mein perfektes Ziel werden kann, welches mich zu Höchstleistungen anspornt.»

Hier müssen wir uns in Erinnerung rufen, dass der bewusste Geist und der Energy Mind gleichwertige Partner im größten Spiel auf Erden sind.

Wenn Ihr Energy Mind Ihnen als neue Zielvision eine trostlose, karge Klosterzelle mit einem verschimmelten Stück Brot und zwei Kakerlaken als Gesellschaft vorführt, haben Sie jedes Recht, sich dagegen zu wehren, sich dem zu entziehen und das ganze Kloster in die Luft zu jagen.

Das wird dem Energy Mind sagen, dass es Ihnen nicht gefallen hat, genauso, wie der Energy Mind Ihnen durch den Tsunami vermittelt hat, dass ihm die Yachtvision nicht gefallen hat.

Sie müssen also dranbleiben. Die Beispiele, die ich eben anführte, sind notwendigerweise extrem gehalten und ganz offensichtlich beide abwegig. Sie werden herausfinden, dass Sie und Ihr Energy Mind sich mit ein wenig Geben und Nehmen und einigen Korrekturen hier und dort schließlich auf ein Ziel einigen werden.

Vielleicht können Sie der Insel einen Hafen geben mit einem benachbarten Flughafen, sodass Sie der Yacht und der Insel, aber auch anderen Orten einen Besuch abstatten können, etwa dem Pflegeheim Ihres betagten Vaters an seinem Geburtstag. Solch eine Korrektur würde im Gegenzug möglicherweise den Energy Mind dazu veranlassen, den Tsunami zu einem Sturm zu reduzieren, der die Yacht vom Kurs abbringt und sie nicht vollkommen zerstört, sondern nur an die Gestade einer verlassenen Insel treibt.

Das ist schon etwas besser, und doch wurde noch keine Einigung erzielt. Vielleicht kommen Sie zu einer neuen Ansicht: Wenn Ihr betagter Vater ebenfalls auf der Insel lebte, und zwar in einem luxuriösen Pflegeheim, und Sie ihn einmal pro Woche statt einmal im Jahr besuchen könnten, gäbe es überhaupt keinen Sturm, das Ziel bleibt, wie es ist, die Sonne scheint, und es ist vielleicht sogar ein Regenbogen über dem glitzernden, türkisfarbenen Meer zu sehen …

Und wir haben den Grund erfahren, warum das Yachtziel allein nicht motivierend genug war und was damit nicht stimmte. Außerdem haben wir gelernt, was korrigiert werden musste, sodass jeder Teil von Ihnen es als Ziel akzeptieren konnte.

Es ist faszinierend, mit dem Energy Mind auf diese Art und Weise zu tanzen.

Wenn wir das tun, erhalten wir bestimmte Lösungen und Antworten, die so tiefgründig sind, so weise, so erstaunlich und schön, dass es uns wirklich den Atem verschlägt und uns mit der Frage zurücklässt, wie wir das sonst hätten lernen, wie wir sonst die Wahrheit darüber hätten herausfinden sollen.

Gute Ziele zu finden, auf die man hinarbeiten kann, ist sehr motivierend; es ist auf vielen Ebenen auch sehr wirkmächtig.

Wenn Sie ein Ziel entwickeln, das allen Ihren Teilen gefällt, sodass kein Widerstand übrig bleibt und Ihr bewusster Verstand wie Ihr Energy Mind im Einklang sind, werden Sie als Allererstes eine wunderbare Schwellenverschiebung erleben. Sie werden sich selbst in einem Moment der Erleuchtung so viel besser verstehen lernen und die Körperempfindungen spüren, die dem entsprechen. Als Nächstes verschwinden Chaos, Konflikte und die bereits erwähnte Selbstsabotage zu großen Teilen aus Ihrem Leben.

Es wird leichter, es läuft glatter. Glück und Synchronizität unterstützen Ihre Bemühungen, und es hat den Anschein, als würden unsichtbare Hände helfen und Sie auf dem Weg führen.

So würde es sich auswirken, wenn Sie beide – Sie und Ihr Energy

Mind – auf derselben Seite stünden und auf dieselben Ziele hinarbeiteten.

Sollten Sie mutlos werden, so stimmen Sie sich erneut auf Ihr gemeinsames Ziel ein – es wird Sie nachhaltig motivieren und ein Eigenleben entwickeln. Dieses neue Ziel hat noch eine weitere Besonderheit: Es wird mit Ihnen wachsen, sich verwandeln und verändern, während Sie selbst wachsen. Auf diese Weise wird das neue Ziel seine Bedeutung nicht verlieren und eine Tatsache in Ihrem Leben werden – von dem Moment an, da die Schwellenverschiebung eintritt, und lange, bevor es sich materiell manifestiert.

Und es ist jede Mühe wert – je eher, desto besser!

Kreativität

Wo sollen wir anfangen?

Project Sanctuary ist intelligente, unendliche Kreativität per se – doch Sie können ihr eine weitere Dimension hinzufügen, indem Sie Aufträge formulieren.

Dies überträgt Ihnen die absolute Verantwortung für Ihre Kreativität; es macht die höchsten, visionärsten Formen von Kreativität für *jeden* Menschen, der in der Lage ist, diese Worte zu lesen, verlässlich und zugänglich.

Freuen Sie sich darüber, wenn Sie mit den Genius-Symbolen spielen, um mühelos Ihre eigene echte und erstaunliche Kreativität fließen zu lassen.

Geschichten

«Schenk mir die Geschichte, die mir hilft, die Probleme mit X zu überwinden.»

«Schenk mir eine Geschichte für X, die ihm / ihr bei ihrem Problem Y helfen wird.»

«Schenk mir für einen fünfjährigen Jungen, der sexuell missbraucht wurde, die perfekte Geschichte, die ihm helfen wird, gesund zu werden.»

«Schenk mir eine neue Geschichte, die eine Wildwestgeschichte für ein Drehbuch ist.»

«Schenk mir die richtige Geschichte, die ich dem Publikum erzählen kann, sodass es mich verstehen wird.»

«Schenk mir eine coole Geschichte, aus der ich ein Computerspiel machen kann, das sich wie geschnitten Brot verkauft.»

«Schenk mir eine Geschichte, die mir hilft, diesen Verkaufsbericht zu schreiben.»

«Schenk mir eine Geschichte für diesen neuen TV-Werbespot.»

«Schenk mir eine Geschichte, die den Schlüssel enthält, damit ich X verstehen kann.»

«Schenk mir eine Geschichte, um meine Bindung an X zu vertiefen.»

«Schenk mir eine Geschichte, die mir heute etwas Wichtiges beibringt.»

«Schenk mir eine Geschichte, die ich meinem 12 Jahre alten Aspekt erzählen kann, damit er X überwindet.»

«Schenk mir die perfekte Geschichte, die ich diesem Menschen hier und jetzt erzählen kann.»

«Schenk mir eine Geschichte, die mir beim Einschlafen helfen wird.»

«Schenk mir 23 Geschichten für mein neues Märchenbuch, eine für jedes Symbol.»

«Schenk mir eine Geschichte, die mein Leben verändern wird.»

So zahllos wie die Aufträge sind auch die Geschichten ...

Lassen Sie sich von mir ermutigen, «in Geschichten zu denken», wenn Sie Anfänger oder nicht vertraut mit dem Begriff der «Geschichte» sind oder wenn Sie zu jenen Menschen gehören, denen man gesagt hat, dass nur Fakten zählen und Geschichten nichts wert oder Lügen sind.

Buchstäblich allem wohnt eine Geschichte inne.

Es gibt kurze Geschichten wie die über das Leben einer Fliege, das nur einen Tag lang dauert. Und es gibt lange Geschichten wie die der Erde von allem Anbeginn an, mit vielen Kapiteln, die wiederum jedes für sich genommen Geschichten sind.

Allem wohnt eine Geschichte inne, und alles im Universum erzählt eine Geschichte.

Selbst «Fakten» erzählen Geschichten.

Eine Geschichte ist eine Abfolge von Momenten in der Zeit, einer nach dem anderen; und all diese Geschichten über alles, was es gibt, sind miteinander verflochten.

Geschichten fließen und sind immens reich an Informationen. Man könnte sagen, dass uns nur die Geschichte wirklich alles erzählt, was wir über etwas wissen müssen. Eine isolierte Gleichung hat keine große Bedeutung; wenn Sie aber weitere Gleichungen hinzufügen, fügen Sie auch Information hinzu. Und erst, wenn Sie die Geschichte darüber hinzufügen, woher diese Gleichungen kamen, wer sie aufstellte und wozu sie gebraucht werden, können sich die «großen Zusammenhänge» zeigen, und die wahre Geschichte kann erzählt werden.

Der Energy Mind wirkt in und durch Geschichten – unserem Datenstrom, unseren Energieströmen, die reich und dicht an Informationen sind.

Wir Menschen sind dazu geschaffen, durch Geschichten zu lernen und zu kommunizieren, selbst wenn diese Geschichten abgekürzt wurden zu einem kurzen Wort – wie etwa dem Wort «Katze». Hinter diesem Wort finden sich eine Million Geschichten und mehr, über Lebewesen, die sich bewegen, entwickeln, mit ihrer Umgebung in Beziehung treten, von irgendwo gekommen sind und irgendwohin gehen.

Wenn uns hier der Energy Mind nicht zu Hilfe kommt, sind diese Geschichten zu komplex, zu informationsbeladen, zu verflochten. Das ist auch der Grund, warum wir bewusst begonnen haben, die Realität zu reduzieren und in Häppchen zu schneiden in der Hoffnung, den Informationsüberfluss so überschaubar zu machen.

Wenn der Energy Mind mit von der Partie ist, bekommen Geschichten einen Sinn. Tatsächlich sind sie die einzige Möglichkeit, überhaupt etwas richtig zu verstehen.

Wenn ich Ihnen also eine Geschichte erzähle oder Sie bitte, eine Geschichte zu erzählen, sollten Sie daran denken, nicht in einen Zustand simplifizierenden, unrealistischen, kindlichen Denkens zurückzufallen, sondern voranzuschreiten in die komplexeste, schönste und informativste Denkumgebung, die die Menschheit kennt.

Wenn Sie sich in der Welt der Geschichten wohlfühlen können, können Sie sich auch in jeder Denkanstrengung wohlfühlen, die im Vergleich dazu zur Bedeutungslosigkeit verblasst.

Geschichten sind auch logisch, und sobald Sie das für sich erkennen und Geschichten überall zu entdecken beginnen, wird die Welt nie wieder die gleiche sein, und das wahre Potenzial unseres natürlichen, existierenden Genies enthüllt sich.

Also erfinden Sie Geschichten. Leben Sie Geschichten. Benutzen Sie Geschichten als die komplexen, eleganten und verblüffenden Werkzeuge, die sie sind und die uns in jedem Bereich, zu jeder Zeit, in jeder Situation, einfach überall bei der Entwicklung helfen.

Eine persönliche Anmerkung sei mir gestattet: Ich hege die Hoffnung, dass mehr Menschen den Zugang zu ihrem eigenen Energy Mind finden und Geschichten von dort zurückbringen mögen, neue Geschichten, aus denen Filme und Bücher werden, Lieder und Theaterstücke, Artikel, Fakten und Wissenschaften, die uns alle begeistern, erfreuen und bereichern.

«Bessere Geschichten»

In alten Zeiten pflegten Geschichtenerzähler, sobald sie ihre Geschichte beendet hatten, den «Staffelstab» an den nächsten zu übergeben, indem sie ihn aufforderten, eine noch bessere Geschichte zu erzählen.

Natürlich war das eine Art Kampfansage und ist heute wie auch damals in unserem Spiel dazu da, neue Ressourcen zu erschließen und unsere Fähigkeit zu erweitern, einfach «bessere» Geschichten zu erzählen – wie auch immer Sie sie definieren mögen.

Reichhaltigere, längere, knappere Geschichten; aussagekräftigere, spannendere Geschichten; informativere Geschichten und solche, die mehr und kraftvollere Schwellenverschiebungen enthalten; für das Publikum anwendbarere, verkäuflichere, einträglichere Geschichten – was sind «bessere Geschichten» für Sie?

Sie können es dabei belassen, generell einfach um eine bessere Geschichte zu bitten, wie es die alten Geschichtenerzähler taten. Vielleicht stellen sich dann Verbesserungen ein, die Sie nicht erwartet hatten und um die zu bitten Sie nicht einmal im Sinn hatten.

Zeitspiele und Zeitgeschichten

Ich weiß noch nicht, woran es liegt, dass der Rest der Geschichte sich ganz mühelos ergibt, sobald man den Zeitrahmen festgelegt hat. Und es spielt natürlich auch keine Rolle, da wir ja an dieser Stelle eher an den Geschichten interessiert sind, den Schwellenverschiebungen und ihren praktischen Ergebnissen als an der Theorie dahinter.

Im Märchen werden Zeit und Raum durch die Formel «Es war einmal in einem weit entfernten Königreich» definiert.

Wenn Sie Ihre Geschichte mit Hilfe der Symbole dorthin verlegen und Zeit und Raum entsprechend feststecken, begeben Sie sich auf die Märchenebene, in einen Bereich außerhalb von Zeit und Raum, wo sehr metaphorische Dinge geschehen.

Im Project Sanctuary kennen Sie auch den Ort und das gesamte Habitat, sobald die Zeit – die Tageszeit und Jahreszeit, wenn auf der Erde gespielt wird – bestimmt ist.

Es ist also möglich, die Geschichte über den Aspekt Zeit zu steuern.

Sie können das Symbol für Zeit aufdecken und nach Belieben einen Zeitpunkt wählen, als würden Sie eine Zeitmaschine programmieren, um sich in die gewünschte Zeit zu begeben.

Es kann sich dabei um ein futuristisches Science-Fiction-Szenario handeln, ein reales Datum in der Geschichte dieses Planeten, um ein eher pauschales Zeitalter wie etwa das Mittelalter oder die Zeit der Römer, oder es kann ein ganz bestimmtes Datum aus Ihrer eigenen Erinnerung sein oder der eines anderen Menschen.

Diese Vorgehensweise ist nützlich und wirklich interessant für jede Art von Geschichte, von einer Wildwest-Fernsehserie bis hin zu einem Science-Fiction-Roman, einer Gedächtnisauffrischung im Rahmen eines Gerichtsprozesses, einer medialen Sitzung oder einer Meditation über die magischen Zeremonien der alten Ägypter, über die Sie mehr herausfinden wollen.

Die Fähigkeit, die Geschichte von der Zeitdimension her präzise zu steuern, verleiht Ihnen Kontrolle und Flexibilität in Bezug auf Ihre Visionen und erleichtert es Ihnen ungemein, mit Ihren Geschichten und Anfragen herausragende Ergebnisse zu erzielen.

23 neue Spiele

Aber wir haben ja 23 Symbole, nicht nur das für die Zeit.

Ein Spiel ist etwas, das Sie spielen. Vielleicht spielen Sie allein oder mit anderen. Es kann sich um ein Computer- oder Brettspiel handeln und eher für Erwachsene geeignet oder ganz einfach strukturiert sein. Oder es ist gleichzeitig einfach und komplex, wie es der Fall beim Schach ist, oder eher wie ein Sport, etwa Billard oder Fußball.

Als Kreativitätsübung suchen Sie sich einen Gedanken und eine Frage für ein neues Spiel pro Symbol und finden heraus, was Ihr Energy Mind zu diesem Thema zu sagen hat.

Sie können selbst entscheiden, wie präzise Sie fragen wollen – bitten Sie um Computerspiele für erwachsene Einzelspieler? Oder lassen Sie ganz buchstäblich mehr Spielraum zu, bitten einfach um ein neues Spiel und lassen sich überraschen?

Dieses Spiel lässt sich wunderbar mit Kindern und auch mit Ihrem eigenen inneren Kind spielen. Es ist auch eine hervorragende Übung, um von jedem Symbol eine gute Antwort zu erbitten.

Ein Tipp: Wenn Sie das Symbol betrachten und die Frage stellen / den Auftrag formulieren und dann keine Antwort erhalten, sollten Sie das Klassische Spiel spielen. Denn es liegt offenbar eine Blockade vor, die nach einer Schwellenverschiebung ruft, um den Weg für eine Antwort, Lösung oder Idee frei zu machen.

Kreatives Schreiben, Dichtkunst und paranormale Sprache

Da ich nun schon lange mit Visionen arbeite und auch aus meiner Erfahrung als Autorin, die bereits viele Male den Kern einer Vision schriftlich fixiert hat, bin ich zu dem Schluss gekommen, dass der Heilige Gral der geschriebenen und gesprochenen Kommunikation das ist, was ich heute «paranormale Sprache» nenne.

Paranormale Sprache kann nicht nach grammatischen Regeln konstruiert werden. Sie ergibt sich natürlich und spontan, wenn wir Visionen in Echtzeit beschreiben.

Bitte beachten Sie, dass ich «in Echtzeit» sage – das bedeutet, die Vision gleichzeitig zu beschreiben, während sie sich manifestiert (und nicht etwa, die Vision im Garten zu haben, ein Schläfchen zu machen, noch zu Abend zu essen und sich dann hinzusetzen, um aufzuschreiben, wie die Vision einige Stunden früher ausgesehen hat).

Wenn Sie sich innerhalb des Datenstroms befinden, bewusst die Ereignisse erleben, die stattfinden, und sie zum gleichen Zeitpunkt kommentieren, verabschiedet sich jede Grammatik, und wir beginnen, auf ganz andere Art zu denken und zu sprechen. Diese andere Art, zu denken und zu sprechen (oder zu schreiben, wenn Sie es sofort tun), bringt ungewöhnliche Sprachformen hervor, einzigartige Sprachformen, die über dem alltäglichen Denken und Sprechen stehen.

Dies sind Formen paranormaler Sprache, und sie sind das Ziel und die Belohnung des kreativen Schreibens.

Paranormale Sprache hat nichts mit Intelligenz oder der Kenntnis vieler langer oder komplizierter Wörter zu tun. Sie hat auch nichts damit zu tun, dass ein Verrückter Wörter und Grammatik wie einen Salat aus Fröschen, Asche und Waschpulver zusammenmixt.

Paranormale Sprache ereignet sich dann, wenn unsere bewussten Worte anfangen, sich auf die Visionen des Energy Mind einzuschwingen. Wenn das geschieht, ist paranormale Sprache die einzig mögliche Art, zu sprechen, denken oder schreiben.

Um wirklich kreativ schreiben zu können – sei es Prosa, ein Dialog, ein Gedicht oder Werbetext, die berühren –, müssen wir aus dem Datenstrom der Vision heraus schreiben.

Wie Sie sicher noch wissen, habe ich Sie von Anfang an dazu ermutigt, die Fragen und Visionen, die Sie erhalten, *laut auszusprechen.*

Ebenso, wie wir uns an das Strömen zügig fließender Visionen gewöhnen müssen, müssen wir uns an das Strömen zügig fließender Worte gewöhnen, die diese Visionen beschreiben. Es ist nur eine Frage der Übung, durch die es sehr leicht und natürlich wird.

Es wird leicht und natürlich, weil es leicht und natürlich für uns Menschen ist, in einem Wortfluss zu sprechen, einem Singsang von Worten, die unsere intrapersonelle Realität ausdrücken.

Mit den Genius-Symbolen spielen

Kürzlich führte ein Forscher in einer britischen Schule einen Versuch durch, um die Lese- und Schreibfähigkeit zehnjähriger Jungen zu verbessern (die weltweit in puncto Fähigkeiten und Prüfungsergebnissen hinter den Mädchen zurücklagen).

Nach vier Wochen hatte der Forscher einen Durchbruch oder eine Schwellenverschiebung, wie wir es hier nennen, erzielt – er stellte fest, dass die Jungen nicht wirklich sprechen konnten. Und wenn man nicht sprechen kann, kann man natürlich auch nicht schreiben und ebenso wenig flüssig lesen.

Die Basis allen kreativen Schreibens ist zuallererst das Sprechen, die Fähigkeit also, die Welt in Worten zu beschreiben, die fließen, und tatsächlich genau in diesem Moment aus dem Datenstrom der Erfahrung kommen und nicht erst im Nachhinein gefunden werden.

Wenn Sie es für eine besondere Herausforderung halten, laut auszusprechen, was Sie in den Visionen und Erinnerungen, die Ihnen der Energy Mind schickt, sehen, hören, spüren, schmecken, fühlen und riechen, möchte ich Sie nachdrücklich dazu ermuntern, eine Technik aus der modernen energetischen Psychologie anzuwenden, zum Beispiel die Techniken von EFT (Emotional Freedom Technique) oder EmoTrance, um Ihnen den Stress zu nehmen und einige dieser Blockaden aus dem Weg zu räumen.

Sie können in heilenden, Therapie- und Gedächtnisspielen auch die Symbole selbst dazu benutzen, Blockaden zu entfernen und das gesprochene Wort wieder in Fluss zu bringen.

Sobald Sie über Ihre Visionen sprechen und sie beschreiben können, während sie passieren, sollten Sie sich keinesfalls zensieren oder bewerten, denn Ihr Hauptziel ist zu diesem Zeitpunkt, den Fluss in Gang zu halten. Das gilt sowohl für das Aussprechen der Worte wie auch für den Fluss der Visionen und Eindrücke selbst.

Sie können aufnehmen, was Sie sagen, und es später transkribieren. Sie werden sehen, dass sich bei dem, was Sie gesagt haben, mehr oder weniger von Anfang an Beschreibungen und Wortfolgen finden, die so poetisch, so kunstvoll, so klingend, so richtig und so kraftvoll sind, dass es Sie ziemlich verblüffen wird, wenn Sie sie abhören.

Dies ist das spontane Auftreten von paranormaler Sprache.

Sie wissen, dass derlei Sätze wunderbar sind, denn Sie können sie in Ihrem Körper spüren, und andere Menschen können sie auch spüren.

Hier ein Beispiel für das Auftreten paranormaler Sprache in einem meiner Märchen, worüber ich mich in meiner Erinnerung damals sehr freute und das noch immer ein wirklich schöner Absatz ist. Dieses Zitat ist nicht weniger als die beste Beschreibung, die ich von meiner damaligen Vision abgeben konnte:

Und so verging Zeit und noch mehr Zeit. Sie strömte mit den Sturzbächen den Berg hinab; sie schmolz wie durchsichtige, spitze Eiszapfen im Frühling; sie raschelte wie Laub im Hebst und knisterte wie ein gemütliches Feuer im Kamin, wenn Stürme über die Wiese fegen.[5]

Wenn Sie sich mehr an den Fluss der Visionen und deren Beschreibung gewöhnt haben und Ihr bewusster Verstand und Ihr Energy Mind mehr und mehr auf derselben Seite stehen, werden Sie feststellen, dass sich immer häufiger paranormales Sprechen einstellt.

Dies ist ein natürlicher Prozess, und Sie müssen nichts anderes dazu tun, als *aufrichtig* von Ihren Erlebnissen im Datenstrom zu berichten.

Aufrichtigkeit ist der Schlüssel zu wahrem kreativem Schreiben aus dem Datenstrom heraus.

....

[5] Aus dem Märchen «The Star Child» aus *The Golden Horse: and Other Stories*, Eastbourne: DragonRising 2006.

Versuchen Sie nicht, es schlau anzustellen; seien Sie einfach ehrlich und beschreiben Sie, so gut Sie können, was Sie spüren, hören, sehen, riechen, fühlen und schmecken.

Verbunden mit der Einzigartigkeit der Visionen werden Sie mit ein wenig Übung als Nebeneffekt gar nicht anders können, als kreativ zu schreiben, überaus poetisch oder glasklare und scharfsinnige Prosa zu schreiben.

Wenn Sie ein erfahrener Autor oder Lyriker sind, können Sie Ihre Erwartung dessen, was für Sie erreichbar ist, noch steigern, indem Sie genau auf die Aufträge achten, die Sie ihrem Energy Mind gegenüber formulieren. Sie können ihm den Auftrag erteilen, Ihre Fähigkeiten dergestalt zu erweitern, dass Sie nicht nur aus dem «Bewusstseinsstrom» heraus schreiben, sondern diesen im Übersetzungsprozess in die gewünschte literarische Form zu gießen verstehen.

Beispielsweise können Sie verlangen, eine Vision für ein Gedicht zu empfangen, das ein perfektes Sonett sein soll, wenn es fertig ist.

«Schenk mir ein neues Sonett, das mich zum Staunen bringt.»

Sie können sich jeden Schreibstil wünschen. Ich selbst habe auf diese Weise jambische Pentameter zu verfassen geübt, Haikus, Sonette und alle möglichen, wirklich obskuren Versmaße, als ich entdeckte, dass das möglich ist – einen Auftrag zu formulieren, sodass bewusster Verstand und Energy Mind zusammenarbeiten und man von ihnen das Gewünschte erhält.

Diese Form kreativen Schreibens ist keineswegs auf die Dichtkunst beschränkt. Allein dank der Datenverarbeitung und Leistungsfähigkeit des Energy Mind in Kooperation mit dem bewussten Geist können Sie Dinge vollbringen wie in diesem Auftrag:

«Mach aus dieser Liste der Top-50-Schlüsselwörter zu ‹Metapher› einen Artikel, der unterhaltsam und lehrreich für unwissende Kinder ist, aber auch einen NLP-Master-Trainer zu amü-

sieren vermag. Und wenn wir schon dabei sind, bring mir etwas bei, das ich noch nicht wusste.»[6]

Kreatives Schreiben ist überaus wichtig und wirkungsvoll; und ob Sie es nun einsetzen, um Ihre Trilogie zu verfassen (wie meine Trilogie *In Serein*, ein Romanzyklus aus 500 000 Wörtern, an dessen Beginn ein einziger Auftrag stand) oder den definitiven Liebesbrief; ob Sie nun einen Werbespot schreiben wollen, der die Zuschauer gefangen nimmt, oder eine Rede, die die Leute von den Stühlen reißt – all das können Sie haben, und es ist nicht einmal besonders schwer.

Üben Sie Ihre Visionen, üben Sie, laut auszusprechen, was Sie erleben, setzen Sie den Fluss in Gang, erteilen Sie Ihrem Energy Mind einen Auftrag und gestatten Sie sich, sich von dem begeistern zu lassen, was man mit «kreativem Schreiben» und natürlich auch mit «kreativem öffentlichem Sprechen» erreichen kann.

Ich bin noch immer voller Ehrfurcht darüber, wie sehr sich diese simplen, grundlegenden Fähigkeiten mit der Zeit immer weiterentwickeln. Und wir hätten uns nicht getroffen, wenn ich mir nicht die Zeit genommen hätte, Fähigkeiten zu Visionen und kreativem Schreiben zu üben und zu verfeinern!

Design, Zeichnungen und Gemälde

Überspringen Sie diesen Abschnitt nicht, nur weil Sie sich nicht für künstlerisch begabt genug halten.

Für mich ist Genie keine Begabung auf einem einzigen, eng begrenzten Gebiet; es trägt einen Hauch wahres Genie in alles, was es berührt.

Wenn wir unsere Komfortzone verlassen, wie auch immer sie aussehen mag, und uns in einigen anderen Ausdrucksmöglichkei-

....

[6] Dieser Artikel existiert bereits: http://silviahartmann.com / metaphor-article-metaphor-course.php.

ten versuchen, die allen Menschen zur Verfügung stehen, lernen wir nicht nur alle möglichen neuen Fähigkeiten und gewinnen mehr geistige Flexibilität.

Sie werden auch entdecken, dass sich Ihre ursprüngliche Begabung merklich verbessert hat, wenn Sie zu Ihrem ureigenen Gebiet zurückkehren.

Wenn Sie also ein besserer Mathematiker, Dichter oder Ingenieur werden wollen, wird es Ihr Weg sein, mit anderen Ausdrucksmöglichkeiten zu spielen – ebenso, wie eine Menge Spaß dabei zu haben.

Brandneue, innovative, verblüffende Designs, Zeichnungen und Gemälde zu erschaffen ist leicht – sie sind ja nur Übersetzungen unserer Freunde, der multimodalen Visionen, in Form und Gestalt.

Und so geht es:

Sobald Sie Ihre Geschichte haben, wählen Sie die einprägsamsten, kraftvollsten, tiefgehendsten Einzelbilder aus und verwandeln sie in Bilder und alle möglichen anderen Kunstwerke.

Sie können sie abstrahieren, so weit Sie wollen – nur ein paar Linien hier, ein paar Farben da –, oder sich ins Zeug legen und wie Michelangelo die Szene in ein opulentes Gemälde bannen. Auf beiden Wegen werden erstaunliche und absolut originale Kunstwerke daraus, mit der Tiefe einer echten visionären Geschichte dahinter.

Besonders ausdrucksvolle Bilder in einem Strom von Visionen finden zu können, ist eine recht interessante Fähigkeit, die Sie mit der folgenden Methode üben können, auch oder besonders, wenn Sie nichts für Kunst oder Malerei übrighaben.

Wenn die Geschichte fertig ist und Sie Ihre Schwellenverschiebung erzielt haben, fragen Sie sich: Wenn Sie ein Foto machen oder die Zeit nach *Matrix*-Art einfrieren würden, welches eine Bild würde den Geist der ganzen Geschichte wirklich für Sie zusammenfassen? Wo ist dieser einzigartige Augenblick, in dem die Emotionen am größten waren, oder welcher Moment war für Sie von besonderer Bedeutung?

Führen Sie sich die Szene plastisch vor Augen. Stellen Sie Fragen dazu und erhöhen Sie Ihre Aufmerksamkeit, bis die Szene so real und stabil ist, dass Sie geradewegs hineinspazieren könnten, wenn Sie wollten.

Nun zeichnen Sie auf ein Blatt Papier ein paar einfache geometrische Formen, die die Hauptkomponenten der Szene darstellen: zum Beispiel zwei Linien für einen Fluss, ein Dreieck für einen Berg, eine Zickzacklinie für eine Brücke, einen Kreis für die Sonne am Himmel und zwei Ovale für die beiden Menschen, die auf der Brücke standen. So einfach ist es.

Es ist eine sehr interessante Erfahrung, mit ein paar Strichen und simplen geometrischen Figuren eine Art bildhafte «Notiz an sich selbst» von diesem Schlüsselmoment in der Geschichte hinzuwerfen. Das verbessert viele Fähigkeiten, die einem Genie im Laufe der Zeit zugutekommen werden. Und noch mit den einfachsten Formen auf dem Papier haben Sie ein Kunstwerk geschaffen, das auf das visionäre Genie zurückzuführen ist.

Ihre Zeichnung ist einzigartig, sie kommt von innen und ist keine Kopie der Ideen und Visionen eines anderen. Sie gehört Ihnen, und hinter ihr steckt eine ganze Geschichte.

Das ist meine Definition von Kunst. Sie ist ganz und gar wahrhaft, frei von Anmaßung und kraftvoll von dem Moment an, da jemand sich zum ersten Mal darin versucht. Es ist eine ganz andere Geschichte, ob jemand technische Fähigkeiten in dieser oder jener Ausdrucksform hat – sei es nun Zeichnen oder Malen, Illustration, Design oder Bildhauerei, Schneidern oder was auch immer es sein mag, das immer und nur mit einer ursprünglichen Vision beginnt.

Im Zusammenhang vor allem mit Kunst ist es wichtig, dies im

Mit den Genius-Symbolen spielen

Hinterkopf zu behalten: Der Auftrag kontrolliert, welche Art von Kunstwerk Sie am Ende hervorbringen werden, wenn Sie Ihre Visionen kontrollieren – wie es der Fall ist, wenn wir dem Energy Mind einen Auftrag erteilen, eine Vision erhalten und dann die Vision ausbauen, indem wir in den Datenstrom eintreten und uns von innen darauf einlassen, bis sich eine Schwellenverschiebung ergibt.

Sie können sich aussuchen, ob Sie Kunstwerke anfertigen möchten, die erschrecken und abstoßen oder inspirieren und faszinieren. Sie sind nicht länger abhängig davon, Visionen durch Drogen, Schmerz oder Wahnsinn erzwingen zu müssen. Gleichermaßen werden Ihre Kunstwerke logisch sein und nachklingen und dem Zweck entsprechen, für den Sie sie erschaffen haben, wie auch immer er geartet sein mag.

Ich möchte noch erwähnen, dass es natürlich die geometrische Platzierung der wichtigsten Elemente Ihrer Vision ist, die Ihnen Symbole und abstraktes Design vermittelt. Daraus kann alles entstehen – von Schmuck über Firmenlogos und esoterische Symbole für Ihre eigenen Zwecke bis hin zu eleganten Designs, die einfach gehalten sind, aber überaus viel Information enthalten.

Mit diesem Grundmuster – zuerst eine Vision, einen Geistesblitz oder eine Geschichte zu haben, eine bestimmte Szene auszuwählen, die am meisten auslöst oder für Sie die meiste Bedeutung hat, und dann diese Szene und ihre Hauptkomponenten auf einfache, geometrische Weise zu vermitteln – halten Sie die Eintrittskarte zur Welt der visuellen Künste in Händen.

Es gibt darin viel Interessantes, und es ist ganz leicht, diese eine Saite dem Instrument Ihres Genies hinzuzufügen.

Bildhauerei

Wenn Malen und Zeichnen eine Vision über den Gesichtssinn wiedergibt, dann tut es die Bildhauerei über den Tastsinn plus den Gesichtssinn in 3-D. Wenn Ihre Skulptur auch Geräusche hervorbringt, kommt das Hören noch hinzu.

Vielen Menschen ist die Vorstellung, eine Skulptur zu schaffen, noch fremder als das Zeichnen einfacher geometrischer Figuren. Und wozu es gut sein soll, ist ihnen ohnehin ein Mysterium.

Mir gefällt die Einstellung, die auf die Frage «Warum kletterst du auf einen Berg?» antwortet: «Weil er da ist!» Diese Haltung sollte man gegenüber allen Ausdrucksformen einer Vision einnehmen, die die Menschen über die Jahrtausende entwickelt haben.

Ihnen leuchtet sicher ein, dass Sie in Ihrem Gehirn, in Ihrem Geist und in Ihrem Körper Bahnen aktivieren, die Sie vielleicht noch nie zuvor benutzt haben, wenn Sie Ihre Hände bitten, einen Klumpen Lehm zu etwas zu modellieren, das eine Visionserfahrung repräsentiert.

Ich bin der Meinung, dass wir, je mehr von diesen Bahnen wir haben, umso intelligenter werden; dass umso freier Information durch unsere Systeme strömen und fließen kann; dass umso mehr Verknüpfungen entstehen; dass umso vielschichtiger unsere innere Karte vom Universum wird und wir umso besser in der Lage sind, im wahren Leben Objekte und Ereignisse zu manifestieren, zu beeinflussen und zu kontrollieren.

Einen Gegenstand nach einer Vision aus Lehm zu fertigen, den Sie mit Ihren eigenen Händen formen, ist eine phantastische Erfahrung und gar nicht so schwierig, wie Sie vielleicht denken mögen – alles, was wir tun müssen, um einen Anfang zu finden, ist, die Symbole heute um eine Vision oder Geschichte zu bitten, die uns sagt, was zu tun ist, und uns ermuntert, genau das zu tun, weil es spannend, verlockend, faszinierend ist. Und schon können wir gar nicht mehr anders.

Mit den Genius-Symbolen spielen

Sie müssen aber nicht mit Lehm arbeiten. Eine Skulptur ist alles, was dreidimensional ist. Sie können eine Art Totem anfertigen, indem Sie verschiedene Objekte zu Ihrer Skulptur kombinieren. Oder Sie benutzen jedes andere Material, zu dem es Sie hinzieht oder das der Inhalt einer Vision, eines Geistesblitzes oder einer Geschichte Ihnen nahelegt.

Bildhauerei ist ein wunderbares, meditatives Unterfangen, auf das Sie sich allein, in einer Gruppe oder mit Kindern einlassen können – um klüger zu werden, etwas Neues zu lernen, Spaß zu haben und am Ende einfach nur, *weil Sie es können.*

Musik

Die meisten Menschen finden es recht einfach, passend zu einer Sanctuary-Geschichte oder -Vision ein kleines Bild zu malen, hätten aber nie gedacht, dass es ebenso leicht ist, dazu ein Liedchen oder auch eine ganze Symphonie zu komponieren.

Nehmen Sie jedes nur erdenkliche Musikinstrument – eine Blockflöte, ein Klavier, eine Mundharmonika oder was auch immer Sie zur Hand haben – und versuchen Sie einfach, ihm ein paar Töne zu entlocken, um den einen zu finden, der mit der Geschichte oder Vision harmoniert.

Wie bei den Bildern und Skulpturen ist es ein intuitiver Ja-Nein-Prozess, der erstaunlich positiv und präzise ist.

«Passt dieser Ton?»

Sie können sofort spüren, ob die Antwort Ja oder Nein lautet. Gehen Sie einen Ton nach dem anderen durch, bis Sie ein Ja bekommen.

Nun haben Sie einen Ton. Und was jetzt? Ein zweiter wird folgen und dann noch einer, bis Sie eine Melodie haben, aus der das Lied entsteht.

Beim ersten Mal werden Sie darüber staunen, woher Sie das wussten, vor allem, wenn Sie noch nie Musik gemacht haben.

Aber es ist nur Energie, und Energie zu kanalisieren ist etwas, das wir alle können, und zwar mit Leichtigkeit.

Wenn Sie kein Musikinstrument zur Verfügung haben, summen Sie eben ein paar Töne und Melodien. Behalten Sie die Geschichte / Vision dabei im Kopf und spüren Sie einfach der passenden Entsprechung nach. Das ist ein faszinierender Prozess und bringt verblüffende und vollkommen originäre Lieder hervor.

Ideen

Wie viele Ideen wünschen Sie sich? Sie können zahllose Einfälle haben, etwa aus einer ganzen Geschichte, oder ganz speziell zu einem bestimmten Zweck oder einer Problemlösung oder der Antwort auf eine Frage.

Wenn Sie die Symbole verdeckt hinlegen, um eine Idee für X bitten, ein Symbol ziehen und sich von ihm inspirieren lassen, wird das so viele Einfälle produzieren, wie Sie sich nur wünschen können.

Wie immer lenkt der Auftrag den Prozess in die richtige Richtung:

«Schenk mir eine Idee für X!»

«Schenk mir eine Idee für X, die mein Kunde lieben wird!»

«Schenk mir eine neue Idee für X, die unglaublich erfolgreich sein wird!»

Seien Sie mutig, haben Sie Vertrauen – und lassen Sie sich von Ihrem eigenen Energy Mind *verblüffen*, wieder und wieder, während Sie einen Einfall pro Symbol haben und am Ende über 23 Ideen zu jedem Auftrag, einfach so. Wenn Sie noch mehr Einfälle brauchen, bitten Sie um drei pro Symbol – echte Kreativität steht dem Energy Mind wirklich unbegrenzt zur Verfügung.

Eine wichtige Erinnerung: Hüten Sie sich davor, Ideen als sinnlos oder minderwertig oder zu abwegig zu verwerfen oder «zurückzuschicken» (wie wir es nennen). Sie müssen die Idee oder Vision oder Geschichte annehmen und dafür danken, dann fahren Sie unverzüglich fort. Wenn Sie das tun, bekommen Sie immer mehr Ideen, werden immer besser und formulieren mit der Zeit auch Ihre Aufträge immer präziser.

Wenn Sie doch einmal eine Idee oder Vision zurückschicken müssen, lehnen Sie sie nicht in Bausch und Bogen ab. Bitten Sie stattdessen um Korrekturen, um neue Entwicklungen oder auch um eine tiefgehende Veränderung, falls nötig.

Halten Sie die Kommunikationsbahnen offen und fließend, vor und zurück – so erzielen Sie am Ende eine Einigung zwischen dem bewussten Geist und dem Energy Mind und erhalten als Ergebnis dieses Kommunikationsprozesses eine wirklich fabelhafte Idee, Erfindung oder Lösung.

Einen Überfluss von Ideen bewältigen

Eine interessante Erkenntnis, die wir hatten, nachdem wir mit den Genius-Symbolen schon eine Weile gearbeitet hatten, war, dass die Leute nicht wussten, wie sie mit so vielen Ideen zurechtkommen oder umgehen oder die besten auswählen sollten.

Im Nachhinein leuchtet das ein.

Gute, originelle, visionäre Ideen sind so dünn gesät in unserer derzeitigen Kultur, dass wir immer noch Science-Fiction-Geschichten und Superhelden wiederaufkochen, die vor hundert Jahren das Licht der Welt erblickten, und keiner der geschätzten derzeit sieben Milliarden Menschen scheint in der Lage zu sein, mit etwas Besserem aufzuwarten.

Die Erkenntnis liegt also nahe, dass wir Menschen noch keine Fähigkeiten und Strategien entwickelt haben, um unendlich viele Informationen zu bewältigen, und schon von einer einzigen Idee im Leben überwältigt sind, die wieder und wieder gemolken wird, bis wir am Rollator gehen. Stattdessen haben Sie nun 23 Ideen vor sich, hier und jetzt, und jede einzelne könnte zu etwas ganz Erstaunlichem ausgebaut werden – und das wissen Sie.

Aber das ist noch nicht alles.

23 Ideen sind für das Bewusstsein eine ganze Menge Daten. Es gibt tatsächlich Menschen, die behaupten, der bewusste Geist könnte gleichzeitig nur sieben plus / minus zwei Bit Informationen verarbeiten.

Wir spielen jedoch mit den 23 Genius-Symbolen, um den bewussten Geist und den Energy Mind zu vereinen, sodass sie zusammenzuarbeiten beginnen.

Ich habe das ja bereits erwähnt. Es ist von zentraler Bedeutung zu begreifen, dass wir nicht auf die alte Art und Weise mit Visionen arbeiten, bei der eine Vision in den bewussten Geist «heruntergeladen» wird und dieser nun herauszufinden versucht, was er – alleingelassen, wie er ist – damit anstellen soll.

Wir können nun die Macht des Energy Mind, die «mehr als die Summe ihrer Teile» ist, mit der des bewussten Verstandes vereinen und auf die Frage anwenden, was mit all diesen Informationen, all diesen Ideen zu tun ist und in welcher Reihenfolge.

Die einfachste Methode, eine Idee aus einer Liste von 23 Ideen auszuwählen, besteht darin, den Energy Mind zu fragen: «Welche Idee finde ich am reizvollsten? Welche gefällt mir am besten?»

Ein Symbol wird Ihnen in die Augen springen oder Sie werden sich von ihm angezogen fühlen.

Die Idee, die in diesem Fall diesem Symbol entspricht, ist diejenige, die Sie am reizvollsten finden.

Auf diese Art und Weise können Sie Ihre Informationen sortieren, indem Sie sie mit Hilfe von Fragen und Aufträgen ergründen und sie nicht mehr nur für 23 einzelne, unverbundene Ideen halten.

Sie können das gesamte Symbole-Set jedes Mal fragen:

- «Welche Idee wird den größten kommerziellen Erfolg haben?»
- «Welche Idee ist am leichtesten und schnellsten umzusetzen?»
- «Mit welcher Idee hätte ich den meisten Spaß?»
- «Welche Idee würde auf lange Sicht die Türen zu nützlicheren Entwicklungen öffnen?»
- «Welche Idee würde X am meisten gefallen?»
- «Aus welcher Idee würde sich am wahrscheinlichsten etwas entwickeln, an das ich bisher noch gar nicht gedacht habe?»
- «Welche Idee ist die wirkungsvollste?»
- «Welche Idee kann uns jetzt am meisten helfen?»
- «Welche Idee sollten wir als erste umsetzen?»
- «Welche Idee sollten wir uns für nächstes Jahr aufheben?»
- «Mit welchen Ideen sollte kombiniert gearbeitet werden?»

Notieren Sie sich die Antworten der Symbole, ohne sich weiter mit der jeweiligen Idee zu beschäftigen, damit sie «unverfälscht» bleibt. Dann erst betrachten Sie, was Sie haben.

Manchmal taucht dasselbe Symbol wiederholt auf. Wenn zum Beispiel Ihre 23 Ideen einem neuen Produkt gewidmet waren, könnte sich ein und dasselbe Symbol zeigen als Antwort auf die Frage nach der spaßigsten Idee, der kommerziell erfolgreichsten und derjenigen, die dem Chef am besten gefällt.

Ganz klar: Das ist die herausragende Idee, die am meisten beachtet werden will.

Dennoch möchte ich Sie dazu ermuntern, nicht nur «der einen» guten Idee oder Geschichte oder bahnbrechenden Erfindung nachzujagen.

Die endlose Hatz nach «dem Einen» gründet auf einer Ideenarmut, die früher vorherrschte, als der Energy Mind noch nicht angezapft wurde.

Es ist sehr wohl möglich, mehr als eine gute Idee zu haben und sie zur Kenntnis zu nehmen und mehr als eine gute Idee umzusetzen – entweder nacheinander oder gleichzeitig.

Wenn Ihr Projekt von einer Vision angetrieben wird, können Sie an mehr als einem Projekt gleichzeitig arbeiten, ohne unkonzentriert zu werden, denn Sie sind in der Lage, zwischen den Visionen, die alles zusammenhalten, beliebig hin und her zu wechseln.

Sie können drei oder mehr Bücher, die geschrieben werden wollen, zugleich als Dokumente auf Ihrem Desktop geöffnet haben und mit Leichtigkeit zwischen ihnen hin und her wechseln, wann und wie Sie möchten. In der verarmten Welt der «einen guten Idee im Leben» ist das undenkbar; doch wenn Ihr Energy Mind mit von der Partie ist, ist es leicht, natürlich, und ich würde sogar sagen: die einzig richtige Art zu arbeiten.

Ganz ähnlich können Sie viele Projekte gleichzeitig laufen lassen und an vielen verschiedenen Ideen arbeiten, die alle ihren Zeitplan, ihre Entwicklung, ihre Ursachen und Wirkungen haben und von denen viele am Ende zusammenfinden, sich verbinden, einander wechselseitig befruchten und das typische Ergebnis zeitigen, das der Energy Mind produziert: nämlich mehr zu sein als die Summe ihrer Teile.

Und die Moral von der Geschicht': Fürchten Sie sich nicht davor, zu viele gute Ideen zu haben, die Sie nicht bewältigen können. Sie können mehr als fünf, fünfzig, fünftausend gute Ideen bewältigen, und zwar leicht, wenn Sie Ihren Energy Mind ins Spiel bringen. Der Energy Mind kann mit einer unendlichen Komplexität umgehen, sie für Sie ausarbeiten und Sie sein Resultat wissen lassen.

Sie müssen die Spiele spielen, um ihn dahin zu bringen und um selbst zu lernen, wie man auf diese neue Art denkt, und auch – was am wichtigsten ist – um die Erfahrung zu machen, dass Sie sich auf Ihren Energy Mind verlassen können, der Ihnen geniale Ideen und Antworten übermittelt.

Sie müssen üben und sich an die Kommunikation mit Ihrem Energy Mind gewöhnen.

Spielen Sie also unbedingt das Spiel «23 gute Ideen für X» häu-

Mit den Genius-Symbolen spielen

fig und lassen Sie es nicht dabei bewenden. Spielen Sie mit den Ergebnissen weiter. Lernen Sie, sich mit einer Menge Daten wohlzufühlen. Lernen Sie, diese Daten auf alle möglichen Arten in Frage zu stellen.

Wenn Ihr Energy Mind streikt, ist der Grund dafür vielleicht der, dass Sie zu viel über alles nachdenken und nicht genug zuhören, nicht genug Fragen stellen, bevor Sie vorschnell Ihre Schlüsse ziehen.

Sollte das der Fall sein, so entschuldigen Sie sich aufrichtig bei Ihrem Energy Mind, formulieren einen neuen Auftrag und fangen einfach noch einmal von vorn an, mit einer besseren, lässigeren, freundlicheren, entspannteren Einstellung.

Jene sprichwörtliche Glühbirne im Kopf wird aufleuchten, wenn Sie eine weitere geniale Lösung gefunden haben.

Das Ideenhabitat: Die Tesla-Maschine

Da Habitate im Project Sanctuary energetische Rekonstruktionen der Wirklichkeit sind, können sie zu virtuellen Simulationen – sogenannten Tesla-Maschinen – benutzt werden. Diese sind nach dem genialen Erfinder Nikola Tesla benannt, der in der Lage war, Maschinen zunächst im Sanctuary zu schaffen, sie dort laufen zu lassen und dann ihren Verschleiß zu prüfen. Zu dem Zeitpunkt, als er die Baupläne für die Maschinen einreichte, waren sie bereits vollkommen ausgereift und funktionierten in der Realität reibungslos.

Nikola Tesla baute Maschinen; doch das ist fast simpel im Vergleich zu einer Tesla-Maschine, die das Verhalten einer Zielgruppe, eines Markts, einer Firma, einer Familie oder auch nur eines einzigen Menschen berechnet.

Ich muss anmerken, dass man eine in einem Sanctuary-Habitat laufende Tesla-Maschine nicht mit Spinnerei oder Tagträumerei verwechseln darf. Wenn der Energy Mind die Variablen und die

Entwicklung eines Habitats berechnet, kommen überaus beeindruckende Ergebnisse dabei heraus.

Wenn wir Ideen im Sanctuary prüfen möchten, bevor wir die Baupläne für eine tatsächliche Konstruktion anfertigen und viel Zeit und Geld für ein Projekt oder eine Idee einsetzen, müssen wir einfach nur dafür sorgen, dass das Habitat stabil und scharf umrissen ist.

Es ist wichtig festzuhalten, dass alle Aspekte eines Habitats Teil der Tesla-Maschine sind, die wir bauen möchten, nicht nur die Maschine selbst. Damit meine ich Folgendes: Das gesamte Habitat – in Nikola Teslas Beispiel das Werkstatt-Habitat in der Zeit und dem Raum, in denen er es baute, alles Werkzeug darin, all die Helfer, jeder Nagel im Dach und jedes Brett am Boden – ist ebenso Teil der Tesla-Maschine wie die eigentliche Maschine mitten in der Werkstatt.

Das gesamte Habitat fungiert als Tesla-Maschine.

Sagen wir, Sie hätten eine Idee zu einer bestimmten Art von Handtasche, die in Ihrem Laden für Accessoires verkauft werden soll.

Um diese Idee mit einer Tesla-Maschine zu testen, würden Sie mit Hilfe der Genius-Symbole und des Klassischen Spiels ein Habitat errichten, zu dem die Straße gehört, in der Ihr Laden liegt, sowie der Laden selbst, der die neu entworfenen Handtaschen im Schaufenster präsentiert.

Nun lassen wir dem Habitat freien Lauf und beobachten die Reaktionen der Passanten auf die Handtaschen. Wir können ihre Kommentare hören und zur Kenntnis nehmen, welche Kaufentscheidungen sie fällen. Wir können sogar das Personal im Umgang mit Interessenten sehen und das, was passiert, wenn es diese Taschen an alte und neue Kunden zu verkaufen versucht.

Wir können die Zeit im Habitat vorspulen und einige Monate vergehen lassen. Dann betreten wir das Büro im Laden und sehen uns die absoluten oder saisonalen Verkaufszahlen an, um uns einen Langzeitüberblick über die Auswirkungen zu verschaffen, die die Einführung der neuen Handtaschenlinie gehabt haben mag.

Wenn Sie so etwas noch nie getan haben, mag es nun recht komplex, unmöglich für Sie klingen. Aber ich muss Sie wieder daran erinnern, dass Sie nicht allein sind – Ihr Energy Mind ist der wahre Motor hinter jeder Tesla-Maschine. Und mit diesem Motor und ein wenig Konzentration auf Ihren bewussten Geist können Sie wirklich neue Dinge über die Zukunft und die Brauchbarkeit einer Idee erfahren, ohne in der Realität jemals einen Handschlag tun zu müssen.

Sie können in dieser Hinsicht so viel unternehmen, und es ist immer faszinierend.

Sobald Ihr Laden-Habitat in unserem Beispiel steht, können Sie viel mehr damit anstellen, als ohne jedes Risiko nur eine einzige Idee darin zu testen. Hier können Sie in geschützter Umgebung und bevor Sie «im wahren Leben» etwas in die Wege leiten, alle möglichen Veränderungen ausprobieren: die Dekoration verändern oder das Personal auswechseln oder schulen. Und wenn etwas im Habitat nicht funktioniert, dann können Sie sicher sein, dass es auch in der Wirklichkeit nicht funktionieren würde.

Tesla-Maschinen dieser Art können natürlich auch viel mehr. Hier können Sie gefahrlos experimentieren und auch Freunde und Ratgeber einladen und im Habitat selbst neue Ideen entwickeln. Es ist wirklich eine faszinierende Erfahrung, und ich ermuntere Sie nachdrücklich dazu, eine Nachbildung von dem Objekt Ihres Interesses anzufertigen, sei es der Küchentisch, an dem sich die sechs Kinder beim Abendessen streiten, oder das eheliche Schlafzimmer, das Büro, in dem Sie arbeiten, die Firma oder Abteilung, die Sie führen, Ihr Labor, Ihr Garten, Ihr Arbeitszimmer, Ihre Küche.

Wenn Sie diese gute Nachbildung eines real existierenden Objekts als Habitat eingerichtet haben, können Sie mit dem Experimentieren im und am Habitat anfangen.

Beginnen Sie, indem Sie einige neue Elemente einführen und sehen, was anschließend im und mit dem Habitat geschieht.

Als Anfänger sollten Sie zunächst einige drastische Veränderungen vornehmen, um die Auswirkungen auf das Habitat deutlicher erkennen zu können. Hier haben Sie die Möglichkeit, ein wenig herumzuspielen und Spaß zu haben. Bleiben Sie unbeschwert. Genießen Sie es, manchmal herumzualbern. Humor ins Habitat zu bringen, kann alte, eingefahrene Geisteshaltungen aufbrechen und realistischeren und wirkungsvolleren Einsichten den Weg ebnen.

Tesla-Maschinen-Habitate sind unendlich faszinierend und im Alltag überaus nützlich für die persönliche wie auch die berufliche Entwicklung. Und ich weiß, wovon ich rede, wenn ich sage, dass wir ohne sie auch keine Genius-Symbole hätten.

Problemlösung

Ein Problem ist ein Rätsel. Und mit Hilfe der Symbole eine neue Sicht auf ein Problem zu entwickeln, ist eine atemberaubende Erfahrung.

Konzentrieren Sie sich auf Ihr Problem und ziehen Sie ein Symbol.

Lassen Sie sich nun von Ihrem Energy Mind etwas zeigen, das für Ihr Problem von größter Relevanz ist. Meistens besorgt das schon das erste Symbol, das Sie ziehen. Doch Sie können die Lösung noch präzisieren, indem Sie weitere Symbole ziehen, um eine Geschichte zu dieser Lösung zu erschaffen.

Sie können auch ein maßgeschneidertes Habitat erstellen, um sich bei der Lösung Ihres Problems helfen zu lassen.

Legen Sie Zeit und Landschaft fest, die Komponenten und Akteure, die mit dem Problem zusammenhängen – bauen Sie etwa im Sanctuary Ihr Büro mit allen Mitarbeitern und dem Chef nach oder das Schwimmbecken für den Wettbewerb oder ein Modell oder das ganze System, an dem Sie arbeiten.

Sobald Sie eine Situation oder ein Problem in ein Habitat verwandelt haben, können Sie sich nach Gutdünken darin bewegen, es verändern und mit ihm arbeiten.

Sie können zum Beispiel ein und dieselbe Szene oder Abfolge von Ereignissen viele Male durchspielen, bis Sie das gewünschte Ergebnis oder etwas noch Besseres bekommen, indem Sie das Habitat als eine weiterentwickelte und interaktive Tesla-Maschine benutzen.

Wenn Sie sich fragen, was Sie zur diesjährigen Faschingsparty anziehen sollen, bauen Sie einfach mit Hilfe der Symbole für das Klassische Spiel das Habitat nach, das Büro, die Mitarbeiter, lassen sie trinken, wie sie es immer tun, und dann sehen Sie zu, wie Sie selbst als Cowboy verkleidet die Szene betreten. Beobachten Sie die Reaktionen und spulen Sie dann das Ganze zu jenem Augenblick zurück, bevor sich die Tür öffnet. Diesmal tragen Sie ein Vogelkostüm.

Da dies ein Sanctuary ist und keine angstbesetzte Halluzination, werden Sie eine überaus präzise Deutung erhalten, die genau und verlässlich widerspiegelt, was in der Wirklichkeit geschehen wird.

Mit der Zeit und etwas Übung kann dieser Prozess immer schneller ablaufen, fast automatisch, und zahllose Szenarien durchspielen, bis die perfekte, bahnbrechende Lösung gefunden ist.

Erfindungen

«Schenk mir heute eine Erfindung!»

Dieses großartige Spiel, das Kinder einfach lieben, ist (unabhängig davon, ob Sie es zum Spaß oder zu einem bestimmten Zweck spielen) eine große, offene Einladung an Ihren Energy Mind, sich zu zeigen und Ihnen zu beweisen, wozu er in der Lage ist – wenn Sie ihn nur darum bitten.

Eine echte Erfindung ist etwas, das es zuvor nicht gab und um das in einer Vision zu bitten eine coole Sache ist.

Stattdessen können Sie sich aber auch mit einer Innovation beschäftigen, die etwas bereits Existierendes einfach verbessert.

Jedes Ding, das wir Menschen derzeit benutzen, könnte noch in jeder nur erdenklichen Hinsicht verbessert werden.

Benutzerfreundlicher. Umweltfreundlicher. Nutzbringender. Schöner. Logischer. Leichter zu transportieren, zu reinigen, zu bauen, zu entsorgen.

In diesem Sinne: Toben Sie sich aus!

Und lassen Sie sich sagen, dass wir alle mit angehaltenem Atem auf die nächste Erfindung warten, die ein bestehendes Problem lösen wird, auch wenn wir noch gar nicht wussten, dass wir es haben.

Erfinden Sie also drauflos – Sie tun uns allen einen Gefallen!

Divination

Traditionelles Wahrsagen und Orakel

Die Genius-Symbole machen so mysteriöse Dinge wie «Lesen im Kaffeesatz», «in die Kristallkugel schauen» oder «Deutung der Tarotkarten» kinderleicht.

Setzen Sie sich dem Fragesteller gegenüber hin und bitten Sie ihn, sich auf sein Problem zu konzentrieren oder auf das, wobei er Hilfe braucht.

Deuten Sie einfach der Reihe nach die Symbole aus dem Klassischen Sanctuary-Abenteuerspiel. Lassen Sie die Geschichte zu sich kommen und erzählen Sie, wie Sie sie sich entfalten sehen / hören / fühlen.

Der Fragesteller wird sich irgendwo einklinken und die Geschichte zu seiner eigenen machen. Sie können ihm dann assistieren, um eine Schwellenverschiebung bei seinem gegenwärtigen Problem zu erreichen.

Eine andere Variante besteht darin, den Fragesteller die Symbole mischen zu lassen, um sie anschließend verdeckt hinzulegen, ein Symbol nach dem anderen zu ziehen und zu deuten. Das ist leicht und fördert erstaunlich tiefgründige Informationen zutage. Selbst unter der Regie eines Anfängers wird der Fragesteller erstaunliche Erfahrungen machen, wie er sie bisher noch nicht kannte.

Natürlich können Sie den Fragesteller auch eine beliebige Anzahl Symbole auswählen und sich von ihnen die gewünschte Vision übermitteln lassen.

Wenn Sie Tarotkarten legen, können Sie die Symbole nach den Mustern der Tarotdeutung lesen, etwa dem Keltischen Kreuz oder den Tierkreiszeichen.

Sie werden beispiellose und verblüffende Ergebnisse erzielen, weil die Genius-Symbole so leicht und unmittelbar zu verstehen sind.

Prophezeiungen und übersinnliche Phänomene

Über die Aufträge können Sie sich von den Genius-Symbolen und den damit einhergehenden Prozessen Informationen und Deutungen liefern lassen zu allem, was Sie nur möchten – ob der Auftrag nun lautet: «Zeig mir, was die Zukunft für X bringen wird» oder «Schenk mir Informationen darüber, was in diesem Spukhaus los ist».

Mehr noch: Die Interaktivität des Datenstroms verleiht Ihnen die Fähigkeit, etwas unternehmen zu können – Sie reagieren auf die Information, die Sie erhalten.

Das ist besonders dann nützlich, wenn es um schlechte

Zukunftsprognosen und Spukhäuser geht. Nur zu wissen, was los ist, ist hier sicher nicht genug!

Übersinnliche Fähigkeiten verbessern

Wir alle würden unsere übersinnlichen Fähigkeiten und unsere Fähigkeit, diese zu kontrollieren, gern verbessern – schließlich will niemand die ganze Zeit von Geistern heimgesucht werden.

Letzteres ist an und für sich der Hauptgrund, warum wir dazu neigen, unsere übersinnlichen Fähigkeiten zu verdrängen, oft schon im Kindesalter, wenn offenkundig wird, dass die Welt nicht nur aus dem besteht, was wir mit den Augen sehen.

«Schenk mir heute etwas, das hilft, meine übersinnlichen Fähigkeiten wieder zu wecken und zu verbessern!»

Dies ist ein wunderbarer Auftrag, mit dem Sie viele Male allein oder in der Gruppe spielen können, um Stellen aufzuspüren, an denen Ihr System der Heilung und Neuordnung bedarf oder jener zusätzlichen Energien, Ereignisse und Erfahrungen, die eben nötig sind, um Ihre übersinnliche Begabung auf eine neue Stufe zu heben.

Sehr zu empfehlen!

Fernwahrnehmung

«Bring mich an den Ort X.»

Fernwahrnehmung mit Hilfe der Genius-Symbole ist so leicht, wie es ist, den Ort, den Sie wahrnehmen wollen, in Zeit und Raum anzugeben und dann das Klassische Spiel zu spielen, um aus diesem Ort ein Habitat zu machen.

Dazu gibt es eigentlich nicht viel mehr zu sagen. Das Klassische Spiel nimmt der Fernwahrnehmung alle mentalen Verrenkungen und macht sie jedem, der sich darin versuchen will, ganz leicht zugänglich.

Träume und Traumdeutung

Jeder Traum ist ein Habitat! Wenn Sie sich an den Traum erinnern, besteht die richtige Vorgehensweise darin, noch einmal in den Traum einzutreten und die Geschichte bis zu einer Schwellenverschiebung weiter zu spielen.

Sie können sich oder jemand anderem von den Genius-Symbolen die richtigen Ressourcen zeigen lassen sowie die Reihenfolge dessen, was Sie tun müssen, um den Traum zu lösen und seine Botschaft zu verstehen – welche erst dann offenkundig wird, wenn der Traum erfolgreich gelöst ist.

Das ist der Punkt, an dem die pauschale Traumdeutung in die Irre läuft – indem sie die Moral von der Geschicht' anhand der bloßen Gegebenheiten erraten will. Ein erinnerter Traum ist eine Einladung des Energy Mind zur Kommunikation und Zusammenarbeit – und wenn wir ihr folgen, können Lösungen aus Träumen wirklich phantastische Hilfsmittel für unsere Entwicklung zu dem Menschen werden, der zu sein wir bestimmt sind.

Traumlösungen à la Project Sanctuary geben uns wunderbar Kraft. Dieses Spiel sollte auch mit Kindern gespielt werden, damit sie früh lernen, wie sich beängstigende Träume vollkommen und positiv lösen lassen und sie selbst daraus viel klüger, ruhiger und verständiger hervorgehen, als sie es jemals ohne diese Träume geworden wären.

Zu Beginn legen Sie wie bei der Variante «Erzählen Sie Ihre Geschichte» aus den Heilenden Spielen die erforderlichen Symbole der Reihe nach hin, während Sie das Traumereignis als Sanctuary-Habitat nachbilden – dann fahren Sie fort, es auf eine visionäre Lösung hin weiterzuentwickeln.

Eine Anmerkung: Träume, die auf diese Art und Weise weiterentwickelt werden, kehren *niemals* zurück! Sie haben vielleicht neue Träume, die dasselbe Habitat noch einmal besuchen, doch die alten Träume sind fort, weil sie gelöst sind – selbst wenn Sie vorher jahrzehntelang von ein und demselben Spukhaus träumten. Dann beginnt sich auch eine Traumkommunikation zu entspinnen, und Klarträume werden ebenfalls häufiger.

Wirklich sehr, sehr cool.

Weitere Spiele, die Ihr Genie trainieren

Über die Schwelle hinaus gelangen

Die meisten Menschen glauben, dass eine einzige gute Idee im Leben bereits ein Geschenk ist, das zu erhalten nur einige wenige hoffen dürfen.

Das ist natürlich blanker Unsinn. Wir können so viele Ideen hervorbringen, wie wir wollen, sobald der Energy Mind mit von der Partie ist und mitzuspielen beginnt.

Schwellenspiele können, besonders wenn sie mit der richtigen Einstellung gespielt werden, diese alten, einschränkenden Glaubenssätze auf den Mond schießen und Sie über die Maßen beglücken.

In einem Schwellenspiel bitten Sie nicht um eine gute Idee, sondern stattdessen um ein Dutzend oder gar hundert. Und Sie werden verblüfft feststellen, dass der magische Erzeuger aller kreativen Ideen – Ihr ureigener Energy Mind – Ihrer Bitte Folge leisten und so viele schicken wird, wie Sie es sich wünschen.

Sie können beispielsweise auch um 25 Skulpturen bitten, 50 Gemälde, 14 Songs für ein Album, 100 Gedichte oder ein Dutzend bahnbrechende Ideen für Ihr Privat- oder Berufsleben.

Ich wollte wissen, ob es hier wirklich keine Grenzen gibt, und bat um 365 Übungen, um Menschen zu helfen, den Reichtum in ihr Leben zu lassen, eine für jeden Tag des Jahres; außerdem sollte man nicht länger als 60 Sekunden brauchen, um sie durchzulesen und auch durchzuführen.

Hand aufs Herz – ich kann Ihnen sagen: Noch einen Monat, nachdem ich 365 derartige Übungen[7] empfangen hatte, wurden mir weitere übermittelt, bis es langsam abebbte. Wenn ich wirklich noch einen Beweis gebraucht hatte, dass der Ideenstrom kein Ende kennt, dann hatte ich ihn nun.

Probieren Sie es selbst aus. Legen Sie die Symbole verdeckt vor sich hin, ziehen Sie jeweils nur eines, und jedes Mal werden Sie bekommen, worum Sie bitten – es hört tatsächlich nicht auf.

Dieses Spiel um kreative Grenzenlosigkeit empfehle ich nachdrücklich als Übung – und damit Sie Ihr Selbstbild korrigieren, für den Fall, dass Sie nicht wussten, welches kreative Genie eigentlich in Ihnen steckt.

Das Herausforderungsspiel

Dieses Spiel mit Kindern oder Freunden auf einer Party zu spielen macht viel Spaß.

Hierbei zieht oder wählt eine andere Person drei Symbole, und Sie müssen sofort eine Geschichte zu diesen Symbolen erzählen.

Beim «Schnellfeuerstil», wenn die Geschichten rasch hin und her gehen, werden Sie verblüfft sein über das, was Sie zu hören bekommen – und über die Übung, die Sie darin bekommen, «Instant-Visionen» zu empfangen.

Abenteuer mit Einzelsymbolen

In den einfachen Genius-Symbolen verbergen sich Welten des Potenzials und der Information – am Beispiel Wetter nennen wir das etwa «Wetter in seiner weitesten metaphorischen Bedeutung».

Durch das Tor des Einzelsymbols «Wetter» können Sie an alle

....

[7] Silvia Hartmann: *The 60 Second Wealth Creators*, Eastbourne: DragonRising 2007.

möglichen Orte und in alle möglichen Zeiten reisen – vielleicht erinnern Sie sich an etwas, an ein Ereignis, das wie ein Habitat ist, mit einer Zeit, einer Landschaft, Dingen, die sich dort zutragen, und Sie können diese Erinnerung genauso behandeln wie ein Habitat, das Sie gerade geschaffen haben.

Wenn es eine verstörende Erinnerung ist, können Sie geradewegs hineintreten, Ihre Freunde und Ihre Zauberkunst mitbringen, die Zeit anhalten, den Aspekt retten, wenn es nötig ist, Kurskorrekturen vornehmen und das Ganze so verändern, wie Sie es möchten.

Das Tor «Wetter» kann Sie auf höhere Ebenen führen, auf denen Sie beispielsweise über die Wettersysteme der Erde nachdenken und darüber, dass sie einfach alles beeinflussen. Man könnte noch abstrakter werden und darüber sinnieren, inwiefern das Wetter auf der Erde von Sonnenstürmen und Strahlen aus dem Weltraum beeinflusst wird und wie im viel größeren Stil das kosmische Wetter durch all das entsteht.

Wetter kann Sie auch zum Wasserkreislauf führen oder mitten hinein in einen einzelnen Wassertropfen.

Es könnte Sie auch dazu bringen, dass Sie Gefühle mit dem Wetter vergleichen und Ihnen dazu neue Gedanken und Einsichten kommen. Oder dass sich ein Habitat auftut, das Sie noch nie gesehen haben, und sich darin eine Geschichte entwickelt.

Ein Abenteuer mit einem Einzelsymbol kann ganz offengelassen werden, wie das Wetterbeispiel, sodass Sie nicht wissen, wohin es Sie bringen wird; oder Sie können das ganze Set einbeziehen und um ein Symbol bitten, das eine besondere Relevanz für ein Symbol oder eine gute Situation hat, die Sie noch verbessert sehen möchten.

Die Welt im Samenkorn

Eine Variante des vorangegangenen Spiels ist die «Welt im Samenkorn».

Wählen Sie ein Symbol aus und lassen Sie von dort aus das ganze Habitat sich entwickeln.

Dieses Spiel lässt sich besonders gut mit Kindern und Erwachsenen spielen, die vielleicht noch nicht mit Project Sanctuary vertraut sind – denn eine Welt aus einem Samenkorn wachsen zu lassen, ist ziemlich natürlich und geht fast von allein, sobald Sie einen Ansatzpunkt (Pflanze, Tier, Artefakt, Engel, Menschen und so weiter) haben.

Stellen Sie einfach offene Fragen wie etwa «Was steckt hinter dem Engel?», «Was passiert als Nächstes?» oder «Was kannst du noch sehen / hören / spüren / schmecken / riechen / fühlen?». Und nachdem Sie anfangs ein bisschen graben mussten, werden bald schon die ganze Geschichte und die Informationen zu fließen beginnen – und Ihre Vision stellt sich ein.

Negative Symbole

Menschen sind komplex, aber nie im Leben willkürlich. Dieses Spiel ist wirklich sehr interessant und kann zu faszinierenden Einsichten führen, Botschaften gewissermaßen von der dunklen Seite des Mondes.

Skizzieren Sie alle 23 Symbole auf ein Stück Papier, eines nach dem anderen, so, wie sie Ihnen in den Sinn kommen. Tun Sie es zügig und nummerieren Sie die Symbole nicht.

Wenn Sie sich freuen, dass Ihnen endlich alle eingefallen sind, zählen Sie sie.

Fehlen Symbole?

Wenn ja, dann finden Sie heraus, welche Symbole es *diesmal* sind.

Betrachten Sie diese Symbole und lassen Sie sich eine Vision übermitteln, die in diesem Moment wirklich wichtig für Sie ist und etwas aufdeckt oder löst, an das Sie überhaupt nicht gedacht hatten oder um das zu bitten Sie nicht im Sinn hatten.

Dies ist eine faszinierende Übung, vor allem, wenn Sie sie schnell machen.

Selbst wenn Ihnen die Symbole später einmal sehr vertraut sind, wird diese Übung immer noch funktionieren und Ihnen aus einer ganz anderen Perspektive einige wirklich erstaunliche Erkenntnisse schenken.

Ohne physische Symbole spielen

Sobald Sie die Genius-Symbole kennen, können Sie auch ohne ein physisches Symbole-Set spielen. Eine einfache Art zu spielen ist, einfach der Reihe nach an die Symbole aus dem Klassischen Spiel zu denken (erinnern Sie sich noch daran, welche das waren? Könnten Sie es jetzt spielen?).

Eine andere, recht interessante Variante besteht darin, ein Symbol nach dem anderen auf einen großen Bogen Papier zu zeichnen und daneben Ihre Eindrücke zu schreiben.

Das ist sehr leicht, Sie können es jederzeit tun, an jedem Ort, und es erlaubt Ihnen später auch, die ganze Vision, so wie sie sich entfaltet hat, noch einmal nachzuvollziehen.

Wenn Sie mit jemand anderem spielen, können Sie die Symbole eines nach dem anderen zeichnen, damit der andere sie sehen kann, was auch eine gute Art zu spielen ist.

Ins vollkommen Unbekannte

«Zeig mir etwas, das ich noch nie zuvor gesehen habe ...»

Ich liebe besonders diesen Auftrag. Es ist, als würde man ins Kino gehen und sich einen brandneuen Film ansehen, der uns unterhält und fesselt – aber insgesamt noch viel besser. Natürlich muss man sich nicht aufs Visuelle beschränken.

«Gib mir etwas, das ich noch nie zuvor gefühlt habe.»

«Schick mir etwas, das ich noch nie zuvor gehört habe.»

«Bring mich irgendwohin, wo ich noch nie zuvor war.»

Und wenn Sie es wirklich wissen wollen, können Sie um etwas bitten, das *noch nie jemand* gesehen, gehört, gefühlt, erlebt hat ...

Erfinden Sie Ihre eigenen Spiele

Natürlich haben Sie jedes Mal, wenn Sie Ihren Satz Genius-Symbole herausholen, die Möglichkeit, auch Ihre eigenen Spiele zu ersinnen, Ihre eigene Spielweise mit Mustern, Rastern, Abfolgen sich enthüllender Symbole, mit aufgedeckten oder verdeckten Symbolen. Lassen Sie sich zu den richtigen Bewegungen und Entscheidungen in Geist, Körper und Seele führen, während Sie einfach spielen.

Sie werden viele spontane Spiele erfinden, besonders wenn Sie mit anderen zu spielen beginnen, im echten Leben oder nicht – schließlich und endlich ist der Unterschied überraschend klein.

Ich möchte Ihnen sehr ans Herz legen, Ihr Symbole-Set immer in der Nähe zu haben und sich immer mal wieder aufs Geratewohl zum Spielen verleiten zu lassen. Immer, wenn Sie im Alltag an Ihrem Set vorbeigehen, können Sie ein Symbol oder zwei ziehen, an ein Ereignis, eine Vision oder Geschichte denken oder sich ein paar neue Fragen für das nächste echte Abenteuer ausdenken.

Die Genius-Symbole im Sanctuary

Ich bin eine erfahrene Sanctuary-Spielerin, und es geschah ganz natürlich und gleich, nachdem die Symbole versammelt waren, dass ich mich auf dem Pertineri-Markt mit einem Symbole-Set vor mir wiederfand.

Visionen innerhalb von Visionen ...

Es ist eine Tatsache, dass es hier so viele Ebenen gibt, wie Sie mit dem Bewusstsein aufnehmen können. Wenn Sie in einem Habitat starten und von dort aus ein weiteres Habitat betreten – eine Vision innerhalb einer Vision –, werden die Habitate, die Sie besuchen, wie auch die Visionen, die Sie empfangen, abstrakter, und je mehr Ebenen Sie überschreiten, desto abstrakter werden sie.

Die Fähigkeit des bewussten Geistes, trotz der steigenden Abstraktionsebenen im Spiel zu bleiben, wächst mit der Übung. Und Sie können tiefer ins Spiel eintauchen, ohne dass Ihr Bewusstsein «den Geist aufgibt», aussteigt und Sie einfach bewusstlos werden oder einschlafen.

Wir nutzen dies ganz praktisch mit einer Sanctuary-Technik, um jederzeit nach Wunsch einschlafen zu können – wir treten in ein Schlafhabitat ein, wo wir einen hübschen Schlafplatz vorfinden. Dort träumen wir ein weiteres Habitat, in dem wir wiederum einen schönen Ort zum Schlafen entdecken. Darin träumen wir von noch einem Habitat, wo wir abermals eine geeignete Stelle finden, an der wir uns niederlassen und einschlafen ...

Es gibt nicht viele Menschen, die jemals mehr als fünf Schlafhabitate in diesem besonderen Spiel «schafften», ohne das Bewusstsein zu verlieren. Wenn Sie korrekt spielen und sich in jedem Habitat um autogene Klarheit bemühen, werden auch Sie feststellen, dass ein Zeitpunkt kommt, an dem der bewusste Geist nicht mehr weitermachen kann und abschalten muss.

Wie faszinierend dies auch sein mag, beim Spielen um Visionen und Schwellenverschiebungen geht es natürlich darum, *Klarheit* zu gewinnen und den Energy Mind und den bewussten Geist in Harmonie zu bringen. Denn wenn der bewusste Geist nicht im Spiel ist, können «wir» uns nicht daran erinnern, was geschieht, und dann nützt uns das gar nichts.

Wenn es Ihnen schwerfällt, das nachzuvollziehen, stellen Sie sich einfach vor, Sie hätten eines Nachts im Traum ein Heilmittel gegen Krebs gefunden. Aber als Sie aufwachten, erinnerten Sie sich nicht einmal mehr daran …

Diese Art Spiel ist vollkommen nutzlos für den Alltag, wie schon gesagt.

Eine oder zwei Ebenen zusätzlich ins Spiel zu bringen, ist hingegen eine gute Übung, um die Fähigkeit des bewussten Geistes zu schärfen und «wach zu bleiben», und es fördert auch unsere Fähigkeit, klar zu bleiben, im Wachzustand und in Träumen ebenso wie in Sanctuary-Visionen.

Ein erstes Spiel mit den Genius-Symbolen im Sanctuary

Suchen Sie sich ein geeignetes Habitat mit einer Behausung, wo Sie in Ruhe, in einem geschützten Raum, spielen und die bestmöglichen Ergebnisse erzielen können.

Formulieren Sie unter allen Umständen den Auftrag, dass die physischen Symbole diese Umgebung schaffen sollen, bevor Sie anfangen. Sobald das Habitat feststeht – mit anderen Worten: Sie

Ihre Zeit und Ihren Raum im Datenstrom gefunden haben –, begeben Sie sich einfach dorthin.

Suchen Sie sich den Ort, an dem die Symbole auf Sie warten, und setzen Sie sich hin, wie Sie es auch im «richtigen Leben» tun würden.

Formulieren Sie einen Auftrag, wie Sie es auch «in echt» tun würden. Oder sorgen Sie dafür, dass ein paar Freunde anwesend sind, die mit Ihnen oder für Sie spielen können, oder schlagen Sie Aufträge vor, die Ihnen hier helfen könnten, eine Veränderung herbeizuführen.

Dann spielen Sie das Spiel einfach, wie es sich entwickelt. Sie werden feststellen, dass die Visionen ganz anders sind, wenn Sie Ihr Spiel im Sanctuary spielen.

Für andere spielen

Wenn wir für uns selbst spielen, sind wir oft versucht, Vergleiche zwischen den Visionen anzustellen, die wir haben, und den Erinnerungen aus unserem eigenen Leben. Das trifft vor allem auf Menschen zu, die schon einmal in Therapie waren oder selbst Therapeuten sind; aber auch andere können dies nur schwer vermeiden.

Wenn wir für andere spielen, ist das ganz anders.

Wir empfangen Visionen, die wir nicht darauf zurückführen können, dass sie auf irgendeiner Ebene etwas mit uns zu tun haben; das ist faszinierend, und ich halte es auch für besonders bereichernd, da wir hier wirklich neue Daten von einer Art ins Spiel bringen, die uns noch nie zuvor untergekommen ist.

Im echten Leben ist die Annahme von Kunden für Deutungen, Coachings, Trainings und visionäre Erfahrungen mit den Genius-Symbolen auf natürliche Weise durch die Zeit begrenzt, die Sie erübrigen können. Im Sanctuary gebieten Sie selbst über Zeit und Raum; Sie können so viele astrale Klienten annehmen, wie Sie wollen, und die unendlichen Möglichkeiten nutzen, die sich nicht nur auf lebende Menschen beschränken.

Visionen für einen Fremden, einen verstorbenen Angehörigen, einen vollkommen Unbekannten aus einer anderen Zeit, selbst für einen Freund zu empfangen, ist absolut faszinierend und setzt ganz andere Fähigkeiten voraus, als wenn Sie für sich selbst und Ihre eigenen Fragen und Aufträge spielen würden.

Behalten Sie im Hinterkopf, dass Sie stets um eine Schwellenverschiebung spielen – in diesem Fall ist es nicht Ihre eigene, sondern die des Fragestellers.

Und solange er nicht vor Aufregung auf und ab hüpft und ruft: «Meine Güte!», «Wow!», «Das ist es!», «Aha!» oder «Heureka!», ist der Prozess noch nicht zu Ende.

Es spielt keine Rolle, wer Ihr Fragesteller ist, selbst die fortgeschrittensten, magischsten oder anderweitig wundersamsten Wesen sind den Regeln des Universums unterworfen und brauchen ihre Schwellenverschiebungen, so wie wir.

Wenn Sie der Fragesteller sind

Eine wunderbare Art, alle möglichen neuen Blickwinkel auf die Kunst Visionen zu entwickeln, das Leben, das Universum und alles andere zu schaffen, besteht darin, dass Sie jemand anderen eine Vision für sich empfangen lassen.

Dieser andere kann natürlich jeder Beliebige sein – aber wer sollte es in diesem Fall sein?

Ein berühmter Seher aus alter Zeit?

Ein Aspekt Ihrer selbst, dem die Übung guttäte?

Einer Ihrer Freunde?

Sie selbst, so, wie Sie hier und jetzt sind?

Eine klügere Ausgabe Ihrer selbst aus der Zukunft?

Oder eine intuitivere kindliche Ausgabe Ihrer selbst aus der Vergangenheit?

Ein Außerirdischer, der in Ihrem Namen als Katalysator im Spiel mitwirkt?

All dies ist unendlich faszinierend, und Ihre eigenen Reaktionen auf das Spiel und seine Entwicklung aus dieser Perspektive sind ebenso kostbar und eine einzigartige, ganz eigene Erfahrung.

Lebendige Erfahrungen mit den Symbolen

Die Genius-Symbole sind Tore, Portale, wie wir schon gesagt haben. In Sanctuary ist das ganz real und wörtlich zu verstehen.

Vielleicht möchten Sie es einmal mit einem Spiel versuchen, in dessen Rahmen Sie ein Gebäude mit 23 Türen aufsuchen, die jeweils ein Symbol tragen. Sie müssen nur wissen, dass Sie, wenn Sie diese Türen durchschreiten, ein neues Habitat betreten, das Sie dem Verständnis des Symbols und Ihrer Beziehung zu ihm näherbringen wird.

Dies ist tatsächlich eine faszinierende Erfahrung und hält schon für sich genommen zahlreiche Abenteuer bereit. Da nichts jemals «zu Ende geht», können Sie ein und dieselbe Tür viele Male durchschreiten und dabei etwas Neues lernen, *sich fortentwickeln*, und zwar in einer spiralförmigen Bewegung der Entfaltung, die niemals endet, solange Sie leben.

Im Sanctuary aus den Symbolen Artefakte zu machen oder Artefakte mit den Symbolen zu schmücken ist ebenfalls ein ganz und gar faszinierendes Unterfangen.

Stellen Sie sich ein Schwert vor, in dessen Klinge das Symbol für Zeit geätzt ist!

Meine Güte!

Was könnten Sie damit anfangen?

Wofür könnten Sie es verwenden?

Wo wäre es von Nutzen? Oder wann?

Oder stellen Sie sich eine Tasse vor, die das Symbol für Sternenstaub trägt …

Eine Frucht, in deren Fleisch bei näherem Betrachten das Symbol für Geschenk zu erkennen ist …

Einen Baum, auf dessen Blättern sich das Symbol für Tanz findet …

Dies ist ein überaus reizvolles Spiel, und ich hoffe, dass Sie sich die Zeit nehmen, es in seiner Gänze zu spielen und zu erleben.

Kinder und die Genius-Symbole

Kinder lieben Project Sanctuary und sind von Natur aus Spieler. Erwachsene können davon noch etwas lernen, wie schnell Kinder mit dem Spiel warm werden und wie mühelos sie einfach in die Geschichten eintauchen und herausragende Lösungen finden.

Sie können mit realen Kindern spielen, aber auch mit Sanctuary-Kindern – mit Ihrem magischen inneren Kind, mit kindlichen Aspekten und anderen Arten von Sanctuary-Kindern, auch Seelenpiloten.

Sie können das gesamte Spiel im Sanctuary spielen oder das Kind, mit dem Sie spielen, zu sich kommen lassen, während Sie real mit den Symbolen spielen.

Es gibt drei Hauptmöglichkeiten, wie Sie mit Kindern spielen können.

Eine besteht darin, ihnen eine Geschichte zu erzählen. Die zweite wäre, dass Sie sich von ihnen eine Geschichte erzählen lassen, und die dritte, dass Sie zusammen mit ihnen eine Geschichte entwickeln.

Keine Methode ist «besser» oder per se nützlicher als die anderen. Beim Spielen mit Kindern sollten Sie alle drei Methoden anwenden, da sie sehr unterschiedlich sind und verschiedene Aspekte unserer selbst, der Kinder und der Beziehung zwischen uns realistisch abbilden.

Eine erste Symbol-Erfahrung

Ich persönlich zeige gern beim ersten Mal einem Kind die Symbole und lasse mir von ihm erzählen, was als Nächstes passiert.

Normalerweise finden Kinder die Symbole auf den Steinen

ziemlich faszinierend und stellen Fragen oder erzählen Ihnen etwas dazu. Wenn Sie ihnen hierin folgen, können Sie kaum falschliegen.

Sie können den Kindern die Symbole und ihre Bedeutung erklären, aber langweilen Sie sie nicht mit zu vielen Details.

Ich lasse mir gern von den Kindern zeigen, welche Symbole sie am interessantesten finden, sodass sie die Geschichte von dort aus weiterspinnen.

Irgendwann biete ich ihnen dann an, ein Erstes Sanctuary zu entwickeln. Eine eigene Welt für sich allein zu haben, ist etwas, das Kinder wirklich mögen. Und genauso wie bei Erwachsenen bringt es die Dinge in Fluss, macht Spaß und trainiert «nebenbei» die Grundfertigkeiten, die Sie brauchen, um ein guter Spieler zu werden.

Eine erste Geschichten-Erfahrung

Ganz gleich, ob Sie die Geschichte selbst erzählen, sie vom Kind erzählen lassen oder sich das Erzählen teilen, ist es eine gute Idee, eine erste Geschichte ins Rollen zu bringen. So begreift das Kind, dass das Sanctuary ein Ort der Aktivität ist, an dem man großartige Abenteuer erleben kann.

Wenn Sie dem Kind die Frage stellen: «Welche Geschichte denken wir uns heute aus?», wird ein Auftrag dabei herauskommen – ganz einfach und unmittelbar.

Die Art, wie unvermittelt Kinder damit herausrücken, was sie wollen, und ihre Aufregung über «eine Geschichte mit Robotern und Raumschiffen und vielen Außerirdischen» kann Ihnen vor Augen führen, wo Sie vielleicht zu schwerfällig und einfallslos waren, als Sie um Ihre eigenen Spiele baten.

Sie können mit den Symbolen für das Klassische Spiel anfangen.

Vertrauen Sie mir – von da an ergeben sich die Dinge wie von selbst.

Geschenke machen und erhalten

Das Geschenk ist ein original Project-Sanctuary-Muster, das eine Energieform erschafft und sie einem Empfänger als Ihr besonderes Geschenk übermittelt, das zu schenken nur Sie die Macht haben.

Dies ist eine Praxisübung für Project Sanctuary, denn es ist der Energy Mind, der das Geschenk erschaffen und übermitteln muss. Mit dem Bewusstsein können wir wie üblich nicht erfassen, wie das geht.

«Schicken wir das perfekte Geschenk an Tante Maria, damit sie nicht mehr so traurig ist. Wie soll es aussehen?»

Sie können nach dem Zufallsprinzip ein Symbol ziehen und Ihr Geschenk damit assoziieren; Sie können aber auch ein komplettes Habitat auf die Beine stellen und darin nach dem Geschenk suchen.

Wenn wir das Geschenk haben, schicken wir es mit einer Geste fort, als würden wir einen Vogel aus unseren Händen freilassen, damit es wegfliegt und seinen Empfänger findet.

Ein Geschenk zu machen ist eine wunderbar bereichernde und berührende Erfahrung, die auch im echten Leben magische Ergebnisse zeitigt. Es ist ein Stück Magie, das jeder beherrscht und das ziemlich real ist.

Man kann alles und jeden beschenken – ein Haustier, eine Umgebung, eine Firma, eine Situation. Das wird die Atmosphäre stets verbessern und alles in einem helleren Licht erscheinen lassen.

Das Geschenk zu empfangen kann hingegen etwas kniffliger sein.

Bitten Sie einen Freund um ein Geschenk und warten Sie ab,

was als Nächstes passiert. Dies ist eine großartige Gelegenheit, etwas zu bekommen, das man braucht und sich wünscht und das wahrscheinlich unerlässlich für Gesundheit, Wohlbefinden und Entwicklung ist.

Hier ist es von äußerster Wichtigkeit, wie das Geschenk genutzt wird.

Wo passt es hin, wohin gehört es, was sollen Sie damit anfangen?

Wenn Sie ein Buch über Vögel bekommen, sollen Sie sich dann nur dafür bedanken und es im Regal verstauben lassen?

Im Sanctuary stellen wir viel mehr damit an.

Behalten Sie im Hinterkopf, dass Sie magisch denken müssen – besonders, wenn Geschenke im Spiel sind.

Das Vogelbuch schreit geradezu danach, aufgeschlagen zu werden, damit alle Vögel darin zum Leben erwachen, aus den Seiten fliegen und in den Baumwipfeln zu zwitschern beginnen. Das Buch selbst verwandelt sich in eine große braune Eule, die vielleicht Ihr Freund wird …

Stellen Sie sich vor, dass ein Geschenk, das Sie erhalten, ein Rätsel ist, und finden Sie heraus, wohin es will, was es tun möchte und wie es empfangen werden will.

Diese Fähigkeiten sind sehr wertvoll und schnell gelernt, selbst von den kleinsten Kindern. Sie werden ihnen ihr ganzes Leben lang gute Dienste leisten und ihnen die Tür zu den Wundern öffnen, die ihnen begegnen.

Gutenachtgeschichten und Metageschichten

Nicht alle Geschichten lassen sich innerhalb von Minuten zu Ende erzählen; und viele der Geschichten, bei denen das so ist, öffnen die Tür zu jener Sanctuary-Welt und haben viele Fortsetzungen oder sogar eine umfassende Metageschichte.

Die Gutenachtgeschichten von Project Sanctuary sind den Bilderbüchern x-beliebiger Autoren einfach haushoch überlegen.

Sie sind auf das Kind maßgeschneidert, um es zu erfreuen. Wenn Sie durch Ihren Auftrag um eine Geschichte bitten, die dem Kind süße Träume, einen tiefen Schlaf, wunderbare Erholung und ein klares, erfrischtes Aufwachen schenkt, leisten Sie gute Arbeit.

Sie können noch viele andere Anliegen, Hoffnungen und Träume für das Kind haben, die Sie in den Auftrag einbauen können – besonders die Themen des vergangenen Tages lassen sich so durch eine Geschichte lösen und entwickeln.

Selbst wenn Sie erst ein paar Mal mit den Symbolen gespielt haben, werden Sie es rasch nicht mehr nötig haben, die Steine anzuschauen, sondern in der Lage sein, sich die Symbole im Geiste vorzustellen. Sie können also selbst im Dunkeln neben Ihrem Kind eine Welt erfinden, die Sie beide sehen, und so eine enge Verbindung schaffen, die sehr kostbar, aber auch unglaublich lehrreich für das Kind ist.

Sobald eine Geschichte auf den Weg gebracht ist, kann das Kind sie aufgreifen und nach Belieben verändern und verwandeln helfen. Dies ist dem passiven Empfangen einer Geschichte weit überlegen – einer Geschichte, die in Buchstaben schwarz auf weiß gebannt wurde, und zwar von einem Dritten, der nicht einmal anwesend ist.

Wenn die Geschichte einmal ins Stocken gerät, können Sie die Genius-Symbole zu Hilfe rufen, damit sie Ihnen etwas vorschlagen, das die Geschichte wieder in Gang und zu einem erfolgreichen und reizvollen Ende bringt.

Dies ist pure Magie, und es sorgt auch dafür, dass das Kind Sie auf eine ganz neue Art und Weise respektiert, da Sie der Geschichtenerzähler und nicht nur Sprachrohr eines anderen sind, der klüger und weit weg ist.

Es funktioniert auch andersherum, indem der Geschichtenerzähler die Intelligenz und Kreativität des Kindes ganz neu schätzen lernt. Die Tiefe der erreichten engen Beziehung und Verbindung, die dieses Erlebnis schafft, strahlt auch auf andere Gebiete aus.

Ihre besonderen Geschichten werden eine Quelle der Verbindung bleiben und auch ein Ort, an den Sie zurückkehren können, falls das nötig sein sollte oder falls schlimme Dinge geschehen, um die erwähnte magische Verbindung durch die Welten zu stärken, die Sie gemeinsam erschaffen haben.

Dies ist wahrhaft magisch, und die Langzeitwirkung, die diese Art Verbindung zu einem Kind hervorruft, sollte nicht unterschätzt werden.

Vielleicht reicht sie sogar über das Ende des Lebens hinaus.

Geschichten und Bilder

Ein Bild über eine Sanctuary-Geschichte können Sie an einem regnerischen Nachmittag ebenso wie auch immer dann malen, wenn Sie eine verbindende und gemeinsame Erfahrung mit einem Kind machen wollen.

Anstatt einfach nur die Geschichte zu erzählen, dürfen nun Sie, das Kind oder Sie beide die Jahreszeit, die Landschaft, das Wetter, die Behausung, die Freunde, die Artefakte zeichnen.

Das kann in einem einzelnen Bild geschehen oder in einer ganzen Reihe von Bildern. Es kann dabei eine Art Comic auf einem Stück Papier herauskommen oder ein farbiges Gemälde, das sich an die Wand hängen lässt.

Eine Geschichte, ein Habitat oder eine bestimmte Schwellenverschiebung einzufangen und im echten Leben sichtbar zu machen, ist ein magisches Unterfangen, und sowohl der Vorgang als auch die Ergebnisse repräsentieren einen anspruchsvollen Lernprozess.

Kleine Welten

Ich selbst habe es schon immer unermesslich genossen, eine «Miniaturwelt» zu erfinden, und auch Kinder lieben das heiß und innig.

Eine solche Welt können Sie auf einem Teller zaubern oder im Garten, am Strand oder in einer Schuhschachtel. Oder Sie bauen sie größer, damit das Kind mit seinen Spielfiguren oder Plüschtieren darin spielen kann.

Ein wenig Sand, ein paar Stöcke und Zweige als stattliche Bäume, ein Stück Alufolie als See und ein Kieselstein als Berg – und schon kann's losgehen.

Miniaturwelten zu erschaffen und darin zu spielen ist einfach märchenhaft. Sie brauchen nicht wirklich viel Material, und es macht einen Riesenspaß.

Wenn Sie sich richtig ins Zeug legen und Modelle von Schlössern basteln und große Kristalle für außerirdische Welten benutzen wollen, dann tun Sie das um Himmels willen!

Dies ist sicher eines meiner liebsten «Kinderspiele» aller Zeiten.

Seelenpiloten für Kinder

Kinder fühlen sich in der heutigen Gesellschaft oft nutzlos und überflüssig.

Die Arbeit als Seelenpilot – der seine Dienste anbietet, um verlorene Seelen zu retten – verbessert das Selbstwertgefühl. Darin unterscheiden sich Kinder nicht von Erwachsenen.

Jedes Kind hat seine eigene, unverwechselbare Schwingung und seine eigenen Aufträge; diese sind andere als die Ihren und gehören dem Kind allein.

Es ist per se für die meisten Kinder eine Offenbarung, dass sie hier gebraucht werden und Sie nur als Ratgeber fungieren – der Auftrag bleibt Sache des Kindes.

Beginnen Sie mit der klassischen Anordnung, formulieren Sie aber im Auftrag, dass das Kind jemandem helfen möchte, der heute seine Hilfe braucht, indem Sie das Symbol für Geist an die erste Stelle legen.

Achten Sie darauf, dass Sie das Kind nicht überfordern oder selbst nicht die Führung übernehmen, egal wie sehr Sie sich das wünschen. Denken Sie daran: Hier geht es um das Kind, und Sie spielen in diesem Fall nur die Ratgeberrolle, indem Sie dem Kind als «Freund» dienen.

Und Sie wissen ja, wie ein wahrer Freund Ihnen hilft – jedenfalls nicht, indem er Ihnen das Spiel entreißt und es an Ihrer Stelle spielt!

Träume und Albträume

Kinder sind ihren Träumen sehr nahe, auf eine Art und Weise, die wir schon lange vergessen haben. Mit einem Kind über seine Träume zu sprechen, ist zunächst schon eine sehr gute Maßnahme. Dass man diese Träume aber ins Sanctuary mitnehmen kann, um sie dort weiter zu erforschen oder im Falle von Albträumen ins Positive zu verwandeln, ist eine erstaunliche Lektion, die das Kind lernen kann.

Behalten Sie bei alldem im Hinterkopf, dass es, wenn Sie Sanctuary mit einem Kind spielen, kein Animationsprogramm ist, das Sie immer und immer wiederholen müssen, bis Sie es gründlich leid sind – stattdessen lernt das Kind, seinen eigenen Geist für sich einzusetzen.

Sobald Sie ein paar Traumlösungen mit Ihrem Kind durchgegangen sind, kann es diese jederzeit selbst durchführen, wenn sie nötig werden; dies ist eine Fertigkeit fürs Leben und etwas, das ihnen nie wieder jemand nehmen kann.

Es ist schön, den Kindern anzubieten, gemeinsam mit Ihnen etwas durchzuspielen, wenn es notwendig ist; aber Sie werden feststellen, dass Kinder sich Sanctuary schnell aneignen und Sie mit dem überraschen, was sie darin treiben. Wahrscheinlich werden sie Sie dazu inspirieren, etwas Neues auszuprobieren und flexibler und lustvoller bei Ihren Abenteuern zu werden.

Ich möchte ebenfalls hinzufügen: Wenn Sie einen Ihrer eigenen Albträume auf den Tisch bringen und im Spiel um die Traumlösung das Kind um seine Hilfe bitten, kann etwas Aufrichtiges, Magisches und zutiefst Harmonisierendes zwischen Ihnen beiden stattfinden – unabhängig von den Etiketten, die die Gesellschaft Ihnen aufdrückt.

Spiele für größere Kinder und Teenager

Man könnte meinen, dass größere Kinder, heranwachsende Jungen und patzige Teenager sich weigern würden, mit ihren Erzeugern Project Sanctuary zu spielen. Aber damit läge man falsch.

Vergessen wir nicht, dass sich ein Project-Sanctuary-Spiel zum Beispiel auch um Sex drehen kann und dass jemand, der weiß, wie man ein Habitat ins Leben ruft und sich darin einrichtet, auch einen Popstar, einen Topsportler oder jede andere gewünschte Person dorthin einladen und viel Spaß haben kann – und das alles ganz sauber und keimfrei und ohne das Risiko, sich mit Geschlechtskrankheiten anzustecken oder schwanger zu werden!

Project Sanctuary hat nichts mit Tagträumerei zu tun; man kann dort alles spielen, was Ihrem Sprössling wichtig ist – sei es nun, dass er seine sportlichen Leistungen verbessern, ein Date mit einem Popidol ergattern, Drachen bekämpfen, außerirdische Planeten erforschen, Eisbären retten oder den Nachbarsjungen heiraten und glücklich bis ans Ende aller Tage mit ihm leben will. Darüber hinaus wird sich die spielende Person dabei auch noch weiterentwickeln.

Die Fähigkeit, in etwas «einzutreten» und Teil dessen zu werden, was einen so fasziniert – von einem Computerspiel bis hin zu einer Fernsehshow, einem Film oder einem Manga-Comic, einer Anekdote aus der Geschichte oder dem Lieblingsbuch –, ist an sich schon eine Verlockung und kann größere Kinder durchaus dazu motivieren, es einmal mit Project Sanctuary zu versuchen, besonders allein und in der Privatsphäre ihrer eigenen Phantasie.

Denken Sie daran, dass Project Sanctuary Lebenstüchtigkeit vermittelt.

Es bietet dem Spieler eine Plattform, auf der er sich in einer sicheren und unterstützenden Umgebung Befriedigung holen und mit vielen Dingen, Situationen, Menschen, Verhaltensweisen, Bewegungen, Fähigkeiten experimentieren kann. Es gestattet uns, Verhaltensweisen zu üben, die uns auch dann zur Verfügung stehen werden, wenn es hart auf hart kommt, da es autogen ist und den Lernprozessen und Erfahrungen im wirklichen Leben so ähnelt, dass es fast nicht mehr davon zu unterscheiden ist.

Alle Jugendlichen und Teenager träumen mit offenen Augen. Noch einmal: Es ist von unschätzbarem Wert, wenn sie diese Träumereien in reale, autogene Phantasien verwandeln können, die sie selbst kontrollieren und die sie auch auf ihre Ziele, Hoffnungen und Träume für dieses Leben anwenden können.

Wenn Sie ihnen dies ein wenig erklären, eine oder zwei Geschichten erzählen und sie einladen, es einfach mal für sich allein mit dem Ersten Sanctuary zu versuchen, tun Sie ihnen einen Gefallen, der Ihnen lebenslang ihre Dankbarkeit eintragen wird.

Meine Kinder und Angehörigen wissen, wer meine Sanctuary-Freunde sind. Sie kennen ihre Namen und fragen ebenso oft, wie es ihnen geht und ob es Neuigkeiten gibt, wie Sie nach einem Onkel in Alaska fragen würden.

Project Sanctuary ist Teil meiner Familie.

Wir besitzen gemeinsame Erfahrungen und gemeinsame Habitate, über die wir sprechen können; auf langen Autofahrten spielen wir ein bisschen Sanctuary, und wir wenden in der Tat auch Sanctuary-Lösungen auf viele reale Situationen an.

Von jemandes Zimmer als seinem Habitat zu sprechen macht zum Beispiel nicht nur Spaß, sondern ist auch auf vielen verschiedenen Ebenen bedeutsam.

Oder liegen in Ihrer Sanctuary-Behausung etwa Ihre schmutzigen Socken auf dem Boden herum? Ich schätze nicht …

Project Sanctuary erweitert Ihre Unterhaltungen mit Ihrem Partner, Ihren Kindern, Ihren Freunden im echten Leben um vollkommen andere Dimensionen.

Es ist, als ob uns tatsächlich und auf einer persönlichen Ebene passieren würde, was wir in einer Seifenoper sehen.

Einen Menschen um sich zu haben, von dem wir wissen, dass er gerade unterwegs ist, um das Schwert des Königs zu suchen, oder was auch immer er eben vorhat – zur Arbeit zu gehen, den Garten zu wässern, die Garage zu entrümpeln etc. –, macht ihn einfach noch interessanter.

Das Zusammensein mit diesem Menschen wird facettenreicher, vielschichtiger, tiefer, spannender, und der wundersame Faktor Entwicklung und Vorwärtsbewegung ergibt sich automatisch.

Dieser Mensch wird sich verändern, wenn er die Schwellenverschiebung in der Geschichte erreicht hat – es wird ihn erneuern und noch spannender machen, als er ohnehin schon war.

Erfahrener, intelligenter, vernünftiger, konzentrierter, kontrollierter, wahrscheinlich auch mitfühlender und verständiger – wie cool!

Wir leben mit interessanten Menschen, die sich entwickeln.

Wir besitzen eine Plattform, auf der wir über Hoffnungen und Träume ebenso wie über Rechnungen sprechen können und darüber, wer mit dem Kloputzen dran ist.

Das im Familienleben zu haben ist wunderbar, und ich kann Ihnen versichern, dass keiner von uns an «Realitätsverlust» leidet, ganz im Gegenteil – denn wenn Enttäuschungen und Illusionen und Tagträumereien aufhören, betreten echte Phantasie und Kreativität die Bühne, und dann belebt sich die Welt mit Geheimnissen, Magie und außergewöhnlichem Potenzial.

Mehr über die Genius-Symbole

Symbol-Meditationen

Eine Meditation besteht darin, achtsam zu sein und gesammelt über etwas nachzudenken und eine Zeitlang Ihre volle Aufmerksamkeit und Konzentration darauf zu richten und auf nichts anderes.

Hypnose, Trommeln und Weihrauch sind nicht nötig; ebenso wenig müssen Sie mit Kristallen auf Ihren Chakras daliegen, um meditieren zu können.

Nennen Sie es «Nachsinnen» über etwas, denn im Wesentlichen ist es das, was wir dabei tun.

Es wird Ihnen leichter fallen, sich auf ein Symbol zu konzentrieren, wenn Sie es in die Hand nehmen und es einfach betrachten.

In diesem Kapitel möchte ich Ihnen einige interessante Ideen für Meditationen, Entdeckungsfahrten, Abenteuer und Erfahrungen vorstellen, die wirklich wertvoll sind und die Sie für sich selbst ausprobieren können – vielleicht auch nur ganz kurz, während Sie eine Tasse Kaffee trinken.

Geschenk im Vergleich zu Handel

Hier ein Beispiel dazu, wie sich zwei Symbole benutzen lassen, um Balance und Klarheit in einem Bereich zu gewinnen, der recht wichtig für das tägliche Leben ist. Dies ist ein ganz spezielles Beispiel, doch Sie können das Muster auch auf jeden anderen Bereich anwenden, für den die Symbole stehen oder in dem es Verwirrung und Konflikte gibt.

In diesem Beispiel habe ich mit Interesse erkannt, dass viele Menschen Geschenke und Handel gern verwechseln.

Ein Geschenk ist nicht an Bedingungen geknüpft, und es wird nichts im Gegenzug dafür erwartet; bei einem Handel werden Dinge *ausgetauscht*.

Nehmen Sie die Symbole für Geschenk und Handel in die Hand und stimmen Sie sich auf ihre unterschiedlichen Energien ein – darauf, wie sie sich anfühlen, welche Assoziationen Sie damit verbinden. Wenn Sie EmoTrance praktizieren, werden Sie sich natürlich von den Energien durchströmen lassen wollen, sodass Sie Klarheit darüber erlangen, wie sie sich anfühlen und wie sie beschaffen sind.

Dann geben Sie jedes Symbol in die jeweils andere Hand, sodass Sie dadurch eine andere Perspektive einnehmen. Wenn Sie Hilfe brauchen, spielen Sie eine Geschenk- und eine Handel-Geschichte durch, um weitere Informationen und Erkenntnisse nicht nur darüber zu gewinnen, inwiefern sie sich unterscheiden und wie sie «funktionieren», sondern auch über *Ihre* einzigartige, durch Ihrer Lebenserfahrung motivierte Sicht darauf und darüber, wie die Symbole bei Ihnen wirken und was sie bedeuten.

Das Symbol des Tages

Bewahren Sie Ihr Symbole-Set so auf, dass es jederzeit greifbar ist. Wenn Sie im Alltag daran vorbeigehen, ziehen Sie ein Symbol – irgendein Symbol.

Das ist Ihr «Symbol des Tages» – etwas, über das Sie nachdenken können, während Sie Ihren Alltagsbeschäftigungen nachgehen, ohne groß ins Grübeln zu geraten. Behalten Sie es einfach im Hinterkopf und schauen Sie, ob in Bezug auf dieses Symbol etwas Interessantes passiert oder auftaucht.

Die Menschen, die dies in der Testphase ausprobierten, sagten einhellig, dass es ihnen besondere Freude gemacht und ihnen geholfen habe, die «Welten näher zusammenzubringen».

Vor allem interessant ist, dass Sie, wenn Sie nach einer Weile dasselbe Symbol ziehen sollten, feststellen können, wie weit Sie sich seit dem letzten Mal, als Sie an dieses Symbol dachten, weiterentwickelt haben.

Sie erkennen Ihre Fortschritte im Verständnis des Symbols und seine Funktionsweise, aber auch in der Art und Weise, wie Sie diese Einsichten in Ihrem täglichen Leben umsetzen und es dadurch verbessern.

Eine hervorragende Übung.

Schnelle Tagesmeditation

Ziehen Sie, wann immer Sie möchten – in der Kaffeepause, vor dem Schlafengehen oder als Erstes frühmorgens –, nach dem Zufallsprinzip ein Symbol oder wählen Sie ganz bewusst eines aus. Nehmen Sie sich dann einen Moment Zeit, es in der Hand zu halten, es zu spüren, darüber nachzudenken und vielleicht sogar die eine oder andere Wahl zu treffen oder Entscheidung zu fällen, die mit ihm in Zusammenhang steht.

Vielleicht wählen Sie zum Beispiel einmal das Symbol für Behausung, und Sie nehmen dies zum Anlass, Ihr Schlafzimmer gründlich zu putzen.

Das Schöne an den Genius-Symbolen ist, dass sie – eben weil sie so vielschichtig sind – einen Zugang sowohl zu den banalsten Tätigkeiten als auch zu den esoterischsten Bewusstseinsreisen eröffnen können.

Sie haben zu jedem Zeitpunkt die vollkommene Kontrolle über das, was Sie tun wollen und was Sie vorhaben – und auch darüber,

Mehr über die Genius-Symbole

die Kontrolle an den Energy Mind abzugeben und um etwas zu bitten, von dem Sie noch keine Ahnung haben, was es sein könnte (und es könnte alles sein).

EmoTrance-Symbolübungen

Dies ist eine sehr, sehr interessante Methode, mit Hilfe der Energie der Symbole zu lernen und nicht nur Ihre Denkweise zu verändern, sondern Ihr gesamtes Energiesystem.

Wir erwähnten bereits die EmoTrance-Methode[8], mit der sich Blockaden und Schutzschilde vor Symbolen entfernen lassen. Aber Sie können dies auch noch viel, viel weiter treiben.

Ein Beispiel:

Suchen Sie sich ein Symbol aus, nehmen Sie es in die Hand und stimmen Sie sich auf seine Energie ein. Denken Sie daran, dass das Symbol kein statischer Stein mit einem aufgemalten Bild ist, sondern – energetisch gesprochen – ein Tor, durch das Information strömt.

Lassen Sie diese Information, diese unverwechselbare Energie in Ihren Körper eintreten.

Wo tritt diese Energie in Ihren Körper ein?

Spüren Sie nach, wie die Energie in Ihren Körper, durch ihn hindurch und aus ihm heraus fließt.

Glätten Sie etwaige raue Stellen, heilen Sie Hindernisse auf dem Weg, lösen Sie Blockaden – weichen Sie sie auf, sodass alles wieder fließt! – und erhalten Sie den Energiestrom, bis Sie den energetisierten End-Zustand[9] erreichen.

....

[8] Silvia Hartmann: *Oceans of Energy*, Eastbourne: DragonRising 2003. (deutsch: EmoTrance, Kirchzarten 2003, VAK)

[9] Der «energetisierte End-Zustand» ist der EmoTrance-Begriff dafür, dass eine Schwellenverschiebung stattgefunden hat und die betreffende Person über-

Wenn Sie fertig sind, setzen Sie sich einen Augenblick hin und nehmen sich die Zeit, darüber zu reflektieren, inwiefern Ihr Bewusstsein sich verändert hat, was Sie gelernt haben und ob sich alte Urteile im Licht dieser neuen Erfahrung gewandelt haben.

Dies ist eine unschätzbare Form der Selbsthilfe und dazu eine einzigartige Erfahrung mit jedem einzelnen der Symbole.

Sie können mit Hilfe von EmoTrance auch die Energie einer ganzen Geschichte, eines Musters, einer Entwicklung und einer Symbolsphäre in sich aufnehmen. Es ist natürlich ziemlich erstaunlich, mit Hilfe von EmoTrance Störungen auf den Grund zu gehen, während Sie die Geschichte spielen, sich Ihrer Reaktionen bewusst werden und nicht nur um eine Schwellenverschiebung spielen, sondern um eine Schwellenverschiebung, die auch ein energetisierter End-Zustand ist.

Sobald Sie so die Energie der Symbole erfahren haben, können Sie die Energie eines Symbols jederzeit kanalisieren.

Zeichnen Sie als Erstes das Symbol in die Luft vor sich, um sich auf diese bestimmte Energieform einzustimmen, dann kanalisieren Sie sie durch Ihren Körper.

Sobald Sie die Schwellenverschiebung spüren, haben Sie diese Form der Energie wachgerufen und können nun handeln und diesen Zustand zu dem Zweck einsetzen, der Ihnen vorschwebt.

Denken Sie interessehalber darüber nach, bei welcher Gelegenheit Sie es nützlich finden könnten, die Energie der Symbole Brunnen, Geschenk, Sternenstaub, Zeit, Raum und Außerirdischer zu kanalisieren.

Die Anwendungsmöglichkeiten dafür sind wie alles im Reich der Energie und in Sanctuary wahrscheinlich unbegrenzt.

. . . .

glücklich, voller Energie und Tatendrang und ganz aufgeregt über ihr Aha-Erlebnis ist.

Können Sie das Symbol für Zeit an Ihrem Wecker befestigen, sodass Sie nicht mehr dauernd verschlafen?

Können Sie sich ein Schmuckstück machen lassen, das das Symbol für Magie trägt?

Können Sie das Symbol für Geschenk auf eine Geburtstagskarte unter Ihren Namen malen?

Können Sie das Symbol für Drachenschwingen auf einen Projektordner zeichnen, um das große Ganze im Blick zu behalten und sich nicht in Details zu verlieren?

Können Sie das Symbol für Engel mit beiden Händen vor sich in die Luft malen, um diese Energie in ihr Leben einzuladen?

Können Sie einen Kuchen mit den Symbolen für Sternenstaub, Licht und Tanz verzieren?

Können Sie einen Quelle in Ihr Wohnzimmer zaubern?

Ja, natürlich können Sie das! Tatsächlich möchte ich Sie zum Gebrauch der Symbole ermutigen, wann immer Sie Hilfe von den «höheren Mächten» benötigen.

Die Genius-Symbole sind allgemeingültig, und sobald Sie und Ihr Energy Mind sie kennen, können Sie sie dazu benutzen, auf vielen verschiedenen Kanälen zu kommunizieren. Die Symbole haben aus einem bestimmten Grund eine so einfache Form, und dieser Grund besteht darin, dass sie so leicht durch Bewegungen darzustellen sind.

Sie können die Symbole mit den Händen nachzeichnen, Sie brauchen nicht einmal einen Stift dazu. Sie können Sie mit den Fingerspitzen in den Sand malen oder auch unsichtbar auf irgendeine Oberfläche, einen Gegenstand oder auch auf einen Menschen, wenn Sie das Gefühl haben, es könnte hilfreich sein. Je mehr Sie diese Symbole in Ihr Leben integrieren, desto einflussreicher werden sie als Kommunikationsportale für Sie sein. Sie werden sehen, dass viele andere Anwendungsmöglichkeiten spontan auftauchen, wenn Sie ihrer bedürfen. Das ist wundervoll und auf vielen Ebenen auch machtvoll.

Segen und Hilfe bei Problemen

Einmal hatte ich gerade eine Deutung für jemand anderen abgeschlossen und saß noch vor den ausgebreiteten Symbolen.

Ich hatte keine Zeit für eine Geschichte, und so kam mir der Gedanke, die Symbole eines nach dem anderen durchzugehen und dem Universum einfach für all das Gute in meinem Leben zu danken.

Ich hob ein Symbol nach dem anderen hoch und dankte für die Zeit, die mir gegeben ist, und für die guten Zeiten; für den Freiraum, den ich habe; für meine herausragenden Freunde, die wunderbaren Menschen in meinem Leben, meine gegangenen und gegenwärtigen tierischen Freunde und so weiter, bis jedes Symbol meine Dankbarkeit übermittelt hatte.

Das war so schön und erhebend, dass ich es mit Ihnen teilen und Sie dazu ermuntern wollte, es einmal damit zu versuchen, wenn Sie eine Veränderung herbeiführen möchten.

Bei einer anderen Gelegenheit wandte ich dasselbe Muster an: Ich nahm eine Idee und wandte zur Problemlösung die Symbole so an, dass sie möglichst viele verschiedene Aspekte berührten.

Was hat Raum mit diesem Problem zu tun? Inwiefern kann Zeit eine Hilfe sein? Welche Einfälle haben die Freunde?

Nach nur zwei oder drei Symbolen spüren Sie bereits die Verschiebung und wie sich die Stimmung hebt, während die neuen Ideen von allen Seiten herbeiströmen. Doch wenn Sie fortfahren und alle 23 Symbole «abhandeln», wird es noch mehr Spaß machen – und ich verspreche Ihnen, dass Sie nie wieder auf dieselbe Weise das Problem betrachten werden.

Eines Tages wandelte ich dasselbe Muster ab, indem ich sagte, was ich mir von jedem Symbol wünschte – quasi als eine Art «Wunschzettel» für den Weihnachtsmann oder besser die höheren Mächte, um sie wissen zu lassen, was ich im Leben wollte, was ich vermisste, was ich störend fand und wofür ich mir eine Lösung wünschte.

Dies war eine sehr interessante und befreiende Übung, und zu meiner Überraschung (obwohl ich wirklich nicht weiß, warum mich das nach allem, was ich hinter mir habe, noch überraschen sollte!) traten einige der Dinge, die ich mir wünschte, fast sofort ein.

Dieses grundlegende Muster, alle 23 Symbole anhand einer Idee, eines Problems, eines Auftrags, einer Geschichte, eines Ereignisses, eines Menschen etc. durchzuexerzieren, schenkt Ihnen eine erstaunliche Fülle an Informationen zu Ihrer Idee, Ihrem Problem, Ihrem Auftrag, Ihrer Geschichte, dem Ereignis, dem Menschen etc. …

Es trägt viele Informationen von so vielen verschiedenen Ebenen zusammen und vereint sie dann, um jene neue Realität zu erschaffen, die sich herauskristallisiert. Es ist jedes Mal wieder absolut verblüffend.

Probieren Sie es an einer Erinnerung oder an einem Vorfall in Ihrem Leben aus, die oder den Sie für nachhaltig prägend oder besonders verstörend oder destruktiv halten – es spielt keine Rolle, ob es ein Trauma war oder eine Sternstunde.

Sie bekommen nun nicht nur einen neuen Blickwinkel geschenkt, sondern eine neue Welt an Möglichkeiten, Informationen und Lösungen.

Auf der höchsten Ebene findet sich ein Geist hinter jedem Symbol.

Der Geist der Landschaft, der Geist der Tiere, der Geist des Lichts – es sind keine Götter, aber Existenzen im Universum mit sehr unterschiedlichen und individuellen Attributen.

Wir Menschen stellen am einfachsten Zusammenhänge her, wenn wir Dinge personalisieren und mit ihnen umgehen, als wären sie menschlich – so sind wir von Natur aus als soziale Wesen gepolt.

Wenn Sie die Tatsache akzeptieren können, dass es so ist, und dennoch den Kopf nicht ausschalten, um die Symbole mit «höheren Wesen» zu verwechseln (die sie nicht sind), können Sie sich bei der Arbeit mit den Genius-Symbolen dieses persönlichen Ansatzes bedienen, der zugleich menschlich und wirksam ist.

Sie können den Geist der Zeit oder den Herrn der Zeit auf eine ganz persönliche Art ansprechen und sich mit ihm «unterhalten», ihn um etwas bitten, ihm etwas erzählen und sich mit ihm anfreunden.

Inwiefern würde sich Ihr Leben verändern, wenn die Zeit auf Ihrer Seite wäre, wenn sie Ihr Freund wäre, Sie gernhätte und auch Sie sie mögen würden?

Natürlich hätten Sie eine viel bessere Einstellung zur Zeit an sich, eine vollkommen andere Herangehensweise an die Lösung von Zeitproblemen und Ihren Umgang mit Zeit. Und eine Menge Konflikte, die Sie im Augenblick mit Ihrem Zeitmanagement haben, würden einfach verschwinden.

Dies ist nur eines von 23 Beispielen, inwiefern eine enge, sehr persönliche Beziehung mit dem Geist des betreffenden Symbols im täglichen Leben von praktischem Nutzen sein kann.

Aber es geht noch weiter.

Unsere Neigung, Ereignisse zu interpretieren, als hätten sie menschliche Qualitäten, gestattet uns, die Genius-Symbole für alle möglichen Dinge zu benutzen, für die wir Menschen nicht einsetzen können.

Wir können sie auf sehr persönliche Weise um Rat fragen; außerdem habe ich eher beiläufig festgestellt, dass wir die Symbole auch um Verzeihung bitten können.

Das mag wirklich seltsam klingen, aber die betreffende Person entschuldigte sich aufrichtig und von Herzen für all ihre Übergriffe gegen den Geist der Zeit, des Raums, der Pflanzen, der Tiere, der Menschen, der Geister, des Lichts und so weiter. Und ich habe selten eine so kraftvolle Energiearbeit erlebt.

An anderer Stelle habe ich einen ähnlich beeindruckenden Effekt beobachtet: Jemand rief den Geist von X an, als er sich mit einer schwierigen und erdrückenden Situation konfrontiert sah.

Dies ähnelt verschiedenen Religionspraktiken, bei denen Götter angerufen werden, Heilige oder Geister, die menschliche Charakterzüge und Namen tragen. Das ist ganz natürlich für uns Menschen, und es funktioniert.

Die Symbole haben den Vorzug, dass sie unbelastet sind und nicht mehr als Symbole; zudem können wir ihre Energie nutzen, ohne dem Glauben zu verfallen, dass sie Menschen sind oder etwas, das entfernt Menschen ähnelt – was durchaus eine Gefahr ist, wenn entsprechende Symbole zu sehr vermenschlicht werden. Das wäre etwa der Fall, wenn wir den Herrn der Tiere in ein menschenähnliches Wesen umdeuten und anfangen würden, ihn anzubeten.

Die Genius-Symbole können als unser persönliches Pantheon fungieren, das religionsfrei ist und nicht mit einer Religion im Widerstreit steht.

Im Wesentlichen stellen die Symbole Beschreibungen von 23 universellen und real existierenden Energieformen dar, zu denen wir auf vielfältige Weise eine Verbindung herstellen können.

Je persönlicher wir diese Beziehung gestalten, desto hilfreicher können diese Energieformen werden. Dies kommt noch zu der Brückenfunktion hinzu, die die Symbole haben, indem sie eine Verbindung zwischen Energy Mind und bewusstem Geist herstellen, und es ist ein unverwechselbares Merkmal der Genius-Symbole.

Weitere Symbole

Sie sollten wissen, dass die Genius-Symbole nicht mit einem Tarotkartendeck zu vergleichen sind – sie wurden nicht von jemand anderem, der sich damit auskennt, in Stein gemeißelt, um für immer so zu bleiben.

Meiner Überzeugung nach lagen die Probleme mit den meisten magischen Systemen stets darin, dass sie sich ursprünglich aus dem Kontext ihrer eigenen Zeit und ihres eigenen Orts entwickelten, der Kontext jedoch allmählich verlorenging, während die Menschen sich weiter nach vorn bewegten – energetisch, mental und gesellschaftlich. So vertiefte sich die Kluft zwischen den Benutzern und den altmodischen Symbolen immer weiter, bis zu dem Punkt, an dem heute viele magische Systeme keinen Sinn mehr zu ergeben scheinen, weil wir die Bedeutungsebenen und Metaphern, die früher jedem Mitglied der Gesellschaft bekannt waren, nicht mehr korrekt deuten oder verstehen können.

Ihr eigenes schiefes Strichmännchen oder das eines Kindes auf einem Stein ist viel magischer als das unglaublich teure und raffinierte Kunstwerk von jemand anderem.

Hiermit möchte ich Sie nachdrücklich dazu ermuntern, die Symbole für Ihren persönlichen Gebrauch abzuwandeln.

Vielleicht brauchen Sie mehr oder leicht veränderte Symbole als die, die ich hier vorschlage.

Mehr über die Genius-Symbole

Natürlich dürfen Sie die Formen der Symbole verändern, wenn Sie das möchten.

Ein Symbol zu zeichnen ist so etwas wie ein verbrieftes Menschenrecht.

Es ist Ihr Geburtsrecht.

Sie können auch Ihre Meinung zu bestimmten Symbolen ändern; natürlich behalte auch ich mir dieses Recht vor, während ich lebe, lerne, wachse und durch die Anwendung der Symbole mehr darüber herausfinde, wie sie mich, meine Geschichten und Visionen beeinflussen.

Das Symbole-Set, das ich hier vorschlage, ist ein Anfang, damit wir loslegen können, damit wir brandneue Geschichten für morgen ersinnen können – die wiederum das Sprungbrett in eine ganz neue Zeit und voraussichtlich zu anderen und noch besseren Genius-Symbolen werden.

Um eines möchte ich Sie dennoch bitten.

Gehen Sie achtsam mit den Symbolen um.

Machen Sie es nicht zu kompliziert.

Versuchen Sie, selbst persönliche Symbole so zu gestalten, dass auch andere sie deuten und verstehen können – ohne hundert Jahre «magische Schulung» zu benötigen, um Ihre kryptischen Hieroglyphen zu entschlüsseln!

Das ist wirklich wichtig, wenn wir uns an einem Ort neu zu formieren versuchen, an dem Magie ganz leicht und natürlich ist. Meiner Meinung nach ist das der Ort, an dem frühere Generationen sehr häufig den Faden verloren haben.

Auch wenn die Natur unglaublich komplex und vielschichtig ist, ist sie auf einer anderen Ebene auch ganz simpel. Und es besteht ein großer Unterschied zwischen «komplex» und «kompliziert».

In der Vergangenheit glaubte man irrtümlich, dass man «alles» wissen würde, wenn man die Natur nur in ihre Einzelteile aufspaltete und diese separat untersuchte. Aber das funktioniert wirklich nicht und ist schlichtweg falsch.

Ein Symbole-Set aus 1436 Symbolen – eines für jede erdenkliche, beiläufige Kleinigkeit –, das man erst jahrzehntelang studieren muss, ist einfach *nutzlos*.

Es ist nutzlos, es ist zwecklos, und das jahrzehntelange Studium ist eine horrende Verschwendung von Zeit, in der der Betreffende viel Wissen und Weisheit hätte anhäufen können, sofern er gleich angefangen hätte zu spielen.

Ein Beispiel: Es hätte keinerlei Zweck, das Symbol für Menschen aufzugliedern in blonde Mädchen, rothaarige Mädchen, brünette Mädchen, gelegentlich auftretende Albinomädchen, schwarzhaarige Mädchen mit Locken, schwarzhaarige Mädchen mit glattem Haar, junge Frauen mit blondem lockigem Haar, die keine Mädchen, aber auch noch keine Matronen sind, Jungen unter drei Jahren mit brauner Haut, hochgewachsene Männer aus einem nördlichen Land und so weiter und so fort.

Der Energy Mind wird Ihnen *genau* sagen, mit welcher Art Mensch Sie es zu tun haben, sobald Sie in der Geschichte oder Vision, die Sie spielen, das Symbol für Menschen auch nur antippen.

Es besteht wirklich kein Bedarf an getrennten Symbolen für Männer und Frauen, Kinder und Senioren und so weiter.

Nicht nur, dass eine solche Herangehensweise die unbegrenzten Möglichkeiten einer direkten Vision zunichtemacht, die Ihnen ganz deutlich einen bestimmten, absolut einzigartigen Menschen zeigt, während Sie versuchen, dieses Individuum mehr schlecht als recht in eine der vielen Kategorien zu pressen, die Sie eingeführt haben; nicht nur, dass es diese Herangehensweise mit vielen verschiedenen Kategorien einem Spieler nahezu unmöglich macht, sofort spielen zu können, ohne Jahre auf das Studium der Gebrauchsanweisung verschwenden zu müssen – diese Herangehensweise verstellt auch den Blick auf das große Ganze. Und, hey, mein Freund, egal, wen oder was Sie gerade gesehen haben, es ist doch immer nur ein Mensch.

Das Menschen-Symbol erinnert uns daran und hält uns an einem Platz, an dem wir es uns nicht leisten können, sentimental zu werden oder voreingenommen zu sein oder auszuflippen oder uns anmachen zu lassen oder was auch immer an «menschlichen Reaktionen» normalerweise durch eine «Kategorie» des Menschseins – wie etwa der Kategorie des Opfers, des Vergewaltigers, des Sexobjekts oder der Heiligen – bei uns ausgelöst wird.

Die derzeitige Neigung, die Dinge auseinanderzunehmen, um den Sinn dahinter zu erkennen *(obwohl der Sinn dieser Dinge nur erkannt werden kann, wenn der Kontext erkannt ist)*, hat sich als die größte Besessenheit von Wissenschaft, Kunst und Religion gleichermaßen erwiesen.

Wenn Sie also Ihre eigenen Symbole hinzufügen, lassen Sie bitte Vernunft walten.

Wenn Ihnen ein Symbol nicht gefällt, denken Sie eine Weile darüber nach. Es mag einen guten Grund geben, warum Sie negativ darauf reagieren. Indem Sie diese negative Reaktion (auch, wenn Sie sagen: «Ich brauche dieses Symbol nicht, ich nehme es einfach heraus») klären, werden Sie in Ihrer eigenen Entwicklung und Ihrem eigenen Lernen fortschreiten.

Wenn Sie darüber nachgedacht haben und dieses Symbol *wirklich* nicht brauchen, dann sortieren Sie es aus. Halten Sie das Ganze straff und übersichtlich und fügen Sie nichts hinzu, das nicht notwendig oder dessen Zielrichtung nicht bereits durch eines der anderen Symbole abgedeckt wäre (Sie hatten es zunächst nur nicht bemerkt).

Wenn Sie ein neues Symbol mit hereinnehmen, halten Sie ihm alle schon vorhandenen entgegen und spüren Sie nach, ob es sich wirklich genug von ihnen abhebt, um als Tor zu einem ganz eigenen Bereich an Ebenen und Schichten zu dienen.

Brauchen wir wirklich ein kleines Auto als Symbol für Reisen? Oder ist Reisen nicht bereits eine abstrakte Konnotation des Raum-Symbols?

Letztlich aber sind es Ihre Symbole.

Sie können mit ihnen verfahren, wie es Ihnen gefällt.

Erschaffen Sie sie, verbessern Sie sie, verändern Sie sie.

Sie sollten wissen, dass Sie jederzeit Ihre Meinung ändern und ein Symbol zurückholen können, wenn es sich als Missverständnis herausgestellt hat, oder es verwerfen können, wenn es Ihrem Ziel nicht dienlich ist.

Bleiben Sie achtsam und aufmerksam, seien Sie stets ehrlich – dann wüsste ich nicht, warum es schiefgehen sollte. Also, um Himmels willen – spielen Sie einfach!

Fragen und Antworten

Woher soll ich wissen, ob es wirklich eine Vision ist und keine Phantasie oder ein Tagtraum?

Sie können den Unterschied *fühlen*. Sie können ihn auf vielen Ebenen fühlen, aber am besten fühlen Sie ihn, wenn die Schwellenverschiebungen eintreten. Tagträume versetzen Sie nicht in Höchstspannung, bringen keine neuen Ideen und Einsichten und keinen Energiekick mit sich, der Sie in die Praxis umsetzen lässt, was Sie erfahren haben.

Außerdem stelle ich stets fest, dass die realen Visionen mich berühren. Sie klingen in mir nach, sind lebendig, voller Energie, und ich reagiere darauf mit Gefühlen und Empfindungen. Ich kann schockiert, selig oder glücklich sein, vor Erleichterung seufzen und so weiter.

Ein letzter Anhaltspunkt dafür, dass Sie eine echte Vision haben, ist, wenn Sie einfach von dem, was passiert, überrascht sind. Wenn Sie das sind, dann wussten Sie nicht davon und haben es auch nicht sich «ausgedacht».

Der beste Rat ist, mit dem Grübeln aufzuhören und mit dem Spielen anzufangen. Lassen Sie sich Zeit, während Sie Ihr Erstes Sanctuary aufbauen und dort so spielen, wie Sie es eben möchten. Sie lernen die Grundlagen, indem Sie spielen.

Soll man mit offenen oder geschlossenen Augen spielen?

Das ist eine sehr gute Frage. Ich empfehle Ihnen nachdrücklich, mit offenen Augen zu spielen und sich auf das Ausgangssymbol zu konzentrieren, bis Sie wissen, was Sie tun.

Eine der größten Schwierigkeiten und Blockaden, die man mit

Visionen haben kann, besteht darin, dass man damit rechnet, sie mit seinen physischen Augen zu sehen. Es gibt bestimmte Nervenbahnen, die zu unseren physischen Augen führen. Doch es sind ganz und gar nicht dieselben Nervenbahnen, die bei Visionen aktiv sind.

Wenn Sie also versuchen, etwas zu sehen, und Ihr Bewusstsein dabei unwissentlich instruieren, sich auf die physischen Augen zu konzentrieren, werden Sie keine Vision bekommen. Und wenn Ihre Augen geschlossen sind, passiert nur Verwirrendes.

Wenn Sie aber die Augen auf das Symbol richten, halten Sie sich selbst davon ab, alle möglichen Quellen anzuzapfen – Erinnerungen, Ideen, Bilder, die Sie schon einmal gesehen haben, und alles wild durcheinander! –, und Ihre physischen Augen sind damit beschäftigt, sich das Symbol anzusehen.

Nun hat Ihr Energy Mind die Gelegenheit, Ihnen Informationen und Visionen auf jenem anderen Wege zu schicken – das, was wir für gewöhnlich Gedanken oder Ideen, Empfindungen, Geräusche, Gefühle, Intuitionen nennen.

Von dort kommt die Information für die Vision.

Halten Sie also die Augen offen und auf das Symbol gerichtet, bis Sie gelernt haben, dass Sie die Reise nicht mit Ihren Augen machen und nicht durch diese sehen, wenn Sie eine Vision erleben möchten. Das wird wunderbar funktionieren.

Muss man zunächst einen höheren Bewusstseinszustand erreichen, bevor man mit den Genius-Symbolen arbeiten kann? Und wie geht das?

Eine Besonderheit der Arbeit mit dem Project Sanctuary im Allgemeinen und den Genius-Symbolen im Besonderen, auf die ich am stolzesten bin, besteht darin, dass Sie nicht lernen müssen, zu meditieren, sich selbst zu hypnotisieren oder die Augen zu verdrehen und sich von Geistern in Besitz nehmen zu lassen, bevor Sie mit dem Datenstrom des Energy Mind arbeiten können.

Es ist nicht nötig, Ihr Bewusstsein zu verändern, um die Symbole zu benutzen. Das geschieht ganz nebenbei, wenn Sie mit dem Bewusstsein jene Bereiche betreten, indem Sie sich in das Habitat begeben, wo sich die Vision ereignet.

Was perfekt ist, denn so können Sie jederzeit anfangen, an jedem Ort und mit voller Absicht.

Ich finde es schwierig, konzentriert zu bleiben. Ständig reißt mich das kleinste Geräusch, die kleinste Störung aus der Vision.

Je gestresster Sie sind, desto eher lassen Sie sich ablenken. Stress macht Sie fahrig und beeinträchtigt Ihre Konzentrationsfähigkeit.

Nehmen Sie sich etwas Zeit, sich zu entspannen (einige gute Tipps finden Sie am Anfang dieses Buches), und ganz wichtig: Stellen Sie sich nicht selbst ein Bein, indem Sie negativ über sich denken oder sich zu schnell frustrieren lassen.

Sobald Sie aussteigen, bleiben Sie ruhig und sagen laut: «Wo waren wir? Woran erinnere ich mich als Letztes? Ich habe gerade herauszufinden versucht, wie das Wetter an jenem Winternachmittag war …»

Nach den ersten Versuchen werden Sie sehen, dass Sie, sobald Sie fragen: «Wo waren wir?», genauso schnell dorthin zurückkatapultiert werden, wo Sie waren, wie Sie sich von der Störung haben ablenken lassen.

Wenn Sie ruhig bleiben und Ihre Aufmerksamkeit ruhig wieder zurücklenken, indem Sie sich laut hilfreiche Fragen stellen, stellt sich schließlich eine Art Ergebung in den Prozess ein, und die Geschichten, Erinnerungen und Visionen werden beständiger, um schließlich in Ihnen nachzuhallen und sich real anzufühlen.

Es ist eine Frage der Übung, aber auch Ihres aktuellen Stresslevels. Glücklicherweise befreit es Sie viel effektiver von Stress, wenn Sie wirklich mit Ihrer Aufmerksamkeit und Ihrem Energy Mind arbeiten, als viele andere Maßnahmen. Sie treten quasi in eine sich selbst verstärkende, positive Spirale ein.

Mir kommen einige Gedanken und Ideen, aber sie erscheinen mir nicht sehr real zu sein.

Suchen Sie sich irgendeinen Gedanken oder Einfall heraus und beschreiben Sie ihn bis ins Detail. Je mehr Details Sie hinzufügen, desto realer wird er, bis sich eine Schwellenverschiebung ergibt und alles da ist, ganz real, wie ein Klartraum.

Denken Sie daran, *laut zu fragen und auch laut zu antworten*. Anfangs hilft das wirklich. Dann können Sie dazu übergehen, stattdessen nur noch im Geiste zu fragen und zu antworten, und am Schluss können Sie sofort auf Details achten, die Sie tatsächlich sehen, hören, riechen, schmecken, fühlen und spüren.

Was ist zu tun, wenn ich eine Vision empfange, die mir Angst macht?

Sie entwickeln sie weiter. Suchen Sie einen Punkt, an dem Sie einen Hebel zum Positiven ansetzen können, und wirken Sie auf eine Schwellenverschiebung hin – so entwickeln Sie sie. Denken Sie daran, dass Ihnen die Magie aller Welten zur Verfügung steht. Wenn Sie also etwa in einer Vision Tausende böser Kreaturen in ein Haus eindringen sehen, in dem sich Ihre Angehörigen verstecken, können Sie tun, was immer Sie möchten, um eine Lösung zu finden – Sie können das Haus verschwinden lassen, Ihre Angehörigen wegzaubern, verhandeln oder die bösen Kreaturen so verändern, dass sie keine Bedrohung mehr darstellen.

Wenn Sie das Symbol für Drachenschwingen dazu benutzen, Ihnen eine höhere Perspektive zu vermitteln, damit Sie so schnell wie möglich das große Ganze sehen können, wird Ihnen das ebenfalls helfen, sich nicht von einer erschreckenden Vision überrollen zu lassen. Das Symbol für Freunde bringt Ihnen hilfsbereite

Freunde, und das Symbol für Magie erinnert Sie daran, dass all das nur Energie ist.

Aber wenn Sie mich fragen, werden Sie, wenn Sie mit Ihrem Energy Mind und den Anordnungen für Sanctuary ganz allgemein arbeiten, keine erschreckende Vision empfangen – es sei denn, Sie bitten darum, und selbst dann wird sie dank Ihrer Fähigkeit, sie zu lösen oder wenigstens weiterzuentwickeln, ihren Schrecken verlieren.

Ich habe eine Geschichte empfangen, aber ich verstehe nicht, was sie bedeutet oder was sie mit meiner Frage / meinem Auftrag zu tun hat.

Das geschieht normalerweise dann, wenn Sie nicht lange genug gespielt haben, um eine Schwellenverschiebung zu erreichen. Denken Sie daran: Die Schwellenverschiebung ist jener Moment, in dem Sie «Aha!» sagen und Ihnen wie durch einen Geistesblitz, den Sie körperlich spüren, alles klar wird. Dann verstehen Sie, worum es in der Geschichte ging und welchen Bezug sie zu Ihrer Frage und dem Auftrag hat. Denken Sie ferner daran, dass Sie auch Ihre Freunde um weitere Klärung bitten können, oder ziehen Sie weitere Symbole heran, um Licht ins Dunkel zu bringen.

Manchmal versteht der Energy Mind nicht, was wir nicht verstehen. Es ist bei mir schon vorgekommen, dass ich mich in der Geschichte einfach hinsetzte und mich so lange weigerte, weiterzugehen, bis sich etwas veränderte oder etwas anderes passierte. In der Geschichte saß ich fast ein Jahr lang da; in Echtzeit dauerte es etwa eine Sekunde, bis mein Energy Mind es begriff und mir weitere Informationen schickte, die die Geschichte wieder in Gang und sie schließlich (nach weiteren drei Minuten!) zu einem zufriedenstellenden Ende brachten.

Hören Sie nicht auf, bis Sie Ihre Schwellenverschiebung erreicht haben!

Warum gibt es keine bösen Symbole, die mich vor Gefahren warnen?

Es gibt viele Gründe, warum es keine bösen Symbole gibt, nur neutrale Symbole, bei denen es um Information geht – oder mit anderen Worten: Energie.

Der erste Grund ist der, dass es keine gute oder böse Energie gibt, sondern nur Energie, ebenso wie es keine guten oder keine bösen Regentropfen in der Natur gibt. Um die Welt verstehen zu können, müssen wir aufhören, die Dinge in Schwarz und Weiß einzuteilen, und uns auf das Programm einlassen, das fließend und interaktiv ist und sich stets entwickelt.

Der zweite Grund ist der, dass uns böse Symbole – egal, wie oft man uns erklärt, dass etwa die Tarotkarte für Tod «gut» ist – erschrecken, und sobald wir erschrecken, hören wir auf, logisch zu denken und verlieren zudem die Verbindung zu unserem Energy Mind. Daraus kann auf keiner Ebene etwas Gutes kommen, außerdem wird keiner gern mit dem Energy Mind arbeiten wollen, wenn er bei jedem Spiel dauernd Angst haben muss, etwas Erschreckendes zu erfahren.

Der dritte Grund besteht darin, dass es uns unsere Visionen unmissverständlich mitteilen werden, wenn wir etwas wissen müssen oder uns eine Gefahr bewusst werden soll. Wenn Sie beim Betrachten des Symbols für Pflanze eine Vision von verwelkten Rosen empfangen, teilt Ihnen das alles mit, was Ihr Energy Mind Ihnen zu Ihrem Auftrag oder Ihrer Frage sagen will. Wir wurden gewarnt, aber so, dass wir beim nächsten Gebrauch der Genius-Symbole keine Angst vor dem Symbol für Pflanze haben müssten.

Hilfe! Ich bekomme Visionen und Geschichten, aber sie sind weder richtig klar noch vollkommen autogen.

Immer mit der Ruhe! Mit ein wenig Übung werden Sie besser werden. Betrachten Sie es doch einmal so: *Sie bekommen wenigstens Visionen und Geschichten.*

Wissen Sie, wie viele Menschen auf diesem Planeten nicht dieses Glück haben? Niemals?

Wissen Sie, welch wahres Wunder es ist, dass Ihnen Ihr Energy Mind Geschichten schickt, die Sie empfangen können?

Sie sollten vor Freude in die Luft springen und weiter üben.

Was ebenfalls gewaltig hilft, ist, die Symbole selbst einzusetzen, um Ihre eigenen Systeme zu reparieren und zu verbessern.

Ich dachte, ich sei ziemlich gut darin, Visionen zu empfangen – bis zu jenem Tag, an dem ich eine Runde spielte, um «meine Magie zu verbessern», und herausfand, dass ich viel bessere Visionen haben konnte. Und heute habe ich sie.

Spielen Sie doch ein Spiel mit dem Auftrag «Schenk mir etwas, das meine Fähigkeiten verbessert, Visionen in autogener Klarheit zu empfangen!», oder wie auch immer Sie es formulieren wollen.

Holen Sie sich Ihre Schwellenverschiebung – und los geht's!

Ich habe eine Geschichte gefunden – aber jetzt hört sie gar nicht mehr auf! Das geht schon tagelang so, und es ist kein Ende in Sicht.

Ah ja. Wir nennen das eine Metageschichte.

Sturmhöhe, Der Herr der Ringe, Harry Potter, Krieg der Sterne – all das sind Beispiele für Metageschichten, Geschichten oder Visionen, die ein Eigenleben entwickeln und wie ein Fluss durch die sich entfaltenden Ereignisse rauschen.

Ich betrachte mich als privilegiert und geehrt; und jeder, von dem ich weiß, dass er jemals eine eigene Metageschichte gespielt hat, sieht das genauso.

Ich persönlich habe auch das Gefühl, dass eine gute Metageschichte einem den größten Spaß bereitet, den man voll bekleidet haben kann.

Metageschichten sind immer überaus wertvoll und haben transformatorische Kraft, und nach kurzer Zeit lernen Sie, sie ebenso wie Ihren Alltag Seite an Seite zu bewältigen.

Schließlich wird sich die Metageschichte lösen oder zu einem Ende kommen. Ich glaube, in diesen Geschichten geht es nicht um eine einzige Schwellenverschiebung; vielmehr stehen sie für eine Art echte Reise mit vielen, vielen Schwellenverschiebungen auf dem Weg.

Wenn Sie eine Metageschichte gefunden haben – oder eher: wenn sie Sie gefunden hat –, sollten Sie sich mit aller Kraft darüber freuen. Sie ist eine sehr kostbare, sehr spezielle Erfahrung.

Muss ich mir wirklich die Mühe machen, ein eigenes Symbole-Set zu basteln? Kann ich nicht im Kopf spielen?

Ach, Sie sind also wie ich. Ich habe es eine Weile so gehalten und dann doch aufgegeben und die Symbole auf meine Kieselsteine gemalt.

Ich kann mich mit Fug und Recht als den wohl erfahrensten Sanctuary-Spieler der Welt bezeichnen, und ich kann Ihnen sagen, dass die dreidimensionalen Steine mit den Symbolen in der Hand zu halten, zu berühren und zu sehen, meine Visionen und meine Fähigkeit verbessert hat. Das hilft mir, konzentriert zu bleiben, rasch zu spielen, erstaunliche Schwellenverschiebungen zu erreichen und neue Türen zu öffnen, von deren Existenz ich vorher keine Ahnung hatte.

Wenn das bei mir so ist, dann würde ich sagen: Ja, es ist die Zeit und Mühe wert, dass Sie ein eigenes Symbole-Set anfertigen, um es zu betrachten und in die Hand zu nehmen und sich ihm als ganze Person, mit Verstand, Körper und Energy Mind gleichzeitig, zu widmen.

Denken Sie daran: Die Belohnung besteht darin, ein echtes, visionäres Genie zu werden – das ist doch die Mühe wert, ein paar Kieselsteine zu suchen, oder?

Ich hatte in meinem ganzen Leben noch keine einzige originelle Idee. Wollen Sie wirklich behaupten, dass ich das lernen kann?

Ja, das will ich.

Schieben Sie Ihre Zweifel beiseite. Schicken Sie all die Stimmen in Urlaub. Basteln Sie die Symbole. Spielen Sie ehrlich. Und wenn Sie Ihre erste Vision empfangen und sich von der Überraschung und Freude darüber erholt haben, schicken Sie mir ein Geschenk, damit ich auch etwas zu feiern habe.

Können Sie mir ein Beispiel geben, wie ich die Genius-Symbole einsetzen kann, um die Blockaden zu beseitigen, die meinem persönlichen Wohlstand im Wege stehen?

Es gibt viele verschiedene Methoden, wie sich zu diesem Zweck mit den Symbolen arbeiten lässt.

Hier sind nur einige Ideen, die mir spontan in den Sinn kommen:

- Spüren Sie die Blockaden auf, indem Sie die Symbole eines nach dem anderen durchgehen und jedes einzeln befragen: «Zeig mir, was mich in Bezug auf Zeit, Raum, Wetter, Aspekte etc. auf dem Weg zum Wohlstand blockiert.» Dies verschafft Ihnen einen grundlegenden Überblick und setzt einen Prozess in Gang, während Sie sich dessen bewusst werden, was nicht stimmt und wo. Das ist immer ein guter Ansatz, um etwas in Ordnung zu bringen.

- Sie können die Symbole durchgehen, um Ideen und Einsichten zu gewinnen, wie sich besagte Blockaden überwinden lassen und mehr Wohlstand zu erreichen ist, indem Sie reihum jedes einzelne aufheben, es an Ihr Herz halten und fragen: «Wie kann ich Raum, Zeit, Menschen, Licht etc. einsetzen, um Wohlstand zu gewinnen / die Blockaden zu beseitigen, die meinem Wohlstand im Wege stehen?»

- Sie können ein Klassisches Spiel spielen, um eine bestimmte oder besonders wichtige Blockade zu entdecken und aufzulösen. (Das ist mein Favorit.)

- Sie können natürlich eine Symbolsphäre schaffen, um Amulette magisch aufzuladen, die Ihnen helfen, die Blockaden aufzulösen.
- Sie können darüber meditieren, womit Sie bereits in puncto Raum, Zeit, Landschaft, Kreativität etc. gesegnet sind, und Ihre Dankbarkeit zeigen, wodurch sich der Hahn oft noch mehr öffnet, sodass mehr durchfließen kann.
- Sie können eine eigene «Wunsch»-Übung machen, indem Sie immer nur ein Symbol betrachten und kundtun, was Sie sich in Bezug auf Raum, Zeit, Handel, Artefakte, Behausung etc. wünschen, sodass Ihr Energy Mind weiß, was Sie unter Wohlstand verstehen, und sich an die Arbeit machen kann, um diese Dinge in Ihr Leben zu bringen.
- Sie können mit Hilfe aller oder ausgewählter Symbole wirksame, tief empfundene Affirmationen schaffen, indem Sie ein Symbol nach dem anderen hochnehmen und sagen: «Mein Raum ist voller Wohlstand / meine Zeit ist voller Wohlstand etc.» Sie können auch jede andere Affirmation sprechen, die Ihnen sinnvoll erscheint.
- Sie können die Symbole dazu benutzen, Erinnerungen wachzurufen, die mit Wohlstand verbunden sind, eine pro Symbol, um im Stil der Ereignispsychologie und mit Hilfe von Project Sanctuary, EmoTrance oder Techniken der Emotionalen Freiheit einschränkende Glaubenssätze, Werte und Gefühle auszulöschen.
- Sie können das gesamte Pantheon der Symbole einsetzen, um bei Ihren Bemühungen um die Unterstützung des Geistes der Zeit, des Tanzes, des Handels etc. zu bitten.
- Sie können sich ein einzelnes Symbol aussuchen, es den ganzen Tag bei sich tragen und auf relevante Erkenntnisse darüber ach-

ten, was in Bezug auf Raum, Zeit, Geschenke, Menschen, Handel, Licht etc. verändert werden muss, um maximalen Reichtum und Wohlstand zu erreichen.

Dies sind nur ein paar Einfälle als Initialzündung. Ich bin mir sicher, dass sich mit den Symbolen noch viel, viel mehr anfangen lässt. Sie sind sehr vielseitig und lassen sich sehr gut mit anderen Formen der Veränderung und Selbstheilung kombinieren, und sie führen in zutiefst meditative / magische Zustände, die Sie in die richtige Richtung führen und Ihnen sagen, was als Nächstes zu tun und was die beste Methode ist, ein Problem zu lösen oder weiterzuentwickeln.

Wie kann ich meiner Familie / den Therapieklienten / Geschäftskunden die Genius-Symbole näherbringen, ohne dass sie mich für abgedreht halten?

Diese Frage stellt man mir oft, und ich bin zu dem Schluss gekommen, dass die Menschen heutzutage viel offener für Dinge wie die Genius-Symbole sind als vor 40 Jahren, als die New-Age-Bewegung noch in den Anfängen steckte und von allen möglichen albernen Kinderkrankheiten befallen war, die bei allen logisch denkenden und vernünftigen Menschen nur Kopfschütteln hervorrufen konnten.

Zuallererst: Haben Sie keine Angst. Platzieren Sie Ihr (ansprechendes) Symbole-Set so, dass es gut sichtbar ist. Meistens werden die Leute, ob sie nun jung, alt, spirituell aufgeschlossen oder eher technisch orientiert sind, Fragen dazu stellen, Interesse an den Symbolen zeigen und dazu nicken, wenn Sie sagen, dabei handle es sich um eine Art Alphabet, durch das man mit dem Energy Mind sprechen könne – und dieser sei wiederum der Kopf des Energiekörpers und werde landläufig Unter- oder Unbewusstsein genannt.

Ich gehe nicht über diese erste Einführung hinaus und bitte die

Leute, ein Symbol auszuwählen, zu dem sie sich hingezogen fühlen, oder einfach nach dem Zufallsprinzip.

Dann frage ich sie, ob sie raten möchten, was dieses Symbol bedeutet.

Meistens werden selbst kleine Kinder ins Schwarze treffen, und dann sage ich ihnen, welche Bedeutung das Symbol im Kontext des Spiels mit den Genius-Symbolen hat.

Anschließend erkläre ich, wie man mit Hilfe eines Auftrags die Genius-Symbole befragt, und ermuntere den Betreffenden, dem Set eine Frage zu stellen, oder ich lasse ihn eines der einfachen Aufwärmspiele probieren, etwa wie man eine lustige Erinnerung aufblitzen lässt, indem man das Symbol betrachtet.

Die Leute lassen sich sehr leicht von den Genius-Symbolen fesseln; diese Qualität hatte ich mir in meinem Auftrag an den Energy Mind gewünscht, bevor wir die Genius-Symbole erfanden, so, wie sie heute sind.

Solange Sie entspannt bleiben und die Leute frei mit den Genius-Symbolen interagieren lassen, werden die meisten von ihnen fasziniert sein, mehr über sie wissen und es selbst mit ihnen versuchen wollen – oder mit anderen Worten: mit ihnen spielen wollen.

Das ist der erste Schritt und das beste Ergebnis, und von hier aus können Sie weitermachen.

Wie kann ich mit Hilfe der Genius-Symbole Ideen für ein neues Produkt hervorbringen, beispielsweise in einem Geschäftsmeeting?

Achten Sie darauf, zu Beginn des Meetings laut den Auftrag zu formulieren, den Grund, warum sie alle dort sitzen, und schreiben Sie ihn dann gut sichtbar für alle Anwesenden auf.

Wahrscheinlich brauchen Sie dann etwas Zeit, um den Auftrag zu präzisieren, sodass er nun nicht mehr lautet: «Wir machen einfach mal ein Brainstorming und hoffen das Beste», sondern:

«Schenk uns eine Idee für ein neues Produkt, das sich wie geschnitten Brot an unsere Kunden verkauft, rasch und leicht zu realisieren ist und dieser Firma viel Geld einbringen wird.»

Das ist ein guter Auftrag, mit dem sich arbeiten lässt.

Dann legen Sie die Genius-Symbole einfach in die Mitte des Tischs und bitten die Leute, sich rasch ein Symbol auszusuchen und ihre Idee für dieses neue Produkt kundzutun.

Wenn die Anwesenden sich nicht so recht trauen, lassen Sie sie ihre Ideen auf Zettel schreiben, die später eingesammelt und laut vorgelesen werden.

Ermuntern Sie sie, schnell aufzuschreiben, was immer ihnen in den Sinn kommt, und ihr Symbol zurückzulegen, sodass jeder ein neues wählen kann.

Sie sollten mindestens fünf bis sieben Symbole durchspielen, um einen Ideen- und Schreibfluss in Gang zu bringen. Bei fünf Minuten für jedes Symbol brauchen Sie 35 Minuten für sieben Symbole; den Rest des Meetings können Sie darauf verwenden, die gesammelten Ideen durchzugehen und über die beste abzustimmen, wenn Sie wollen.

Behalten Sie im Hinterkopf: Dieses Beispiel bezieht sich darauf, dass die Leute zum ersten Mal mit den Symbolen spielen. Sie werden einige Ideen bekommen, und zwar einige mehr, als Sie sonst gehabt hätten.

Wenn man sich wieder trifft, wird der gesamte Vorgang – vom Formulieren des Auftrags über das Niederschreiben der Ideen bis hin zu ihrer Besprechung am Ende – mit etwas Übung *viel schneller* ablaufen und auch bessere und qualifiziertere Ideen hervorbringen.

Betrachten Sie dies als einen Weg zu einer echten «Genie-Session» und üben Sie ihn mehr als einmal, wenn Sie wirklich Ideen für Ihre Firma oder Abteilung suchen, für Ihre Familie (die ja auch eine Art Firma ist), für Ihre Schulklasse, Ihre Selbsthilfegruppe, Ihren Heilkreis, Ihre Partei oder jede andere Versammlung von Menschen mit einem gemeinsamen Ziel.

Stellen Sie sich einfach die Ergebnisse vor, die Sie in einem Jahr erzielt haben werden, wenn Ihre «genialen Ideen-Finder» durch Übung und ein Feedback zu den bisherigen Ideen mehr Erfahrung haben. Diese Methode ist unbezahlbar, also fangen Sie an, bleiben Sie dabei und üben Sie sich in diesem Kreativitäts- und Innovationsprozess. Wenn nur ein paar von uns das tun, kann und wird es die Welt verändern.

Ich bin fasziniert von alldem und will mehr erfahren. Was kann ich als Nächstes tun?

Zunächst empfehle ich, dieses Buch öfter zu lesen. Diese Seiten enthalten viele Informationen, die Ihnen erst dann klar werden, wenn Sie schon ein paar Spiele selbst gespielt haben, bereits Ihre ersten Blitzvisionen hatten und über etwas Erfahrung verfügen, wie die Genius-Symbole funktionieren.

Ich möchte hinzufügen, dass Sie am meisten lernen, indem Sie einfach spielen. Spielen Sie und lassen Sie sich von Ihrem eigenen Geist und seiner Funktionsweise in den Bann schlagen. Seien Sie aufmerksam, bleiben Sie locker, machen Sie sich Notizen über Ihre Erfahrungen und führen Sie ein Tagebuch. Diese Art zu lernen wird Ihnen die besten Ergebnisse bescheren.

Epilog: Mehr Genie, bitte!

Als ich im Jahr 2011 die Arbeit an der vorliegenden zweiten Ausgabe dieses Buches abschloss, war ich mir mehr denn je (und verwunderter denn je) der Tatsache bewusst, dass in unserem Alltag wirklich innovative, geniale Ideen Mangelware sind.

Sobald Sie mit den Genius-Symbolen zu spielen beginnen und Ihre ersten eigenen, vielfältigen und inspirierenden Visionen, Geistesblitze, Geschichten, Einsichten und Schwellenverschiebungen erlebt haben, werden Sie mir darin recht geben.

Wenn Sie mit Ihrem Energy Mind zusammenarbeiten, verleiht Ihnen das nicht nur die Fähigkeit, zusammenhängende und logische Geschichten jeglicher Ausprägung hervorzubringen; es impft Ihnen sozusagen auch die Fähigkeit ein, beurteilen zu können, wenn etwas nicht real ist.

Zu allen Zeiten haben Menschen, die keine Phantasie, keinen Zugang zu ihrem eigenen Energy Mind und keine visionären Fähigkeiten hatten, ihr Heil im Diebstahl geistigen Eigentums als einzigem Ausweg für einen bewussten Geist gesucht, der nicht weiß, woher er die nächste oder überhaupt eine gute Idee nehmen soll.

Ideenklau begeht man dann, wenn man die gute Idee eines anderen als die eigene ausgibt.

Das passiert überall und immer.

Solche Ideendiebe glauben, sie könnten hier ein bisschen stehlen und da ein bisschen und alles zusammenschustern zu einer Art Frankensteinmonster, und dann wäre es neu oder von Bedeutung oder so etwas wie ein eigener Beitrag.

Das ist nicht der Fall.

Egal, wie liebevoll oder wie sorgfältig es zusammengestückelt wurde, es wird immer ein Frankensteinmonster bleiben – ein Ding ohne Seele, ohne Energie, die es zusammenhält und Realität werden lässt, zu mehr als der Summe seiner Teile.

Wenn wir uns an den Umgang mit echten Datenströmen gewöhnt haben, beginnen wir auch zu merken, wann diese fehlen.

Ein interessanter Nebeneffekt, den ich an Menschen festgestellt habe, die mit den Genius-Symbolen spielen, besteht darin, dass sie sich bitter über Krimis im Fernsehen beschweren, zum Beispiel Filme über Serienkiller – aber was diese darin tun und wer sie sind, passt nicht zusammen, «im wahren Leben» hätten sie so eine Person niemals sein und solche Dinge niemals tun können. Jemand hatte einige echte Verbrechen, ein paar Ideen von Freud und ein paar aus der populären Psychologie genommen, zusammengemixt und ein Frankensteinmonster kreiert, das keine eigene Wirklichkeit hat, keine Tiefe, weil es von keiner echten Vision zusammengehalten wird.

Sie können das in allen Bereichen sehen, hören, fühlen, spüren, schmecken und erfahren – das Fehlen von wirklichen, originellen Visionen in Kunst, Fotografie, Musik, Werbung und Produktkreation.

Überall kann man sehen, dass an einem schon existierenden Produkt einfach eine rosafarbene Schleife angebracht und es als Innovation oder sogar «Neuheit» verkauft wird, obwohl es das doch ganz offensichtlich nicht ist, sondern nur dieselbe olle Kamelle, die ein wenig aufgemotzt wurde, um besser oder nach mehr auszusehen.

Suchen Sie nicht nur in der Kunst, im Geschäftsleben und Marketing nach Beispielen dafür, sondern auch in der Politik …

Der Grund, warum die Ideendiebe so vorgehen, liegt darin, dass sie keinen Zugang zu ihrem eigenen Energy Mind haben; und der Grund, warum die Leute sich fortwährend mit diesen Frankensteinmonstern abspeisen und zum Narren halten lassen, liegt darin, dass auch sie keinen Zugang zu ihrem Energy Mind haben und deshalb nicht sagen können: «Das ist doch Quatsch!» – auch wenn sie es irgendwie wissen und das Falsche daran spüren und es bei ihnen ein unbestimmtes Gefühl des Unbehagens, der Traurigkeit, Leere und Enttäuschung auslöst, sie aber dennoch nicht mit dem Bewusstsein erklären können, warum dieses Gefühl da ist.

Ich habe für mich persönlich herausgefunden, dass der Zugang zu meinem Energy Mind und seine Unterstützung mich immer zu vielen, vielen Lösungen geführt haben, Ideen, neuen Dingen zum Ausprobieren, zur Entdeckung von Dingen, die andere nicht zu bemerken schienen, und natürlich zu einem endlosen Strom originärer Kreativität.

Es macht mich seit Jahrzehnten verrückt, dass ich dies kann, und andere Leute wollen oder können es nicht.

Im ersten Viertel meines Lebens dachte ich, dass mit mir einfach etwas nicht stimmen konnte, und nahm es hin, dass ich, wohin ich auch kam, dazu verdammt war, der einzige Mensch mit Ideen zu sein und die Person, zu der man mit einem künstlerischen oder kreativen Ansinnen ging.

Dann begann ich, das in Frage zu stellen. Und während ich recherchierte und herausarbeitete, was es war, das ich tat, und wie ich es tat, fing ich an, einiges davon mit anderen zu teilen.

Und dabei erfuhr ich zu meiner Überraschung, dass Genialität in allen Menschen angelegt ist. Sie wohnt allen Menschen inne, die auch nur den Hauch eines Gehirns haben, doch sie wurden nie dazu ermuntert oder gelehrt, es zu benutzen. Was ihnen beigebracht worden war, schien allein den Zweck zu haben, sie davon abzuhalten, auf ihre angeborenen genialen Systeme zuzugreifen.

Ich erfuhr auch, dass sie alle träumen – trotz der gegenteiligen Konditionierung, der Gehirnwäsche, der negativen Infiltration,

Epilog: Mehr Genie, bitte!

des gesellschaftlichen Drucks, der mentalen Unterernährung und der aktiven Versuche, echtes visionäres Denken beim Menschen im Keim zu ersticken. *Sie alle träumen, sie haben noch immer Erinnerungen, Gedanken, geheime Phantasien und manchmal sogar Visionen*, selbst wenn sie nicht wissen, was es ist und was sie damit anfangen sollen.

Die Systeme sind da und lassen sich auch nicht auslöschen.

Gott sei Dank dafür!

Unsere Systeme, die uns zu realen, komplexen, phantastischen und wirklich unglaublichen Gedanken befähigen, sind wirklich, jeder hat sie, und sie können geweckt werden.

Deshalb habe ich es mir für das zweite Vierteljahrhundert zur Aufgabe gemacht, herauszufinden, was wir tun müssen, um das zu verwirklichen.

Die Genius-Systeme, die wir besitzen, sind uns von der Natur gegeben, und einer meiner ursprünglichen Forschungsaufträge lautete, eine Methode zu finden, diese Systeme so natürlich wie möglich nutzbar zu machen, mit ihnen zu spielen und sie zu aktivieren, sodass wir mehr über sie erfahren konnten.

Project Sanctuary und die Entdeckung der wahren Natur und Sprache des Energy Mind (oder des Unterbewusstseins, wie man es landläufig nannte) war der größte Durchbruch auf dieser Suche.

Wir lernten, dass man menschliche Systeme, die dazu da sind zu kooperieren, nicht hierarchisch behandeln kann, und dass der bewusste Geist und der Energy Mind gleichrangige Partner beim Denken sein müssen.

Dann fanden wir heraus, dass spielerisches Lernen besser als verbissenes Studium oder endloses Chanten ist; dass Visionen vollwertige, luzide Erfahrungen sind, und wir erfuhren vom überaus interaktiven Wesen des Datenflusses.

Wir erlebten zahllose Überraschungen und stießen auf die Schwellenverschiebungen, die uns ein Ziel schenkten und etwas, das wir den Leuten als Grund angeben konnten, weshalb sie all diese seltsamen Dinge mit ihrem Geist anstellen sollten – schließlich möchte man doch klüger werden und heilen können, man braucht Schwellenverschiebungen und Entwicklungsschübe, die die eigenen Systeme auf die nächste Funktionsebene heben.

Project Sanctuary in seiner Reinform kann Sie ein ganzes Leben lang auf Trab halten; und mehr als das – beim Spielen erhalten Sie Geschenke, die ein Eigenleben entwickeln (und zu denen etwa EmoTrance zählt). Dies wiederum kann vom ursprünglichen Zweck der Untersuchung ablenken, nämlich mehr Menschen in wahre Genies zu verwandeln, die dann hinausgehen und etwas erfinden, das besser ist als das, was wir im Moment haben.

Darauf werde ich gleich noch zurückkommen. An dieser Stelle angekommen, spielten wir noch immer im Sanctuary und hatten phantastische Erlebnisse – doch es gab ein Aber.

Leider kann man Menschen nicht dazu bringen, Project Sanctuary zu spielen, wenn sie nicht schon ahnen, dass ihr Geist faszinierend ist und dass auch in ihnen geniales Potenzial schlummert.

Es ist zu weit von ihrem Alltagserleben entfernt. Sie begreifen nicht, inwiefern das Erzählen von Märchen für ihre Entwicklung relevant sein sollte. Und sie sehen nicht, dass ihr eigener Energy Mind ihnen herausragende Lösungen liefern kann.

Es kam ein Zeitpunkt, an dem mich mein Unvermögen, Project Sanctuary effektiver ins wirkliche Leben zu übersetzen, sehr frustrierte, und so bat ich um Führung bei diesem Thema. Und eines Tages wurde mir das erste der Genius-Symbole gezeigt.

Es war in diesem Fall eine Galaxis, die für das gesamte materielle Universum stand, und das Symbol war die Spirale, die heute zu den Genius-Symbolen zählt.

So kam ich dazu, solche direkten Brücken zwischen Energy Mind und bewusstem Geist zu schlagen, und das veränderte das Wesen des Spiels, wie es damals war.

Nun kann jeder, der es will, lernen, wie man Project Sanctuary spielt.

Wir haben die Symbole an den verschiedensten Personen aus unterschiedlichen gesellschaftlichen Schichten und mit unterschiedlichem Bildungshintergrund getestet, darunter einige, die weder lesen noch schreiben konnten, ganz kleine Kinder, Teenager, Therapeuten, Geschäftsleute, die keinerlei Interesse an Esoterik oder Therapien hatten, und – was mir sehr wichtig war – an Freunden mit breitgefächertem kulturellem Hintergrund.

Als ich entdeckte, dass australische Aborigines ebenso wie Deutsche, Chinesen, Ägypter, Afrikaner und Brasilianer sehr ähnlich auf die Symbole reagierten, wusste ich, dass ich nun über das verfügte, was ich mir gewünscht hatte – etwas, das weltweit bei allen Spielarten von Menschen wirkt.

Meiner Meinung nach sind die Genius-Symbole strukturell so stimmig, dass sie die so unermesslich wichtige Brücke zwischen dem bewussten Geist und dem Energy Mind schlagen können.

Bei der Entwicklung des Spiels war die Kontrolle der Visionen durch den Auftrag ein signifikanter Aspekt.

Indem wir die panische Angst davor ausmerzten, dass «Unbewusstes» beim Spielen unkontrolliert zutage treten könnte, gaben wir dem Prozess der Kontaktaufnahme mit dem Energy Mind und der Interaktion mit dem, was er uns lieferte, Gelassenheit, Frieden und Ruhe zurück.

Dies ist der erste Schritt zur Überbrückung der Kluft. Und sobald dieser erste Schritt getan ist, ist auch alles andere leicht und wird zu einem wirklich autodidaktischen Prozess persönlichen Lernens und persönlicher Entwicklung für jeden Menschen, der sich von seinem eigenen Energy Mind faszinieren lässt.

Bis heute nenne ich Project Sanctuary «das großartigste Spiel auf Erden».

Ich glaube, dass ich das tue, weil ich noch nie etwas Faszinierenderem begegnet bin als dem menschlichen Geist, der frei ist, das zu werden, was er sein kann. Und auch weil alle Spiele der Welt wie auch alles andere, was wir Menschen tun und erschaffen, immer von dort kommen und von nirgendwo anders.

Jedes andere Spiel ist per definitionem nichts anderes als ein Nebenprodukt des großartigsten Spiels auf Erden, ebenso wie alle Erfindungen, Innovationen, Geschichten, die jemals erzählt wurden, in jeder Umgebung, in jeder Sprache, in jeder Religion, in jeder Wissenschaft.

Man könnte also sagen, dass ich die Welt und die Menschheit vor sich selbst retten will, indem ich nach Kräften versuche, die Anzahl jener Menschen zu mehren, die nach vorn preschen und brandneue, geniale Ideen in ihren praktischen Alltag tragen.

Das stimmt bis zu einem gewissen Grad natürlich – aber ich bin auch ganz egoistisch.

Ich sehne mich, und ich sehne mich aus ganzem Herzen, nach besseren, logischeren, schöneren, erfreulicheren, eleganteren genialen Lösungen zu ungefähr allem.

Ich wünsche mir Sofas, die sowohl bequem als auch klein genug sind, um nicht ganze Räume zu vereinnahmen wir die Kadaver dahingeschiedener Dinosaurier.

Ich wünsche mir Verkehrssysteme in meiner Stadt, die gleichermaßen für die Autofahrer wie für das Geschäftsleben hilfreich sind und elegante Lösungen für die bestehenden Probleme darstellen.

Ich wünsche mir Einkaufswägen, bei denen ich mir nicht das Kreuz breche, wenn ich sie be- und entlade.

Ich wünsche mir, den Fernseher anzuschalten und von der Fülle an phantastischen neuen Geschichten umgehauen zu werden, von den Nachrichten über bahnbrechende wissenschaftliche Erkenntnisse und geniale Konfliktlösungen.

Ich wünsche mir intelligente, logische Lösungen auf Genieniveau für die Banken- und Handelssysteme unserer Welt, für uralte philosophische, religiöse und wissenschaftliche Fragen, für das Gesundheitswesen, für das gesamte menschliche Leben. Punkt.

Die Liste dessen, was ich noch sehen, anfassen, fühlen, schmecken, riechen und spüren will, bevor ich sterbe, ist in der Tat endlos.

Wir brauchen überall mehr Menschen, die auf dem genialen Niveau des systemischen Flows und der integrativen Logik denken.

Wir brauchen sie als Gesetzgeber und Politiker, als Software-Entwickler, als Geschäftsleute, als Mütter und Väter, als Schriftsteller und Künstler, als Chirurgen und Köche, als Möbelhersteller, Raumschiffkonstrukteure, Straßenbauer und Maurer.

Ich glaube felsenfest daran, dass es kein Problem auf der Erde gibt, das nicht entweder ganz gelöst oder zumindest auf den Weg zu einer Lösung gebracht werden könnte, und zwar durch die Anwendung von noch mehr Logik, Intelligenz und Kreativität, die kombiniert und Hand in Hand wirken.

Und Sie, lieber Leser, können nun einer dieser genialen Menschen sein, die genialen Lösungen in ihren besonderen Interessenbereich tragen.

Ich fordere Sie heraus – leisten Sie Ihren Beitrag!

Es muss ja nicht gleich der Weltfriede über Nacht und auch nicht das Allheilmittel gegen Krebs sein.

Schenken Sie mir eine Geschichte, die mich begeistert, suchen Sie eine kostensparende Lösung in Ihrer Abteilung, die meine Stromrechnung senkt, denken Sie sich einen neuen Kundendienst aus, der das Online-Shopping revolutioniert, und machen Sie dabei auch das Leben von Millionen anderer Menschen leichter.

Wovon auch immer Sie sich begeistern lassen, in welchen Bereichen auch immer Ihre Bestrebungen oder Fähigkeiten liegen, wenden Sie einfach Ihre neu gewonnenen, genialen Ein-

sichten und Ideen darauf an – und die Welt wird ein besserer Ort werden, wenn immer mehr Genie erwacht und unser aller Leben auf jede nur vorstellbare Weise verwandeln hilft.

Sobald Sie ein paar geniale Lösungen – unabhängig davon, wie groß oder klein sie sein mögen – hervorgebracht und begriffen haben, dass Sie auf der Genie-Ebene wirken können, wie wir alle, dann hören Sie um Himmels willen nicht damit auf, um sich auf ihren Lorbeeren auszuruhen.

Definieren wir das Wort «Genie» neu: Es soll nicht mehr heißen, dass man nur *eine* gute Idee im Leben hat, für die man dann den Nobelpreis bekommt.

Genie bedeutet, fortwährend und am laufenden Band Ideen zu produzieren, zu lernen, wie man willentlich diese Ideen sprudeln lässt, egal, zu welchem Zeitpunkt oder an welchem Ort.

Lassen Sie sich von keiner einzigen Idee aus der Bahn werfen – egal, wie gut sie war, wie wertvoll, Sie sollten wissen, dass Sie immer neue und bessere Ideen in diesem erstaunlichen, unendlichen Strom logischer Kreativität haben werden, der sich einstellt, wenn unser logischer Verstand und unser Energy Mind auf derselben Wellenlänge sind und mehr als die Summe ihrer Teile werden.

Es geht also nie um die einzelne Idee – Sie sollten begreifen, dass es um Sie geht.

Sie sind die Hoffnung der Menschheit.

Sie und ich und jeder Mensch, der versteht, was ich hier sage, und der bereit ist, das Kommando über seinen eigenen Geist zu übernehmen, und dadurch tatsächlich die Macht hat, die Erfahrungen anderer Leute vollkommen zu verwandeln.

Wir – die Menschheit – brauchen geniale Lösungen so dringend.

Der kreative Geist hat uns mit der Hardware ausgestattet, mit der wir Verwüstungen epischen Ausmaßes anrichten können, mit der wir aber auch aus Fehlern lernen und Lösungen zu entwickeln

Epilog: Mehr Genie, bitte!

vermögen, sodass wir das ewige Chaos der Menschheit hinter uns lassen und in einen gleichmäßigen Fluss mit dem Rest des Universums eintreten können.

Die Genius-Symbole sind für den menschlichen Geist eine Art Software der ersten Generation, und sie funktionieren.

Nun liegt es bei Ihnen.

Und die gute Nachricht?

Alles, was Sie tun müssen, ist, mit dem Spielen zu beginnen.

Ich warte auf Ihre genialen Beiträge.

Dr. Silvia Hartmann
Urheberin der Genius-Symbole, 1. Januar 2011

www.Genius23.com – Das mit Hilfe der Genius-Symbole entfesselte Genie. Neuigkeiten, Artikel und Berichte aus der Welt der Symbole.

www.ProjectSanctuary.com – Alles rund um Project Sanctuary: Neuigkeiten, Geschichten, Visionen, neueste Entwicklungen und mehr.

www.DragonRising.com – Die Heimat von Project Sanctuary und all seinen Kindern (traditionelle Veröffentlichungsformen und E-Publishing).

www.Sidereus.org – Onlinezertifizierungen durch die Sidereus-Stiftung für Genius-Symbole-Dozenten, Spieler und Meister in EmoTrance-Energiearbeit und Project Sanctuary.

www.StarFields.org – Onlinekatalog von Dr. Hartmanns Forschungsarbeiten, Schriften und Trainingsprogrammen.

www.SilviaHartmann.com – Dr. Hartmanns Website über Project Sanctuary, Kreativität, Kunst, EmoTrance und mehr.

www.HypnoDreams.org – Dr. Hartmanns Energiehypnoseprodukte, geführte Meditationen, Fortgeschrittenenkurse und die original HypnoDreams-Trilogie.

www.1-art.eu – Dr. Hartmanns Website über Kunst, Design, Skulptur und Illustrationen, mit Informationen über Energiekunst, Ausstellungen, Neuigkeiten und das Kunst-Netzwerk

www.1-poem.com – Dr. Hartmanns Website über Poesie, auf Dichtkunst spezialisiert, die durch den Energy Mind vermittelt wurde.

www.SoulPilots.com – Das Hauptquartier der Seelenpiloten im Internet.

www.Energy-Magic.com – Hier geht es um Energie von A bis Z.

www.Magic-Spells-And-Potions.com – Dr. Hartmanns Website über Energiemagie.

www.EmoTrance.com – Website über die fortschrittlichste und logischste Energiemethode der heutigen Welt. Events, Kurse, Fachleute, Trainer, Neuigkeiten, kostenlose Downloads, Foren und die internationale EmoTrance-Community.

S 64/4

Spiritualität und Esoterik bei rororo

Mary McFayden
Die Heilkraft des Reiki
Mit Händen heilen
rororo 61400

Luisa Francia
Das Gras wachsen hören
*Die spirituellen Fähigkeiten
des Körpers*
rororo 61929

Theo Fischer
Yu Wei
*Die Kunst, sich das Leben schwer
zu machen*
rororo 62137

Wu Wei
Die Lebenskunst des Tao
rororo 61980

Wu Wei
Fragen und Antworten
rororo 62368

**Tao heißt Leben, was andere
Träumen**
Eine Anleitung für die Erfüllung der
eigenen Träume.
rororo 62616

Shakti Gawain
Stell dir vor
Kreativ visualisieren
rororo 61684

Felicitas Waldeck
Jin Shin Jyutsu
*Schnelle Hilfe durch Auflegen der
Hände*
rororo 62530

rororo 62137

Weitere Informationen in der Rowohlt Revue *oder unter* www.rororo.de